北京市习近平新时代中国特色社会主义思想研究中心、
北京市社会科学基金重大项目（20LLLJA014）成果

中国式反贫困：历史·经验·实践

方凤玲　刘　宇　孙惠娜　等著

中国财经出版传媒集团
经济科学出版社
Economic Science Press
·北京·

图书在版编目（CIP）数据

中国式反贫困：历史·经验·实践/方凤玲等著
.--北京：经济科学出版社，2024.1
ISBN 978-7-5218-5478-7

Ⅰ.①中… Ⅱ.①方… Ⅲ.①扶贫-经济史-中国
Ⅳ.①F126

中国国家版本馆CIP数据核字（2024）第004504号

责任编辑：李晓杰
责任校对：靳玉环
责任印制：张佳裕

中国式反贫困：历史·经验·实践
方凤玲　刘　宇　孙惠娜　等著
经济科学出版社出版、发行　新华书店经销
社址：北京市海淀区阜成路甲28号　邮编：100142
教材分社电话：010-88191645　发行部电话：010-88191522
网址：www.esp.com.cn
电子邮箱：lxj8623160@163.com
天猫网店：经济科学出版社旗舰店
网址：http://jjkxcbs.tmall.com
北京密兴印刷有限公司印装
710×1000　16开　12.75印张　250000字
2024年1月第1版　2024年1月第1次印刷
ISBN 978-7-5218-5478-7　定价：52.00元
（图书出现印装问题，本社负责调换。电话：010-88191545）

前　言

本书是北京市习近平新时代中国特色社会主义思想研究中心、北京市社会科学基金重点项目“中国共产党领导反贫困斗争历程和经验研究”（20LLLJA014）的最终成果。

贫困问题是长期困扰人类生存和社会发展的重大问题，消除贫困是人类的共同使命。“一部中国史，就是一部中华民族同贫困作斗争的历史。”① 从屈原《离骚》哀叹“长太息以掩涕兮，哀民生之多艰”，到杜甫《茅屋为秋风所破歌》憧憬“安得广厦千万间，大庇天下寒士俱欢颜”的理想，再到孙中山《同盟会宣言》“肇造社会的国家，俾家给人足，四海之内无一夫不获其所”的夙愿，中华民族始终对摆脱贫困、丰衣足食怀有深深的渴望，始终将反贫困当作奋斗中的一个目标任务。中国共产党从建党之初就致力于广大劳动群众有饭吃、有衣穿、过上好日子的奋斗目标，历经新民主主义革命时期、社会主义革命和建设时期、改革开放时期和中国特色社会主义新时代，在 2021 年 2 月 25 日全国脱贫攻坚总结表彰大会上，习近平总书记庄严宣布，“经过全党全国各族人民共同努力，在迎来中国共产党成立一百周年的重要时刻，我国脱贫攻坚战取得了全面胜利，现行标准下 9899 万农村贫困人口全部脱贫，832 个贫困县全部摘帽，12.8 万个贫困村全部出列，区域性整体贫困得到解决，完成了消除绝对贫困的艰巨任务，创造了又一个彪炳史册的人间奇迹！”② 这些人间奇迹的取得，源于我们始终坚持中国共产党的领导、始终坚持以人民为中心的价值目标，源

①② 习近平．在全国脱贫攻坚总结表彰大会上的讲话［N］．人民日报，2021－02－26（02）．

于我们充分发挥了社会主义制度集中力量办大事的优势，构建了政府主导、多元主体参与的反贫困格局，创新了内源扶贫与外源扶贫、综合扶贫与精准扶贫相结合的扶贫机制，为世界反贫困提供了可借鉴的中国经验。

为了深入学习、领会和贯彻习近平新时代中国特色社会主义思想，总结中国共产党领导反贫困斗争的百年历史经验，挖掘中国式反贫困成功经验对解决世界贫困问题的意义，探讨全面建成小康社会后我国如何守住脱贫攻坚胜利成果实现反贫困战略的转变，做好与乡村振兴的衔接以实现全面建设社会主义现代化国家目标任务。中国石油大学（北京）马克思主义学院成立了以项目负责人方凤玲教授为组长的项目领导小组，组织孙惠娜、刘宇、张冠军、乔倩、余燕飞、徐斌、霍明帅、郭辉、袁婉茹等师生对相关问题进行了深入的探讨，开展了富有成效的研究工作。

2021 年 6 月 25 日，本书课题组在北京召开了“献礼百年华诞，致敬伟大历程”理论研讨会，来自中国人民大学、天津师范大学、中国青年政治学院等校内外的专家学者及师生代表参加了此次研讨。目前，本课题的研究成果《中国共产党领导反贫困斗争的百年历程和基本经验》《劳动何以幸福：马克思关于“劳动幸福”的内在机制阐释》《论中国共产党始终站稳人民立场的理论逻辑、历史逻辑和实践逻辑》《建党百年反贫困基本历程和基本经验研究》《新民主主义革命时期中国共产党领导反贫困斗争的历程与经验》《中国共产党领导反贫困事业的百年历史经验》《着力推动各民族共同走向社会主义现代化》等文章在报纸杂志上公开发表，在此基础上，完成了本书，抛砖引玉，在写作的过程中可能还存在这样那样的问题，还请读者不吝赐教。

方凤玲

二〇二三年十月十八日

目 录 Contents

第一章

马克思主义反贫困理论的起点和根基

无产阶级和人民大众的生活贫困问题，是社会主义思想学说得以形成发展的根本起点和现实基础。贫困问题也是马克思、恩格斯重点关注的问题，在他们的研究文本中，蕴含着丰富的反贫困思想。

马克思和恩格斯的反贫困思想，产生的时代背景是工业革命中工农大众普遍贫困化的现实困境，重要来源是当时欧洲流行的社会思潮，直接来源是他们在亲身实践中接触到的大量工农群众深陷绝对贫困的残酷现实。马克思和恩格斯从对贫困问题的认识出发，逐步走向唯物主义和科学社会主义；在驳斥资产阶级谬论、科学分析贫困根源的基础上，指明了无产阶级反贫困的根本动力来自无产阶级的觉悟，无产阶级反贫困斗争的根本路径是进行彻底的社会制度改造。马克思和恩格斯反贫困思想不仅推动了马克思主义理论的创立，也是其最重要的构成部分，更是马克思主义理论的核心和归宿。

第一节　马克思和恩格斯反贫困思想的缘起

在认识反思、引领推动无产阶级反对自身贫困，追求自身解放的进程中，马克思和恩格斯不仅在实践中逐渐发现和确立了历史唯物主义世界观，认识和阐明了剩余价值学说，而且通过对无产阶级贫困根源和解决路径的科学探索，找到了无产阶级反贫困的基本动力和光明前景。此后，列宁、斯大林在实现无产阶级自身经济社会解放的实践中进一步深刻阐发了马克思和恩格斯的无产阶级贫困的根源和反贫困路径的思想，并在此基础上进一步探索了无产阶级如何利用获得的政权以制度力量反贫困、寻求普遍解放的具体路径和可能模式。中国共产党的反贫困思想，最重要的理论来源也正是马克思主义反贫困思想。基于此，研究马克思和恩格斯反贫困思想，对于深刻把握马克思主义理论体系及其构建过程意义重大。

一、马克思和恩格斯反贫困思想形成的时代背景

马克思和恩格斯反贫困思想产生的时代背景是工业革命中工农大众的普遍贫困化的现实困境。

“共产主义是关于无产阶级解放的条件的学说”①，马克思和恩格斯作为无产阶级和全人类解放的科学理论的创立者，其所追求的无产阶级解放事业，本身就建立在无产阶级和全人类反贫困斗争的前提之下。在马克思和恩格斯所生活的时代，一些报纸、期刊如《泰晤士报》《曼彻斯特卫报》《佛利特寄语》等已经有大量描写工人阶级贫困现象的文章，这些文章试图通过描写工人阶级贫困现象来揭露贫困的缘由、探求防止贫困传递的途径等，但都没有能从根源上深刻地分析和揭露工人阶级贫困的原因和消灭贫困的途径。

在 19 世纪初叶的欧洲，随着以蒸汽机的发明为标志的第一次工业革命的兴起和欧洲城市化的进程，工厂生产取代了手工业生产，机器劳动代替了手工劳动，从而造就了一支庞大的产业工人队伍和城市贫民队伍，他们不占有任何生产资料，为了换得维持生存所必需的生活资料只能出卖自己的劳动力，因此也被称为无产阶级，这些产业工人和城市民众生活在物资极度匮乏的绝对贫困状态；而在欧洲大陆广袤的乡村，为了对抗工业资产阶级的步步紧逼，封建贵族阶级依然苟延残喘，在经济上变本加厉地剥夺农民，造成了广大农民的赤贫状态，他们或者忍饥挨饿困顿无助，或者流离失所移民海外。总之，广大城乡工农群众的绝对贫困问题已经成为欧洲的最大现实社会问题，而无产阶级和广大工农群众反贫困的斗争实践也日益推动着欧洲社会主义思潮的深入和蔓延，这构成了马克思和恩格斯反贫困思想产生的时代背景。

二、马克思和恩格斯反贫困思想的重要来源

马克思和恩格斯反贫困思想的重要来源是他们青少年时期接触到的欧洲流行社会思潮，批判继承了古典政治经济学的贫困理论。

（一）欧洲大陆兴起的社会思潮

这一时期，基于社会经济结构和社会结构的急剧变化，欧洲大陆上兴起了人

① 马克思，恩格斯．共产党宣言［M］．北京：人民出版社，2018：76.

文主义、功利主义、空想社会主义和理性主义等众多社会思潮。

人文主义思想是文艺复兴时代发端于欧洲的一种社会思潮，这一思潮从反对中世纪封建神学、反对以神性压抑人性、以神权压抑人权出发，主张一切以人为本，宣扬个性解放，追求现实人生幸福；崇尚个体感性情绪和理性思维，反对蒙昧落后和迷信；追求社会个体成员间的自由平等，反对封建等级秩序和等级观念。

功利主义则是19世纪初期起活跃于欧洲的另一种重要社会思想，其代表人物边沁和密尔（旧译穆勒）认为，人类追求的基本价值是最大多数人的最大幸福。一种行为如有助于增进幸福，则为正确的；若导致产生和幸福相反的东西，则为错误的。实现最大幸福的基本原则是通过扬“善”抑“恶”，最大地增加幸福的总量，并且引起最少的痛楚。功利主义也认为，单个个体人生的目的应脱出图谋一己幸福的范围，而去关心他人的幸福和人类状况的改善。

空想社会主义思想是发端于16世纪初期的反对资本主义剥削压迫的、资本主义制度下工农大众生活贫困不堪，试图寻求建立新制度改造和取代资本主义制度的思想潮流。经过300多年发展流变，到19世纪30年代已经成为流行于欧洲大陆的最重要社会思潮之一。圣西门认为，“现在的社会完全是个是非颠倒的世界”① 资本主义制度只是为少数人谋利的工具，并没有真正改变劳动阶级贫困和奴役的命运。他揭示了劳动阶级贫困的祸根在于资本主义制度，并提出以“实业制度”改变劳动阶级命运的设想。在傅立叶看来，资本主义社会不过是人类社会历经原始、蒙昧、宗法、野蛮和文明五种制度发展中的一个阶段，富人穷奢极侈的生活与贫民贫困饥饿的无奈在这里形成鲜明的对比，工人因贫困被迫为生存而从事非常有害的和极其繁重的劳动，并因工作过度疲劳而死，只有对旧制度的各种社会经济关系进行全方位的改造，方能从根本上克服贫困。为此他提出以无数基层协作社“法朗吉”组成的“和谐制度”取代文明制度的设想，从根本上消灭文明制度中那种贫困从富裕中产生的“罪恶的循环”，真正实现人与人之间的和睦相处。面对工人阶级普遍贫困的事实，欧文以政治经济学的视角，指出劳动阶级贫困的直接原因在于“人类劳动不值钱”，而“人类劳动不值钱”则是因为机器在工业中的普遍使用，“私有财产是贫困的唯一根源……它在原则上是那样不合乎正义，如同它在实践上不合乎理性一样”②。私有制的存在使得劳动者创

---

① ［法］圣西门．圣西门选集（第一卷）［M］．王燕生，徐仲年，徐基恩，译．北京：商务印书馆，2017：243.

② ［英］欧文．欧文选集（第二卷）［M］．柯象峰，何光来，秦果显，译．北京：商务印书馆，2017：13.

造的财富被资本家攫取，自己反而遭受贫困和奴役，他主张建立以财产公有制为基础的集体劳动的新和谐公社取代前者。三大空想社会主义思想家的思想虽然存在着某些缺陷，但他们从不同维度揭露了劳动阶级贫困的根源在于资本主义制度，并试图寻求一种更合乎人性的新制度以此改变穷苦阶级的命运，这无疑具有历史的进步性。

理性主义是建立在承认人能够识别、判断、评估实际理由以及使人的行为符合特定目的等方面的智能基础上的一种哲学方法，理性高于并独立于感官感知。毕达哥达拉斯学派认为，世界是可知的，是有某种固有的“秩序”“结构”，而这种秩序和结构又服从数学的规律；爱利亚学派的重大特征是追求知识的理性确定性，反对感性事物的个别性、不确定性；苏格拉底则力求从思维的角度把握人，主张到“心灵世界”中去探求真理，坚持理性的指引，追求知识的确定性。

（二）古典政治经济学的贫困理论

从18世纪到19世纪初，以亚当 · 斯密、大卫 · 李嘉图等为代表的古典政治经济学家们，以工资为切入点对工业革命以来的贫困现象进行了分析研究。

亚当 · 斯密将劳动工资紧密结合在一起，认为贫困主要发生在受雇于资本所有者且无资力成为雇主的劳动者群体。他们没有稳定的地租收入，也没有资本所有者的利息所得，劳动工资是他们唯一的生活来源。正是资本、地租和劳动的分离，决定了劳动者的生活状况直接取决于其劳动工资的多寡。为防止劳动者因工资被过度压低而陷于贫困，斯密倡导“符合一般人道标准的最低工资”①，而劳动者只有勤勉努力追求个人利益，才能改变现实的贫困状况。

李嘉图深受斯密和马尔萨斯的影响，他认为，劳动作为一种特殊的商品，同其他商品一样都具有自然价格和市场价格。自然价格即维持劳动者个人生活和养家糊口所需的费用，市场价格则是根据劳动者供求关系的比例实际支付给劳动者的价格。劳动工资的变化遵循一定的规律，有其自身的支配法则，而这种支配工资的法则是关乎社会上绝大多数人幸福的法则，因此工资应当与契约一样交由市场来决定，而不可进行人为的干预。他在马尔萨斯人口理论的启发下提出了救济贫困的方法，“只是逐步缩小救贫法的范围，同时，开导人民，使知自立价值，教导贫民，使能自给；告诉他们，谨慎远虑，乃是必要的有利的德行”②。在李嘉图那里，贫困也是自由竞争的产物，国家没有责任和义务救济贫困。

---

① ［英］亚当 · 斯密．国富论［M］．郭大力，王亚南，译．北京：商务印书馆，2015：63.

② ［英］大卫 · 李嘉图．政治经济学及赋税原理［M］．郭大力，王亚南，译．南京：译林出版社，2014：49.

马克思和恩格斯年轻时期受到上述思想的影响。早在马克思中学毕业时所写的《青年在选择职业时的考虑》一文中，就在这些思潮的影响下明确表示，“神也给人指定了共同的目标——使人类和他自己趋于高尚”[①]，“人只有为同时代人的完美、为他们的幸福而工作，自己才能达到完美。”[②] 恩格斯也是在中学时期开始萌生向往民主自由反对专制统治的思想，此后他又先后受到黑格尔、费尔巴哈思想的影响，并在反对谢林的斗争中逐渐转向了唯物主义。正是这些流行于欧洲的思潮，尤其是功利主义和空想社会主义所体现的对无产阶级悲惨境遇的同情，促使青年马克思、恩格斯在人生道路上日益走进并深入到探究无产阶级工农大众生活、命运和前途的道路上，怀着对下层劳苦大众的深切同情一步步从革命民主主义走向科学社会主义道路。虽然斯密、李嘉图的工资理论是从资产阶级的立场出发来研究工人贫困不会揭示贫困的真正根源，但他们对贫困与工资关系的思考，为马克思和恩格斯在《1844 年经济学哲学手稿》《英国工人阶级状况》《雇佣劳动与资本》《工资、价格和利润》等中研究最低工资、理论工资、实际工资与工人贫困的关系等问题提供了宝贵材料，成为其思想形成的重要理论来源。

三、马克思和恩格斯反贫困思想的直接来源

马克思和恩格斯反贫困思想的直接来源是他们在亲身实践中接触到的工农大众深陷绝对贫困的残酷现实。

随着第一次工业革命在欧洲的展开，到 19 世纪 30 年代以后，欧洲产业工人、城乡贫民急剧增长，当时《泰晤士报》《曼彻斯特卫报》等报刊上发表了大量描写工人阶级贫困现象的作品，工农大众的贫困现象触目惊心。这引起了一些敏锐的知识分子如思想家葛德文和经济学家马尔萨斯等的关注，他们或者以发表文章出版论著或者公开讨论开展慈善活动等，对城乡贫困问题进行揭露和探究，甚至引发了一场思想论战。正是耳濡目染欧洲社会广大下层劳动人民贫困潦倒的悲惨现实，使马克思和恩格斯青年时代就非常关注城乡工农大众的贫困生活和艰辛挣扎，并在这些现实辩论中反思和批判无产阶级贫困问题。1839 年，不到 20 岁的恩格斯发表了《伍珀河谷来信》，1842 年马克思写作了《关于林木盗窃法的辩论》和《摩泽尔记者的辩护》。在这些文章中，他们通过亲身观察和具体调查，激愤地指出了德国伍珀河谷的工人阶级、摩泽尔河两岸的农民等以及当时整个社会普遍的贫困现象，对当时社会流行的虔诚主义等各种反动思潮、资本家剥

---

① 马克思恩格斯全集（第 1 卷）［M］. 北京：人民出版社，1995：455.
② 马克思恩格斯全集（第 1 卷）［M］. 北京：人民出版社，1995：459.

削压榨工人和封建贵族盘剥农民的现实罪恶做了无情鞭挞。此后，他们又通过《神圣家族》《英国工人阶级状况》《资本论》等著作，逐渐把注意力放到了科学总结无产阶级贫困的根源、探寻无产阶级解放的路径上来，并在此基础上建立了自己的科学理论。

第二节　马克思和恩格斯反贫困思想的主要内容

从19世纪30年代末起，年轻的马克思和恩格斯在投身社会生活的过程中，在工作实践中逐渐关注到触目惊心的下层民众的贫困现象；从对劳苦大众的深切同情出发，日益认清了他们贫困的根源和获得解放的正确路径。

一、客观认识贫困问题

马克思比较深入地关注下层民众贫困问题是在他初涉职场的1842年到1843年间。这一时期，马克思在供稿并主编《莱茵报》的过程中，接触到了普鲁士下层民众的贫苦艰困的生活状况和普鲁士政府以国家的力量对贫困农民的打压迫害，大量的严酷事实迫使青年马克思对此进行了深入的思考。

1842年10月，马克思发表《莱茵省议会关于林木盗窃法的辩论》一文，在对穷人拣枯枝、狩猎、放牧等求生存行为遭到反动政府指责为非法的深切同情和深入思考中，他尖锐指出，“林木具有一种奇怪的特性：只要它被偷窃，它的占有者就马上获得各种前所未有的国家特性，因为他除了私人权力外，还获得处理违法者的国家权利……这就是说，国家原是他的私人财产”①。这时的马克思显然把着眼点已经转向了现实生活，开始探讨物质利益同国家和法的关系，转向对造成贫穷的实质性根源的追寻，公开捍卫贫苦群众的利益，抨击了普鲁士的国家和法律制度。在这里，马克思开始觉察到了社会的贫富对立和阶级对立，认识到物质利益的差别使社会划分为不同的等级，对私人利益的考虑支配着人们的思想和行动，也支配着国家官员和立法机关代表的决策行为。在三个月后的另一篇文章《摩泽尔记者的辩护》中，马克思通过亲身实地调查，进一步深入系统了解了摩泽尔河两岸人民生活贫困的现实，揭示了摩泽尔地区农民贫困的社会原因，说明这种贫困状况同国家管理机构的联系。这里需要指出的是，这些新的认识既是

① 马克思恩格斯全集（第1卷）[M]. 北京：人民出版社，1995：168.

马克思思想发展的结果，同时也是他向唯物主义转变的重要出发点。后来，马克思不止一次对恩格斯说，正是他对林木盗窃法和摩泽尔河地区农民处境的研究，推动他由纯政治转向研究经济关系，并从而走向社会主义。

恩格斯则比马克思更早开始了对德国下层民众贫困问题的关注，早在1839年，在“青年德意志”的时代观念的影响下，青年恩格斯就根据在家乡伍珀河谷的亲身经历与观察，在《德意志电讯》上发表了《伍珀河谷来信》一文。文中对伍珀河谷工厂工作的工人们的极度贫困的悲惨生活进行了真切描述，他们“在低矮的房子里劳动，吸进的煤烟和灰尘多于氧气，而且大部分人从6岁起就在这样的环境下生活，这就剥夺了他们的全部精力和生活乐趣。单干的织工从早到晚蹲在自己家里，躬腰曲背地坐在织机旁，在炎热的火炉旁烤着自己的脊梁”①，“伍珀河谷的工厂工人，普遍处于可怕的贫困境地；梅毒和肺部疾病蔓延到难以置信的地步，光是埃尔伯费尔德一个地方，2500个学龄儿童中就有1200人失学，他们在工厂里长大——这只是便于厂主雇用童工而不再拿双倍的钱来雇用被童工代替的成年工人。”②《伍珀河谷来信》的发表，表明恩格斯对新兴的工人阶级悲惨命运和贫困生活的深切同情，在恩格斯早期思想发展的历程中，标志着他革命民主主义思想的萌芽，也是他开始投身工人阶级反贫困事业的起点，并为以后的《英国工人阶级状况》的写作奠定了认识基础和思想基础。此后，随着他思想的进一步发展，逐渐由唯心主义转变成为唯物主义，与马克思一道创立了科学社会主义的科学理论。

二、科学分析工农大众贫困的根源

马克思和恩格斯驳斥了资产阶级经济学家的谬论，科学分析了工农大众贫困的原因，认为无产者贫困的根源在于资本主义私有制。而工厂机器的资本主义应用、资本家对剩余价值的无限制追逐、激烈残酷的资本主义竞争以及周期性经济危机等，则进一步加剧了无产阶级的贫困。

（一）无产者贫困的根源在于资本主义私有制

早在19世纪初期，部分欧洲资产阶级学者如葛德文、马尔萨斯、科贝特、达布耳德等，就已经开始关注到城乡群众日益严重的贫困现象及其引发的社会政治问题，并对贫困的原因和解决途径进行了一定的探讨。葛德文认为私有财产制

---

①② 马克思恩格斯全集（第2卷）［M］. 北京：人民出版社，2005：44.

度造成了人类的不平等，而由于资本家采用了先进的生产机器并延长了工人的劳动时间，加重了对劳动工人的剥削；马尔萨斯从食物供给按算术级数增长与人口按几何级数增长的非均衡性，将贫困归结为人口过度的自然增长，是贫困者自身原因所致。葛德文认为要是工农大众摆脱贫困就必须改造社会制度、消除剥削产生的基础，但是他反对无产阶级采用暴力的方式争取自身利益；马尔萨斯则认为既然贫困是一种自然现象而与现行社会制度无关，把无产阶级的贫困看作是它本身的罪过，应当靠自然灾害、战争等途径抑制人口增长来消除贫困。威廉·科贝特等小激进资产阶级民主主义者则认为，是政治的腐败和政府的苛捐杂税导致了民众的贫困；必须要清除政治腐败，取消各种加在下层人民身上的各种不合理经济负担，才能建立一个消除贫困的公平社会。

马克思、恩格斯在对资产阶级学者主要观点加以扬弃、批判的基础上，科学地指明了广大工农群众贫困的真正根源。早在《摩泽尔记者的辩护》中，马克思就把摩泽尔河两岸人民的贫困现实同政府管理当局的“官僚本质”紧紧联系在了一起，认为管理当局的脱离人民是当地农民贫困化的重要原因。在 1844 年合著的《神圣家族》一文中，马克思和恩格斯肯定了小资产阶级代言人蒲鲁东把贫困同财产联系起来的观点，“蒲鲁东也认清了贫穷和财产这两个事实之间有一种内在联系，正是由于这种内在联系，他才要废除财产，以便消灭贫困。蒲鲁东甚至还做得更多。他详尽地表明了资本的运动怎样造成贫困。”① 进而又科学指出：“蒲鲁东从国民经济学用诡辩掩盖的相反的方面出发，即从私有财产的运动造成的贫穷出发，进行了否定私有财产的思考”②，这“是蒲鲁东在科学上实现的巨大进步，这个进步在国民经济学中引起革命，并且第一次使国民经济学有可能成为真正的科学。”③ 这样，马克思和恩格斯就把贫困问题同私有制科学地联系在一起。他们进一步认识到，资本主义私有制基础上的现代雇佣制度和工业化生产造成了日益庞大的现代无产阶级，而资本主义生产资料的私有制和整个生产的无政府状态，日益酝酿着资本主义的经济危机，“大工业只要还在现今的基础上进行经营，就只能通过每七年出现一次的普遍混乱来维持，每次混乱对全部文明都是一种威胁，它不但把无产者抛入贫困的深渊，而且也使许多资产者破产。”④ 结论就是：“资本的增长、资产阶级社会生产力的发展、技术的进步，机器的广泛使用，——所有这一切，结果都只会加强对无产阶级的剥削，使物质财富的生产者——雇佣工人阶级更加贫困。因此，马克思在这一著作中已经大体表述了关

①② 马克思恩格斯全集（第 1 卷）［M］．北京：人民出版社，1995：260.
③ 马克思恩格斯全集（第 1 卷）［M］．北京：人民出版社，1995：256.
④ 马克思，恩格斯．共产党宣言［M］．北京：人民出版社，2018：83.

于资本主义制度下工人阶级相对和绝对贫困化的原理，这是马克思主义政治经济学最重要的原理之一。”①

马克思和恩格斯在科学阐明无产阶级劳动群众贫困的根源过程中，还犀利地批判了资产阶级经济学家们在劳动群众贫困问题上的谬论。马克思在《资本论》中指出“公债和与之相适应的财政制度在财富的资本化和对群众的剥夺中所起的重大作用，使科贝特、道布尔迪等一大批著作家错误地在公债和财政制度中寻找现代人民贫困的根本原因”②；就葛德文关于劳动人民深陷贫困问题所散发的观点，恩格斯在给马克思的信中指出，一般来说，葛德文的结论都是反社会的。鉴于人口学家马尔萨斯的观点在当时所拥有的巨大影响力，马克思和恩格斯把批判的矛头重点指向了马尔萨斯，认为马尔萨斯关于广大劳动群众贫困是自身造成的观点“十分愚蠢、卑鄙和虚伪”，他们辛辣地指出“富人手下的学者即经济学家们就在这里传播关于贫穷这种肉体贫困和精神贫困的非常详细的见解。他们用安慰的口吻证明说，因为要保持事物的现状，所以这种贫困似乎也应保存下来。甚至他们很细心地计算出，穷人为了富人和自己本身的福利应该按什么比例通过各种死亡事件来缩减自己的人数。”③“正统的经济学不能指望有比这个过程更美好的东西可用来证实他们的教条了。按照他们的教条，贫困是由绝对的人口过剩产生的，减少人口才能够恢复平衡。”④认为马尔萨斯的观点正是迎合了资产阶级对工农大众剥削压迫的需要，让资产阶级在制造着普遍的贫困的同时，心安理得地维持道德的优越感。

恩格斯批判英国古典政治经济学没有对现存的私有制进行深思熟虑的通盘性审视，而仅仅是将无产阶级的贫困视为市场经济运转的自然结果。马克思与恩格斯合著的《德意志意识形态》科学地阐明了无产阶级贫困生成的内在逻辑：旧式落后的分工引发劳动的异化，异化劳动导致私有制，资本主义私有制造成无产者阶层的贫困。在以雇佣劳动和剩余价值为轴心的资本主义制度下，无产阶级的贫困无论是在深度上还是在广度上都达到了前所未有的境界。

（二）机器的应用加剧了工人的贫困

随着规模化、机械化的大机器生产取代传统的工场和家庭作坊的手工生产，使得资本主义生产的动力从有限的人力转变为了无限的自然力。机械动力的使用

---

① 马克思恩格斯全集（第6卷）［M］. 北京：人民出版社，1961：XXVIII.
② 马克思恩格斯全集（第5卷）［M］. 北京：人民出版社，2009：867.
③ 马克思恩格斯全集（第2卷）［M］. 北京：人民出版社，1957：70.
④ 马克思恩格斯全集（第5卷）［M］. 北京：人民出版社，2009：809.

淘汰掉了传统的手工劳动，使得整个生产节奏被加快，生产效率随之更高，极大缩短了工人必要劳动时间，大大延长了剩余劳动时间，工人将用更多的剩余劳动时间为资本家无酬地劳动，劳动过程在无形之中被整个机器体系的运转所吞噬。机器“使工人家庭全体成员不分男女老少都受资本的直接统治，从而使雇佣工人人数增加。”① 资本总是企图“把工人及其家属的全部生活时间转化为受资本支配的增殖资本价值的劳动时间”② 机器的大规模使用也迫使工人更加高强度地工作，在同等的时间内要付出更多的体力和脑力。总之，机器在资本主义的运用不仅降低了劳动力的价值，形成大量相对过剩人口，还进一步加剧了工人的贫困。

（三）资本主义恶性竞争加剧无产阶级贫困

竞争是资本主义生产不可抵挡的必然趋势。现代产业工人之间的竞争加剧了他们的贫困。恩格斯在《英国工人阶级状况》中指出，工人之间的竞争就像兄弟姐妹之间的自相残杀一样，是一种恶性循环竞争。竞争是“资产阶级对付无产阶级的最有力的武器。”③ 广大雇佣工人为了谋求工作维持生存，不惜以降低工资、提高劳动强度或延长工时的方法被迫展开“自我贬值的竞争”。对资本而言，可以凭借激烈的竞争获取廉价的劳动力资源，以此扩大再生产和获得额外利润；而对无产阶级来说，则是不断的恶性循环，竞争越激烈，工人的生存境遇越严峻，他们的劳动力价值就越低，生活状态就越贫穷。资本主义竞争的实质，是资本统摄下弱肉强食的“丛林法则”，看似合理的自由竞争却使得资本和劳动陷入相互分离和斗争的局面，引发工人失业，导致无产阶级贫上加贫。

（四）周期性经济危机加剧无产阶级贫困

以生产过剩为基本特征的周期性经济危机，是社会化大生产与生产资料资本主义私人占有之间矛盾不可调和的结果。在经济危机期间，大量的商品滞销，市场交换停顿，信用关系遭到破灭，工厂、商店、银行等纷纷倒闭，工人群众忍饥挨饿没有支付能力，整个社会陷入萧条之中。每一次经济危机给社会和无产阶级造成的物质及精神创伤是难以计量的，恩格斯强调，每次危机的爆发“都给工人带来极度的贫困，激起普遍的革命热情，给整个现存制度造成极大的危险。”④ 经济危机给资本主义体系乃至整个世界造成的创伤无法估量，危机使无产阶级的

---

① 马克思恩格斯文集（第1卷）[M]. 北京：人民出版社，2009：67.
② 马克思恩格斯文集（第8卷）[M]. 北京：人民出版社，2009：518.
③ 马克思恩格斯文集（第2卷）[M]. 北京：人民出版社，1957：360.
④ 马克思恩格斯文集（第1卷）[M]. 北京：人民出版社，2009：682.

生存困境雪上加霜。

三、衡量贫困的尺度

受亚当·斯密和大卫·李嘉图的影响，马克思、恩格斯以工资为切入点对无产阶级贫困问题展开研究，认为工资是衡量工人贫困的重要尺度。

马克思主义政治经济学认为，资本主义社会中的工资是劳动力价值和价格的转化形式，而并非是劳动的货币表现。工资是作为劳动力商品占有者的工人和作为货币商品占有者的资本家在看似自愿基础上进行等价交换的结果，表现为形式上自由、平等的买卖关系。对一无所有的劳动者来说，工资是其借以维持个人生计和养家糊口的直接来源。马克思在《1844 年经济学哲学手稿》中指出，工资水平只能是“最低的和唯一必要的工资额”①，这个额度只能让工人维持一种“‘普通人’即牲畜般的存在状态”②，即只能让工人维持自身生活。正是工资与贫困的这种直接关系，使得马克思将其视为衡量劳动者贫困的重要尺度，并从最低工资、工资的可持续性和实际工资三个指标来揭示工资与贫困的内在逻辑关系。

衡量工人贫困的直接指标是最低工资。资本主义生产方式下，工人以雇佣劳动的形式参与到资本主义生产过程，只能以工资的形式参与分配。马克思认为，最低工资是“工人在劳动期间的生活费用，再加上使工人能够养家糊口并使工人种族不致死绝的费用”③。工人的贫困主要表现在工资无法充分地满足劳动力再生产的需要。如果工资低于劳动力的价值，那么劳动力的再生产只能在萎缩的状态下维持着，雇佣工人家庭的基本生活就会陷入困境。马克思在《1844 年经济学哲学手稿》中，从“当前的国民经济学的事实”出发，对遍布资本主义社会的贫困现象进行了深入考察，并在剖析工人贫困成因的过程中，对国民经济学家从社会财富总体状态及如何实现财富增长的角度判断工人的社会地位和生活状况的理论提出了质疑。马克思肯定了斯密关于在社会财富衰落状态中工人阶级遭受深重苦难的思想，并且比斯密更进一步思考了在这种状态中各阶级成员的经济损失都难以避免。马克思指出，资本家在这种状态中会不断加强对工人的剥削以补偿自己的损失，“同时却使工人陷于贫困直到变为机器”④。如果完全从国民经济学家的立场出发，那么他们的理论中所强调的全部劳动产品属于工人与工人仅能

①② 马克思 . 1844 年经济学哲学手稿［M］. 北京：人民出版社，2018：6.
③ 马克思恩格斯文集（第 1 卷）［M］. 北京：人民出版社，2009：115.
④ 马克思恩格斯文集（第 1 卷）［M］. 北京：人民出版社，2009：123.

得到最低工资的观点却是自相矛盾的。如果按照国民经济学家的说法，劳动产品理应属于工人，但实际情况并不是这样，而是工人仅能得到维持生存和繁衍工人所得到的必要的那一部分。马克思通过揭露国民经济学理论中的二律背反，抨击了宣扬工人利益与社会利益一致的国民经济学家的诡辩和伪善。在马克思看来，以斯密为代表的国民经济学家们只是把工人视作劳动的动物，把工人的工资视为同“牲畜般的存在状态相适应的最低工资”①。因为劳动在国民经济学中仅仅是作为一种谋生的手段，所以工人拿到最低工资便显得理所当然，其贫困也就在所难免。最终结果就是，尽管资本家与工人同样苦恼，但资本家通常只是为钱财盈利而苦恼，而工人则是为了生存而苦恼。因此，“在社会的增长状态中，工人的毁灭和贫困化是他的劳动的产物和他生产的财富的产物”②。

衡量工人贫困的间接指标是工资的可持续性。在马克思、恩格斯看来，工人的人数及其工资的多少往往与其所从事劳动的复杂程度紧密相关，与极其简单和容易学会的生产劳动相比，复杂劳动是劳动者在付出教育费用、花费一定的辛劳和时间学习训练、获得一定文化知识和某方面技术专长以后才能进行的劳动，因此，在同样多的劳动时间里创造的价值较多，少量的复杂劳动等于倍加的简单劳动。所以，需要复杂劳动的工人数量相对不是很多，但是工资却会更高。因此，仅仅用肤浅的平均工资来衡量工人收入而忽视人数最多的阶级的方法纯属自欺欺人。马克思在摘引《生产运动》一书时指出：“工人的工资多少只是估计工人的收入的因素之一，因为对衡量工人的收入来说更重要的是要把他们获得收入的有保障的持续性估计进去”③。就是说，如果工人挣得的工资缺乏一种可持续性的保障，那么工人便会失去持续获取生活资料的可能，从而会陷于贫困中。所以，要比较客观地判断工人的贫困程度，必须把工人工资的可持续性程度纳入衡量的尺度中来。

衡量工人贫困的相对指标是实际工资。除了探究最低工资、工资的可持续性外，马克思还进一步研究了名义工资、实际工资与贫困的关系。在《雇佣劳动与资本》中，马克思系统论述了名义工资和实际工资。在马克思看来，名义工资即工人把其劳动力商品出卖给资本家后所得到的以货币数量表示的工资；而实际工资则是用货币工资实际购买到的生活资料和劳务。“我们谈到工资的增加或降低时，不应当仅仅注意到劳动的货币价格，仅仅注意到名义工资”④。正如通常所

---

① 马克思恩格斯文集（第1卷）[M]. 北京：人民出版社，2009：115.
② 马克思恩格斯文集（第1卷）[M]. 北京：人民出版社，2009：124.
③ 马克思恩格斯文集（第1卷）[M]. 北京：人民出版社，2009：125.
④ 马克思恩格斯文集（第1卷）[M]. 北京：人民出版社，2009：730.

理解的，与名义工资相比，实际工资则更能反映出工人真实的生活状况。因为在资本主义社会里，往往是名义工资不变，甚至提高，但由于通货膨胀，物价上涨，赋税加重，实际工资还可能下降。也就是说，工人的生活状况并未随着名义工资的上涨而有所改善，反而呈现下降趋势。究其原因，生活成本的大幅上涨拉低了工人的实际工资，而实际工资恰好最能体现工人的购买力，反映工人真实的生活状况。因此，无产阶级的贫困化不仅在实际工资下降时会发生，而且在实际工资不变甚至有所提高时也会发生。因为只要实际工资提高的速度低于工人的劳动强度和劳动生产率提高的速度，工资在工人创造的新价值中所占的比重就会降低。马克思指出："工资的任何显著的增加是以生产资本的迅速增加为前提的。生产资本的迅速增加，就要引起财富、奢侈、社会需要和社会享受等同样迅速的增长。所以，工人可以得到的享受纵然增长了，但是，比起资本家的那些为工人所得不到的大为增加的享受来，比起一般社会发展水平来，工人所得到的社会满足的程度反而降低了。"① 相对资本家生产无限扩大的趋势，劳动人民有支付能力的需求会相对缩小，必然存在失业和人民群众的贫困化趋势。

四、无产阶级反贫困的根本动力

马克思和恩格斯科学指明了无产阶级反贫困的根本动力，来自无产阶级自身的觉悟。

马克思和恩格斯在调查研究中接触到了下层工农群众物质贫困和精神贫困的极其严峻的现实状况。由于生活极度贫困，大多数家庭都无法满足基本的温饱问题。在马克思的论述里，克莱沃近郊之所以发生许多违反森林管理条例的事件，就是为了能被送进拘留所时领到一份监狱口粮。"贫困教人去祈祷，而更重要的是教人去思考和行动。"② 这些触目惊心的对于无产阶级物质和精神的丧失人性的摧残，使马克思和恩格斯在心痛之余，深刻地指出："由于在已经形成的无产阶级身上，一切属于人的东西实际上已完全被剥夺，甚至连属于人的东西的外观也已被剥夺，由于在无产阶级的生活条件中集中表现了现代社会的一切生活条件所达到的非人性的顶点，由于在无产阶级身上人失去了自己，而同时不仅在理论上意识到了这种损失，而且还直接被无法再回避的、无法再掩饰的、绝对不可抗拒的贫困——必然性的这种实际表现——所逼迫而产生了对这种非人性的愤慨，

---

① 中共中央马克思恩格斯列宁斯大林著作编译局译．马克思恩格斯全集（第6卷）[M]．北京：人民出版社，1961：492.

② 马克思恩格斯文集（第1卷）[M]．北京：人民出版社，2009：427.

所以无产阶级能够而且必须自己解放自己。”① 这就使马克思和恩格斯通过无产阶级反贫困斗争，初步得出了无产阶级劳动群众能够而且必须自己解放自己、无产阶级解放的动力来自自身的科学结论。

马克思、恩格斯进一步结合近代英国和法国革命斗争史，指出：“英国的革命既实现了宗教原则，又实现了政治原则，这次革命是由于查理一世反对这些原则而引起的；法国资产阶级在反对贵族和旧的君主制的斗争中赢得了他们所追求的一切，消灭了激起他们起义的一切流弊。难道穷人的起义会在贫困和贫困的根源消灭以前停止吗？这是不可能的。”② 随着唯物主义历史观的确立和成熟，马克思和恩格斯立足于生产方式变革理论，以阶级斗争方法分析资本主义社会里无产阶级的斗争和历史使命，指出：“资产阶级不仅锻造了置自身于死地的武器；它还产生了将要运用这种武器的人——现代的工人，即无产者”③，“无产阶级，现今社会的最下层，如果不炸毁构成官方社会的整个上层，就不能抬起头来，挺起腰来”④，“资产阶级的灭亡和无产阶级的胜利同样是不可避免的。”⑤ 科学阐明了无产阶级解放的必然性、条件和基本路径，使社会主义理论实现了从空想到科学的转变。

五、无产阶级反贫困斗争的根本路径

无产阶级贫困的深重性和特殊性决定了其贫困的化解必定是艰难和曲折的过程。马克思和恩格斯指明了无产阶级反贫困斗争的根本路径，是进行彻底的社会制度改造，在推动生产力发展的同时变革不合理的资本主义生产关系，推翻资本主义制度。

无产阶级贫困的根源是建立在资产阶级私有制基础上的剥削压迫。广大劳动人民虽然可以通过社会慈善救济乃至资本主义国家提供的济贫措施以及内部的互助合作，暂时性或局部性地缓解自己的贫困状态，但是不可能从根本上彻底改变自己日益贫困化的状况，更不可能彻底改变自己被剥削、被压迫的命运。“使相对过剩人口或产业后备军同积累的规模和能力始终保持平衡的规律把工人钉在资本上，比赫斐斯塔司的楔子把普罗米修斯钉在岩石上钉得还要牢。这一规律制约着同资本积累相适应的贫困积累。因此，在一极是财富的积累，同时在另一极，

① 马克思恩格斯文集（第1卷）[M]. 北京：人民出版社，2009：261-262.
② 马克思恩格斯全集（第2卷）[M]. 北京：人民出版社，1957：625.
③ 马克思恩格斯文集（第2卷）[M]. 北京：人民出版社，2009：38.
④ 马克思恩格斯文集（第2卷）[M]. 北京：人民出版社，2009：42.
⑤ 马克思恩格斯文集（第2卷）[M]. 北京：人民出版社，2009：43.

即在把自己的产品作为资本来生产的阶级方面，是贫困、劳动折磨、受奴役、无知、粗野和道德堕落的积累。”① 资产阶级自身的经济利益和政治统治权正是通过对无产阶级大众的剥削和压迫才得以实现的，无产阶级乞求资产阶级政府放弃剥削压迫，无异于与虎谋皮。因此，马克思和恩格斯科学指出：“劳动者在经济上受劳动资料即生活源泉的垄断者的支配，是一切形式的奴役的基础，是一切社会贫困、精神沉沦和政治依附的基础；因而工人阶级的经济解放是伟大目标，一切政治运动都应该作为手段服从于这一目标”②。“生产过剩和大众的贫困，两者互为因果，这就是大工业所陷入的荒谬的矛盾，这个矛盾必然要求通过改变生产方式来使生产力摆脱桎梏。”③ “生产过剩造成广大人民群众的贫困；这种生产过剩不是引起周期性的市场充斥和与恐慌相伴随抽逃资金，就是引起贸易的长期停滞；社会分裂为人数很少的大资本家阶级和人数众多的实际是世袭的雇佣奴隶——无产者阶级，这些无产者的人数不断增长，同时不断受到节约劳动的新机器的排挤；一句话，社会走进了死胡同，除了彻底重新塑造构成这个社会的基础的经济结构以外，没有别的出路。”④ “现代制度给他们带来一切贫困，同时又造成对社会进行经济改造所必需的种种物质条件和社会形式。他们应当摒弃‘做一天公平的工作，得一天公平的工资！’这种保守的格言，要在自己的旗帜上写上革命的口号：‘消灭雇佣劳动制度！’”⑤。无产阶级越来越清楚地意识到“不能通过资产阶级的制度修复来医治资本主义社会的各种弊病”，只有从问题的根源入手，即推翻社会制度本身，消灭私有制才能摆脱贫困的纠缠。而且，“通过建立新的社会制度来彻底铲除这些弊病的手段已经具备。”⑥ “大工业使建立一个全新的社会组织成为绝对必要的，在这个新的社会组织里，工业生产将不是由相互竞争的单个的厂主来领导，而是由整个社会按照确定的计划和所有人的需要来领导”⑦，这一新的社会制度就是人类社会最美好的社会——共产主义社会。

第三节　马克思和恩格斯反贫困思想与马克思主义理论

马克思主义理论是马克思和恩格斯创立的、关于无产阶级和全人类解放的科

① 马克思恩格斯文集（第5卷）［M］. 北京：人民出版社，2009：743 - 744.
② 马克思恩格斯文集（第3卷）［M］. 北京：人民出版社，2009：226.
③ 马克思恩格斯文集（第4卷）［M］. 北京：人民出版社，2009：305 - 306.
④ 马克思恩格斯文集（第4卷）［M］. 北京：人民出版社，2009：349.
⑤ 马克思恩格斯文集（第3卷）［M］. 北京：人民出版社，2009：77 - 78.
⑥ 马克思恩格斯文集（第1卷）［M］. 北京：人民出版社，2009：683.
⑦ 马克思恩格斯文集（第1卷）［M］. 北京：人民出版社，2009：682 - 683.

学。这个科学理论得以创立和发展，是以马克思和恩格斯的反贫困思想作为前提和出发点的；马克思和恩格斯反贫困思想不仅推动了马克思主义理论的创立，也是其最重要的构成部分，更是马克思主义理论的核心和归宿。

一、马克思和恩格斯反贫困思想是马克思主义理论形成的前提和起点

如前所述，观察马克思和恩格斯的人生道路，特别是青年时代的思想演变轨迹，不难发现：马克思和恩格斯正是因为生活在一个工业革命造成劳动人民普遍贫困化的时代，在当时各种反映人民群众艰困生活的社会舆论的影响之下，开始关注身边的贫困现象、思考贫困问题。出于对无产阶级和广大下层劳动群众的深切同情，初入社会的马克思和恩格斯相继开始观察、思考和批判贫困化问题，1839 年初 19 岁的恩格斯发表了《伍珀河谷来信》一文，聚焦于家乡伍珀河谷工人阶级触目惊心的贫困问题；1842 年起 24 岁的马克思在莱茵报工作期间亲身调查了摩泽尔河两岸以及莱茵省其他地区人民生活贫困的残酷现实，相继发表了《莱茵省议会关于出版自由的辩论》《莱茵省议会关于林木盗窃法的辩论》《摩塞尔河地区酿造葡萄酒农民的处境》3 篇文章，触摸到了隐藏在各种社会关系后面的客观本质，加深了对社会生活和国家问题的理解。他们各自在同地方政府和资产阶级思潮的辩论中，完成了思想上的革命民主主义的形成发展和向科学社会主义的过渡、唯心主义向历史唯物主义的过渡。这正如后来恩格斯回忆的那样，“我曾不止一次地听马克思说过，正是他对林木盗窃法和摩塞尔河沿岸地区农民状况的研究，推动他由纯政治转向经济关系，并从而走向社会主义”①。

二、马克思和恩格斯反贫困思想是马克思主义理论的重要组成部分

马克思和恩格斯反贫困思想不仅是马克思主义理论形成的起点，也是马克思主义理论的重要组成部分。

从马克思和恩格斯所从事的研究来看，除上文所列《伍珀河谷来信》等文章外，恩格斯的《英国工人阶级状况》《共产主义原理》，马克思和恩格斯合著的《神圣家族》《德意志意识形态》《共产党宣言》，马克思的《资本论》等，这些马克思主义的经典著述，其主要内容都是围绕着无产阶级的贫困问题及其解决路

① 马克思恩格斯文集（第 10 卷）［M］. 北京：人民出版社，2009：701.

径进行的。

从马克思主义理论的内容体系看，正如列宁在《马克思主义的三个来源和三个组成部分》一文中正确指出的那样，马克思主义理论“是人类在19世纪所创造的优秀成果——德国的哲学、英国的政治经济学和法国的社会主义的当然继承者”①，而马克思主义哲学指明了无产阶级摆脱现代私有制雇佣劳动奴役的出路，马克思主义政治经济学阐明了无产阶级在整个资本主义雇佣体系中的地位，马克思主义科学社会主义理论则找到了无产阶级实现自身解放的正确道路。应当说，马克思主义理论的各个核心组成部分，都体现着马克思主义对无产阶级贫困问题及解决路径的光辉思想。当然，马克思主义理论所包含的社会学、政治学、人类学等思想中，同样能够看到其对无产阶级贫困问题的关注。

从马克思主义理论指导的实践斗争看，无论是1848年欧洲革命、共产主义者同盟的存续发展，还是巴黎公社起义和第二国际的成立发展，以及德国社会民主工党等国别党派，这些在工农大众争取自身解放的革命运动中成立的无产阶级政党及其所领导的革命运动，都得到了马克思和恩格斯的热情支持和积极指导，可以毫不夸张地说，马克思主义理论最重要的特性就是其革命的实践性，马克思主义理论就反映了人类解放斗争实践的基本规律。

三、马克思和恩格斯反贫困思想是马克思主义理论的核心和归宿

马克思和恩格斯终其一生所要解决的社会问题，就是要打碎使无产阶级陷入极端贫困生活的现代雇佣制度，实现无产阶级的自身解放。由此形成的核心理论正是科学社会主义理论。科学社会主义理论是马克思主义整个理论体系的核心和归宿。“只有马克思的哲学唯物主义，才给无产阶级指明了如何摆脱一切被压迫阶级至今深受其害的精神奴役的出路。只有马克思的经济理论，才阐明了无产阶级在整个资本主义制度中的真正地位。”② 以唯物史观为基础的马克思主义哲学和以剩余价值学说为基础的马克思主义政治经济学，为广大无产阶级和人民群众提供了科学的认识工具，不仅认识到了无产阶级贫困化的根源，而且认识到了无产阶级自身的历史地位、历史使命和摆脱贫困、实现自身解放的科学路径。“空想社会主义没有能够指出真正的出路……马克思的天才就在于他最先从这里得出了全世界历史所提示的结论，并且彻底地贯彻了这个结论。这个结论就是阶级斗

---

① 列宁全集（第23卷）[M]. 北京：人民出版社，1990：41-42.

② 列宁全集（第23卷）[M]. 北京：人民出版社，1990：48.

争学说。"① 而马克思、恩格斯矢志建设的未来美好的共产主义社会，正是一个物质产品极大丰富，消灭了压迫剥削、消除了社会贫困，实现了人的自由而全面发展的社会。

马克思和恩格斯的反贫困思想不仅改变了马克思和恩格斯个人生命历程、推动了马克思主义理论的创立；而且成为全世界亿万人民改变自己命运斗争实践的伟大引领，推动着人类社会最美好的事业——社会主义运动的蓬勃发展。在马克思主义理论的感召和指导下，中国人民经过 70 多年的艰苦奋斗，终于迎来了全面消除贫困斗争的伟大胜利；展望不久的将来，人类也必然最终战胜各种自然和制度的障碍，实现全面消除贫困、享受太平幸福，建成世界范围内的真正的人类命运共同体。

---

① 列宁全集（第23卷）[M]. 北京：人民出版社，1990：47-48.

第二章

新民主主义革命时期反贫困斗争的历程与经验

贫困问题作为全人类的“公敌”和世界性难题，能否消除贫困成为事关国家能否实现繁荣发展、社会长治久安和人民幸福生活的重要因素。中国共产党自成立伊始，就将为人民谋幸福、为民族谋复兴作为自身使命和自觉担当，自觉领导和积极开展反贫困斗争，取得了全面建成小康社会的伟大成就。中国反贫困斗争的历程与中国共产党的百年党史相伴相生、同向同行。可以说，百年党史就是一部团结领导广大人民进行反贫困斗争的历史，并随着党在中国革命实践而不断发展。而新民主主义革命时期中国共产党开展的反贫困斗争则是开始。

全面认识新民主主义革命时期中国共产党领导反贫困斗争的历史背景，领会和梳理其发展历程，具有深刻的起点意义，有助于我们不忘“反贫困”的初心，继往开来，与时俱进。在新民主主义革命中，中国共产党正是怀着对劳苦大众的深情，开展反贫困斗争实践，改善人民的生活。同时，党准确把握旧中国贫困问题产生的根本制度性根源，形成和积累了极为重要、特殊和基础性的反贫困斗争经验。特别是中国共产党领导人民在抗日战争时期的反贫困是最具艰辛的时期，党对这一时期的经济任务格外重视，通过激发经济生产活力、调整生产关系、转换生产方式来促进其经济发展，此外军事斗争、民主政权、文化教育也与反贫困实践协同发展、相互促进。革命性、战时性、创新性、实践性是党在这一时期反贫困实践的鲜明特点。而晋察冀边区作为敌后模范的根据地，中国共产党在这一地区所开展的反贫困实践是反映这一时期党反贫困探索的鲜明例子。

第一节　新民主主义革命时期中国共产党领导反贫困斗争的历程

新民主主义革命时期中国共产党领导反贫困斗争有着特殊的历史背景和主客观条件，当时中国社会普遍贫困，民不聊生，对外受帝国主义侵略压迫，对内旧民主主义革命失败，中国社会的阶级状况也发生着深刻变化。

一、新民主主义革命时期中国共产党领导反贫困斗争的历史背景

（一）帝国主义侵略和压迫给中国人民和中华民族带来深重苦难

鸦片战争后，帝国主义列强侵略中国，迫使清政府签订数以百计的不平等条约，中国社会日益半殖民地半封建化，备受列强的剥削和掠夺。经济上，帝国主义列强通过攫取特权，操纵中国的经济命脉，使得中国经济的独立性逐渐丧失且受制于列强。在中国腐朽的社会制度和落后的经济技术下，深受“三座大山”压迫和剥削的民众普遍极端贫困，生活困苦。虽有许多仁人志士，通过改良、革命等多种形式开展救国运动，以求改变积贫积弱的旧中国，拯救深陷贫困泥潭的劳苦大众。但是，由于未能结合中国国情，从根本上找到解决贫困问题的根源，都最终归于失败。帝国主义、地主阶级和官僚买办资本相勾结，利用其政治、经济特权和其他方面的优势，占据中国绝大部分的土地资源，横征暴敛广大人民，导致中国社会底层民众生活极度赤贫化，中国人民和中华民族在水深火热之中，面临着悲惨黯淡的前景。正如毛泽东所言，在半殖民地半封建社会，“中国人民的贫困和不自由的程度，是世界所少见的”①。

（二）旧民主主义革命的失败宣告旧式革命道路在中国走不通

旧民主主义革命的破产宣告中国人民反对外国侵略和本国封建统治必须走“新路”。

第一，不消除封建剥削制度的根基难以实现人民解放。为改变中国的贫穷落后面貌和悲惨命运，许多爱国先驱前赴后继、不懈探索。其中，辛亥革命推翻了

① 毛泽东选集（第2卷）［M］. 北京：人民出版社，1991：631.

封建专制制度，极大地推动了中华民族思想解放和社会变革。但是，辛亥革命胜利的果实被反动势力所窃取，在封建军阀专制统治下，中国的半殖民半封建社会的程度日益加深。辛亥革命后，中国尝试过多种形式的政治制度，仍然未能使中国走向独立自主，半殖民地半封建社会的性质仍未得到改变，占据中国人口绝大多数的农民生活苦不堪言。

第二，实现国家独立、人民解放必须依靠坚强有力的革命政党领导。以农民阶级、资产阶级为代表领导的旧民主主义革命斗争具有软弱性、不彻底性。特别是民族资产阶级由于自身的弱小，在强大的反动势力面前，缺乏彻底反帝反封建的勇气和力量，没能也不可能提出全面、具体的反帝反封建革命纲领，更没有深刻认识到蕴含在广大人民的革命力量，发动农民起来进行革命。旧民主主义革命的失败，给广大中国人民带来了沉重的灾难，也给予革命必须寻找新出路的经验教训。

（三）中国社会的阶级状况深刻变化迎来新的反贫困斗争领导力量

俄国十月革命给中国送来了马克思主义。马克思主义传入中国的同时，中国社会的阶级状况也发生着深刻变化。

首先，工人阶级成为革命运动的主力军。五四运动后，中国工人阶级逐渐成长起来，工人运动不断发展，开展经济斗争、政治斗争。这表明，工人阶级作为新的阶级力量，登上中国政治舞台，这股新的社会力量为新民主主义革命的发生和工人阶级政党的建立创造了现实条件。

其次，以马克思主义为指导的中国共产党成立。旧民主革命时期，广大人民处于吃不饱、穿不暖的悲惨境遇，中国人学习资产阶级救国方案也屡遭失败。俄国十月革命给中国送来了马克思主义，中国先进知识分子通过不同的途径学习和传播马克思主义，走上马克思主义道路。以陈独秀、李大钊为代表的早期先进分子学习和运用马克思主义，分析中国贫困问题，而贫苦问题的解决，离不开无产阶级革命政党的领导，以及科学理论的指导和武装。中国共产党早期领导人认识到中国社会革命要取得成功，必须将反贫困斗争摆在突出位置上，帮助劳苦大众改善生活状况，才能赢得人民的真心拥护和支持，从而真正实现国家独立和民族解放。

（四）抗战时期中国共产党反贫困实践面临的形势

秋收起义失败之后，中国共产党开始将视野从城市转移到农村，通过武装斗争来获取地域性政权的稳定，毛泽东开辟的“工农武装割据”革命道路探索出一条解决近代中国贫困问题的根本出路。此外，1937 年日本发动了全面侵华战争让深陷泥潭的中国陷得更深，中国人民遭遇了前所未有的贫困，不仅温饱问题无法解决，甚至连生命都得不到尊重。因此在充分认识国情和革命形势后，洛川会议决定建立敌后抗日根据地，被称为“新中国雏形”的晋察冀边区就可以作为这一时期中国共产党对反贫困实践探索的缩影（2012 年刚刚当选为中共中央总书记的习近平同志第二次国内考察就选择了河北省阜平县老革命区，进村入户看真贫，他强调“小康不小康，关键看老乡，”[①] 新时代的扶贫工作就是在这里揭开帷幕的）。

1. “沦陷区”与根据地

在“沦陷区”创建根据地，困难重重，原因是多方面的：其一，半殖民地半封建社会的制度性因素。人民群众饱受“三座大山”的压迫和凌辱，无法正常生活，另外生产力水平低，原本自给自足的经济遭受打击，手工业等相继破产，广大人民穷困潦倒。其二，持久抗战损耗的社会性因素。一方面持续抗战需要大量人力、物力供应。由于日本对我国灭绝人性的烧杀掠夺，我国的国土沦陷，人民被奴役或者虐杀，劳动力骤减，农业、商业、手工业经济崩溃，相继破产，另一方面敌方实施经济封锁。在抗日战争期间，国民党处于统治地位，加上日本侵略者对共产党实行经济封锁，限制经济供给，“沿道路设关卡，没收运往边区物资”[②]，这就使得原本贫困的抗日革命根据地更加艰难。其三，自然灾害客观要素的存在。在长期战乱的环境下，国家经济基础本就薄弱，自然灾害时有发生，生存环境恶劣，旱灾、水灾、虫灾等问题严重，群众自己食不果腹，士兵们更是饿着肚子打仗。既要抵御外来侵略，又要加快各大根据地反贫困进程，可以说抗日战争时期的反贫困是最艰难、最低谷无助的时期。晋察冀边区作为最早创建的敌后抗日革命根据地，其环境更为恶劣。

2. 抗战时期中国共产党主要任务的变化

“中国产生了共产党，是开天辟地的大事。”[③] 党的中心任务就是带领中国人民实现民族独立与人民解放。由于新民主主义革命时期不同的阶段社会主要矛盾的主要方面不同，中国共产党的主要任务也会有所不同，中国共产党的历史地位也是有所不同的。在抗日战争时期，中国社会最主要的矛盾是中日矛盾。因此这一时期中国共产党的主要任务是领导人民对抗日军侵略。抗战时期，中国共产党在广大人民群众心中地位提升，自身实力也大大增强。中国共产党在抗日战争中

---

① 习近平．在河北省阜平县考察扶贫开发工作时的讲话［J］. 求是，2021（4）：4－13.
② 财政科学研究所．革命根据地的财政经济［M］. 北京：中国财政经济出版社，1985：322.
③ 习近平．在庆祝中国共产党成立 100 周年大会上的讲话［M］. 北京：人民出版社，2021：3.

的领导地位是时代必然要求，也是人民正确的选择。实践证明，只有坚持中国共产党的领导，依据各个阶段的社会主要矛盾的不同，具体情况具体分析，因地制宜，中国人民才能取得抗日战争的胜利逐步摆脱贫困，走向共同富裕的道路。

二、新民主主义革命时期中国共产党领导反贫困斗争的历程

中国共产党开启了领导人民摆脱贫困的百年反贫困斗争的伟大历史进程。新民主主义革命时期，中国共产党领导反贫困斗争艰难起步，通过革命斗争+经济建设的方式，以摆脱侵略和阶级压迫，历经了党成立初期的初步探索、土地革命时期的曲折发展、抗日战争时期的艰苦斗争和解放战争时期的走向胜利。

（一）中国共产党成立初期的反贫困斗争（1921～1927年）

1. 对半殖民地半封建中国经济制度的批判

在半殖民地半封建的旧中国，中国共产党针对贫困问题，运用马克思主义分析中国贫困问题。1921年7月，中国共产党第一次全国代表大会通过了中国共产党纲领，中国共产党第一次全国代表大会通过的《中国共产党纲领》第三条明确指出："消灭资本家私有制，没收机器、土地、厂房和半成品等生产资料，归社会公有。"① 党的二大通过分析中国经济政治状况，揭露出资本主义与封建主义的剥削实质。以李大钊、陈独秀为代表的早期党的主要成员同情农民和工人所受的痛苦和摧残，深刻剖析了旧中国经济制度的剥削实质，认为唯有社会各阶级联合起来，才能完成反帝反封建的任务，取得民主革命胜利。地主阶级与买办阶级等"这些阶级代表中国最落后的和最反动的生产关系，阻碍中国生产力的发展"②；"工业无产阶级人数虽不多，却是中国新的生产力的代表者"③，具有坚定的革命性和坚强的战斗力，代表工人阶级的利益才是符合社会生产力发展要求的。

2. 改善工农阶级的物质生活

中国共产党成立初期的反贫困斗争不仅体现在思想层面上对旧制度的批判，还体现在对工农的生产生活境遇的关心和爱护。党通过组织领导一系列工人运动，支持改善工农阶级的物质生活的同时，不断加强党的思想和组织建设，壮大

---

① 中共中央文献研究室．建党以来重要文献选编（1921－1949）（第一册）[M]．北京：人民出版社，2011：1.

② 毛泽东选集（第1卷）[M]．北京：人民出版社，1991：4.

③ 毛泽东选集（第1卷）[M]．北京：人民出版社，1991：8.

革命力量。在工人问题上，早期中国共产党人认识到要消灭资本家私有制，提倡节制资本，保障工人政治权利，制定劳工法，改善待遇，改良劳动者之生活状况；在最关键、最复杂的农民问题上，中国共产党人日益认识到农民对革命问题的重要性，逐步深入到农村，广泛开展农民运动。毛泽东指出，农民问题乃国民革命的中心问题，以“耕地农有”，重视农民的经济需求来动员农民。中国共产党人在工农运动中深刻认识到团结革命力量，结成最广泛的统一战线的重要性。伴随着第一次国共合作和大革命的开展，国共合作的实现推动了工人运动的恢复和发展，制定了适应农民运动发展的农业政策，反对封建式剥削，逐步发展农民运动，开展土地斗争，革命运动日益高涨。党的四大提出了无产阶级在民族革命中的领导权问题，以“反对国际帝国主义”“反对封建的军阀统治”和“反对封建的经济关系”为民主革命的内容，消灭封建地主的土地私有制，解决农民的土地问题。北伐战争（1924～1927 年）基本推翻了北洋军阀的反动统治，以湘鄂赣工农群众运动为代表的工农运动高涨。

（二）土地革命时期的反贫困斗争（1928～1937 年）

1927 年大革命失败后，中国共产党从中汲取正反两方面的经验，进一步探索无产阶级革命道路，为解决农民与地主阶级的矛盾，围绕农民和土地之间的问题，在以井冈山为代表的革命根据地进行土地革命与经济建设，“打土豪、分田地”成效显著，制定土地政策，形成了完整的土地革命路线。

一是中国共产党聚焦农民土地问题，探索耕者有其田。第一次国内革命战争的失败，中国共产党在城市革命斗争遭遇严重挫折。中国革命重心由城市转入农村，八七会议强调通过土地革命实现“耕者有其田”，中国共产党开展三湾改编，在根据地颁布土地法，相继制定井冈山《土地法》、兴国县《土地法》，指导并广泛展开土地斗争，明确土地斗争形式、土地政策内容和土地分配方法，发动广大贫苦农民去没收所有地主土地，实现耕者有其田，以调动广大农民发展生产的主动性和参与到革命的积极性，团结农民阶级的力量，消灭地主阶级，实现和维护农民的实际利益。

二是划分阶级成分来探索土地分配问题。党的六大将争取群众作为党的首要任务，制定《土地问题决议案》《农民问题决议案》，制定实施土地革命路线，让广大农民翻身得解放，为人民根本利益而斗争。中国共产党遵循经济建设规律与革命斗争实际，从经济标准角度分析农村阶级成分，根据农民具体生活状况，遵循土地没收的区别对待与分配上的平等与利益兼顾，依靠贫雇农，团结中农，限制富农，消灭地主阶级，逐步变封建的土地所有制为农民的土地所有制。中国共产党在敌人力量薄弱、群众基础好的地区积极开展根据地建设，坚持党对军队的绝对领导，进行反“围剿”武装斗争，开辟中国革命新道路，革命形势得到恢复和好转，开展经济建设，打破敌人经济封锁的斗争，使工农业、商业、交通等经济工作都有所发展，农村革命根据地建设一片火热景象。

（三）抗日战争时期的反贫困斗争（1938～1945 年）

华北事变后，日本帝国主义与中华民族矛盾日益尖锐化，战争和灾荒成为导致民众贫困的重要因素，战争使数以万计的民众沦为难民。中国共产党面对的首要问题是反对日本帝国主义侵略。当时，为合理协调社会各阶层利益，调动全民族力量，参加革命斗争建立全国抗日救亡运动统一战线。中国共产党围绕反贫困所制定的土地政策也随之有所改变，停止没收地主土地，建立抗日民族统一战线的土地方针，经济建设服务于抗日战争大局。毛泽东在 1941 年 8 月 9 日和 22 日复信谢觉哉中指出：“经济建设一向乃是其他各项的中心。”① 他认为，发展经济是解决一切问题的关键，只有搞好经济建设，充分发展农业生产，才能避免公私交困和军民争食，尤其是在抗战这个特殊时期更要重视经济，可以说，“抗日战争时期中国共产党对经济工作的重视，超过以往任何时期。”② 可以看出，当时各个根据地开展反贫困的重点任务就是要大力发展边区生产力，促进经济增长，改善民生。

1. 一致抗击日本帝国主义侵略是开展反贫困斗争的前提

在战略防御阶段，中国共产党将民族利益置于一切利益之上，高举武装抗日旗帜，开展第二次国共合作。较之于蒋介石集团实行片面抗战路线，中国共产党依靠人民大众，主张实行全面抗战路线，团结社会各阶层参与抗日民族统一战线，中国共产党停止针对地主、富农强硬的没收政策，通过减租减息政策，平衡、调和社会阶层的利益和关系。在《抗日救国十大纲领》实行为战时服务的减租减息政策等财政经济政策，义利兼顾，改善工农大众生活，特别是发动农民，开展生产运动，提高了战争时期农村生产力，缓解革命战争时期的经济压力，保障了农民最基本的物质需要，提高了农民生活水平。

2. 开展经济建设服务于革命斗争

土地是农民的命脉，尤其是战乱纷争年代，民族存亡之际，要想带领人民反贫困，最基础的和最根本的就是发展农业生产，增加粮食产量，让人民不会再被饥饿所困扰，因此中国共产党在反贫困的经济工作中也始终把农业的发展与生产

---

① 毛泽东选集（第 1 卷）［M］. 北京：人民出版社，1991：370.

② 赵凌云 . 中国共产党经济工作史［M］. 北京：中国财政经济出版社，2011：122.

放在第一位。抗日战争进入战略相持阶段，中国共产党领导的敌后抗日根据地，由于薄弱现实基础和恶劣外部环境影响，面临着衣、食等基本生存需要无法保障的严重经济困难。中国共产党适时、适势调整了根据地建设的各项政策，带领根据地军民与日、伪军进行英勇斗争的同时，以毛泽东为代表的中国共产党人认识到，要"自己动手，丰衣足食"，发展生产力的重要性。中国共产党广泛组织力量开展生产运动，特别是以陕甘宁边区和华北敌后抗日根据地为代表的地区开展大生产运动，兴修水利、妇女纺织运动和发展工副业生产，以扩大生产，精兵简政，厉行节约，反对浪费，坚持经济建设服务于革命需要的同时，组织开展文化教育运动，积极改善民众的生活，大大减轻人民负担。这一时期，经济建设与革命斗争为了公私兼顾，实现群众利益，克服苦难、渡过难关，以支持长期抗战，改善人民生活水平。

3. 中国共产党在根据地开展反贫困的重点实践活动

（1）激发经济生产活力，农工商业经济齐发展。大部分根据地尤其是晋察冀边区本就是落后的小农经济区域，受到长期封建制度、战争封锁以及自然灾害的影响，致使边区生产力极其落后，甚至无法保障边区群众基本生活需求。生产是开展一切工作的基础前提，更是摆脱贫困的必由之路。因此结合边区实际情况，激发农业、工业与商业的经济发展活力是当务之急。

①扩大耕地面积，提高农业产量，激发农业发展活力。晋察冀边区成立之初，无人耕种的荒地很多，尤其是"七七事变"之后，日寇残酷的烧杀掠夺，地主逃亡使得已耕土地变成荒芜之地，更不用提及荒地的开垦。第一，恢复土地、开垦可耕地面积是促进农业增产最直接的途径。一方面，边区强调开垦出荒地的土地所有权属于承垦之农民，这些保障措施激发了广大农民群众积极投身于开垦荒地的工作中的积极性，据不完全统计，"阜平等 9 个县，垦荒达 15000 多亩。"[①] 另一方面，修复滩地，兴修水利也是晋察冀边区扩大耕地面积的内容。第二，改进农业技术，改善生产条件。晋察冀边区政府建立小农场进行试验。农场的工作重心是品种对比，同时也实施绿肥成效的试验和育苗工作。边区政府成立的农林牧殖局集合了农业学者精英，将提高农业技术看作是"发展边区农业生产的中心环节"[②]。制定实施奖励机制，招揽技术人才并鼓励他们进行生产技术的研究与推广，边区规定凡边区人民对农业技术有创造发明者，均视其成果给予奖励。[③] 建立推行生产技术组，让边区群众尽快掌握接受新知识，每个村都设有

① 魏宏运．晋察冀边区财政经济史资料选编（农业编）[M]．天津：南开大学出版社，1984：511.
② 魏宏运．晋察冀边区财政经济史资料选编（农业编）[M]．天津：南开大学出版社，1984：295.
③ 魏宏运．晋察冀边区财政经济史资料选编（农业编）[M]．天津：南开大学出版社，1984：212.

技术员，三五个村庄划分为一个技术小组并由农业助理员统一领导，及时了解各村情况以及积极宣传指导群众推广技术同时及时上报生产情况的发展与变化。这些举措极大改进了边区农业生产条件，边区农业生产环境面貌焕然一新。第三，组织大生产运动。响应中央“组织起来”的号召，晋察冀边区也开启大生产运动，尤其是北岳区群众已经走上“组织起来”的道路，劳动生产率大大提高，在各个方面都取得了成就。另外，大生产运动是在战争环境下进行的，因此在保卫麦收与秋收方面必须用战斗来捍卫，“一手是镰刀，一手是枪杆”，“一面抢收，一面战斗”，北岳区群众吸收了之前麦收的经验，在抢麦中有了新的创造。在村里设立广播台，报告敌情，有的麦场和地道结合，麦收时采用熟一片收一片，快割快晒快打快藏的策略，胜利完成抢麦任务，完成十年未有的大丰收。足以见得，大生产运动使得边区群众开始走向衣食有余的生活道路。

②生产自给，壮大边区工业经济。晋察冀边区在成立之初的工业经济十分滞后，加之日本不断地对其进行洗劫、毁坏，增加了边区物资经济上的困难。为保证抗日战争的供应和人民的生存需要，边区政府提出了“争取工业品自给自足”[①] 的口号。

③加速发展军事工业。边区开展反贫困工作是在外敌侵略封锁的环境下进行的，财政最大的支出就是枪支弹药的费用，大多都是从敌人手里缴夺过来。为改变这一被动局面，军事工业的发展必不可少。前线打仗弹药必不可少，晋察冀边区军事工业就是以制造弹药为中心逐步发展。经过艰苦努力，边区终于研制出“全自制子弹”并由军工部第五、第九连投入生产，据 1944 年 11 月统计，全自制七九子弹月产 19000 发，自制六五子弹 11000 发。[②] 从无到有，边区军事工业日益发展壮大，研制多种类型产品，数量与质量双重保障。不仅研制出捷克式马步枪、黄药手榴弹、硝酸铔（特别炸药），还造就了一批学有专长的技术人才和熟练工人。抗战胜利后晋察冀边区的军工生产逐渐正规化，为后来新中国国防工业的发展奠定了基础。

④其他行业齐发展。彭真指出“手工业和家庭副业则是边区工业发展之主力”[③]。手工业的生产成为重要业务，行业多种多样，但又具有自身特色。例如在行业发展方面，开展了纺织、造纸、工具制造毛坯加工等手工业生产，尤其是以纺织、工具制造开展得最具特色，纺织厂一方面是为了军需民用，另一方面是

---

① 廖朝霞．晋察冀抗日根据地经济建设研究［D］．长沙：湖南师范大学，2018.

② 魏宏运．晋察冀边区财政经济史资料选编（工商合作编）［M］．天津：南开大学出版社，1984：104.

③ 彭真．关于晋察冀边区党的工作和具体政策报告［M］．北京：中共中央党校出版社，1997：90.

为了帮助难民度过灾荒，工具制造以生产农业工具为主，以提升生产效率。采取劳资比例方式分配利益，兼顾各方，如顺平县东白司城纺织社，在全部盈余内，15%酬劳村干部，20%返回纺织户，10%作为村社公积金，55%为股红。[①] 家庭副业也在边区政府的扶持与帮助下稳步发展，仅阜平地区参加编织苇席就有300余人，边区群众利用农闲编篓与编筐，依据地区特色发展水磨业、鞣制毛皮以及胰业等产业。足以看出，边区工业发展现阶段已取得重要突破，不仅缓解了边区经济危机，保障群众基本生活需要，也使得边区工人凭借自己努力学到了生产技术，改善了贫困生活，从而迸发出工业对农业的反哺作用。

⑤促进流通，繁荣边区商业经济。商业是促进商品流通的重要经济活动，能够激活边区经济活力。集市是晋察冀地区自古以来进行物资往来的重要流通场所，在当时谁占领经济，谁就有经济政策话语权。边区采取对外绝对统治，对内自由贸易的原则，也正是在这一原则指导下，边区得以发展商业、繁荣市场。关于对内自由贸易，是指原则上边区内部贸易实行相对自由的政策，以公营商业和合作商业为主，同时保护私营商业。给予商人平台进行贸易活动，但坚决取缔投机操纵、哄抬物价，同时也鼓励小农小手工业和小商人的私人经济，调动其积极性，边区内部出现了较为繁荣的景象。面对敌人强制占领市场的现象，广大群众将集市规模缩小，经常变动集市地点，隐蔽营业，促进边区内部贸易交易的自由。关于对外贸易，对战争有利的物品竭尽全力输入进来，鼓动本土货物输出，积极与外界进行经济交流往来。

晋察冀边区工商业是相继发展的，通过组织工业生产达到生产自给性，并在此过程中发展与繁荣商品经济，农工商业的繁荣发展对抗战的胜利提供后方保障，也有利于边区生产力的解放。

（2）调整生产关系，减轻群众生活负担。

①改善农村土地关系，从“减租减息”到“耕者有其田”。土地是农民“安身立命之根本”，是攻克农民贫困难题的关键点，洛川会议中正式提出要实行减租减息的政策。[②] “减租减息”事实上就是减少农民所负担的地租和借贷的利息，又保护了地主的利益以及阶级地位，这两重性土地政策重新调整了农村土地关系，对贫农、富农与地主都具有一定的激励效应，纾解了各根据地在生存上的燃眉之急。

②减租减息。依据当时中共中央减租减息的原则性规定，晋察冀边区也依据自身的具体实际情况开展了减租减息运动。但是晋察冀边区的土地关系与陕甘宁

---

① 孙宝明. 完县纺织模范村社［N］. 晋察冀日报，1944-05-28.

② 中央档案馆. 中共中央文件选集第11册［M］. 北京：中共中央党校出版社，1991：329.

边区不同，后者的土地剥削的封建关系在抗战前的土地革命中基本消除了，而前者的封建剥削关系一直存在。最初，晋察冀边区采取经济手段调节群众利益，后为防止“明减暗不减”的问题以及其他纠纷问题，又修正公布了《减租减息单行条例》，对土地地租、归属、契约及利率等做出详细规定。此后，晋察冀边区的农民获得了很大的利益，毛泽东同志在听取彭真在中央政治局会议上汇报后，赞赏晋察冀“创造性地实行减租减息”，并将相关经验转发给各根据地。[①] 同时晋察冀边区较早开始实施减租减息并取得了很好的群众基础，激发了边区群众的参政热忱，为其他革命根据地树立了典范。此后，晋冀鲁豫、晋绥、山东等各革命根据地也纷纷效仿晋察冀减租减息，并做出一番成就。

③耕者有其田。在抗战胜利后，随着形势的发展农民尤其是贫雇农更渴望得到土地，很多边区地区的民众自发起来用各种方法获取土地，为此中共中央先后制定了《五四指示》和《中国土地法大纲》，完成减租减息到“耕者有其田”的转变，实现了贫农心愿，这也体现了中国共产党以人民为中心的反贫困核心理念。

④坚持合理负担原则，实施统一累进税政策。为减轻工农贫民的负担，朱德等提出“合理负担”原则，[②] 将战争税收方面的需要，着眼在富有者的身上，这样不仅能够增加政府财政的收入，还能保障群众正常生活。但晋察冀边区行政委员会主任宋劭文认为村合理负担制度不够健全，应将村合理负担扩大到县合理负担，也就是统累税。毛泽东同志也在《论新阶段》中指出：“改订各种旧税为统一的累进税，”[③] 1940 年，晋察冀边区率先实施统累税，晋冀鲁豫、山东及陕甘宁等根据地也实施了或相仿的税收方法，但相比而言，晋察冀边区是最早实施并且是延续性最长的地区。在实施的过程中其进一步对征收统一累进税进行了更加详细的规定，同时边区坚持三个原则：第一个原则是适应于抗战的国策现状；第二个原则是符合民族统一战线政策；第三个是与发展新民主主义经济方针相契合。

⑤统累税的特点是合并征收，有序进行。它将多种税收统一为一种税收，每年统一征收一次，纳税的比例也是经过实际调研与精确计算，这不仅减轻了最贫穷者的负担，而且通过税收推动了边区农工商业蓬勃发展。晋察冀边区的统累税

---

① 彭真传编写组．彭真年谱（一九〇二——一九四八）（第 1 卷）［M］．北京：中央文献出版社，2012：109 - 192.

② 宋丽智．中国共产党经济思想史 1921 - 2021（第 1 卷）［M］．北京：经济科学出版社，2021：395.

③ 中共中央文献研究室，中央档案馆．建党以来重要文献选编（一九二一——一九四九）第十五册［M］．北京：中央文献出版社，2011：618.

并不是一成不变，而是具有自身的独创性和灵活性的。依据当时农民的生活水平不断地修正，使税制与细则更加趋于完善，这种税收制度是合理进步的制度，是当时社会边区财政税收制度上的一个转折点。此外，统累税和上文所提到的减租减息相辅相成，两者相结合，平衡了地主与农民之间的利益，尤其是在增加边区总产出这方面，两者达到了融合，既扩大边区财政收入又调动群众生产积极性，同时也使红色政权扎根边区，共促边区繁荣发展。

⑥统累税是在晋察冀边区静悄悄的一场革命，它促使边区阶层结构发生变化。以 1937～1942 年的北岳区为典例，据调查可得出贫农和富农、地主的占比不断下降，中农的比例在不断上升，社会阶层结构“中农化”趋势加强。① 正是由于统累税与减租减息等措施联动才使得土地分配趋于公平，贫农和富农、地主这个“两头”正在往“中间”聚集，缩小边区贫富差距。

⑦发展边区信用社，促进边区资金流动融通。在敌人的经济封锁不断加剧的情况下，推进边区货币统一是对敌经济斗争的重要环节，甚至在一定程度上决定着经济斗争的成败，而晋察冀根据地作为华北地区最大的抗日革命根据地，更应该在经济上保持独立自主并且自成体系。因此晋察冀边区政府始终意识到货币统一的必要性与重要性，在不同时期、不同情况下采取不同的对策，依据中央指示和边区实际情况，有步骤地展开货币斗争，实现货币统一。

⑧建立边区银行发行边币。毛泽东指出要有计划地与敌人展开经济斗争，允可在隔断地区发行地方纸币。依据毛主席指示，晋察冀边区银行迅速诞生，并且被授权发行边币，获准以粮食、棉花和法币为担保，发行二元、一角、五角等数种金额。

⑨实现统一货币市场。边币投入市场初期，正是晋察冀边区金融十分混乱之时，面对复杂混乱的金融形势，晋察冀边区采取了不同的办法实现边币一元化。对待法币，从同意在市面流通发展到禁止法币流通，允许自己保存或者按 1∶1 的比值在交易之前兑换成边币最后再发展到采取排斥政策，使得法币在边区失去作用，这充分体现了边区对其经济利益的保护与发展；对待各种杂钞和土钞的清理是逐步进行的，击败各种地方杂钞以后，边区着手清理土钞，命令发行人自行收回或者无力收回的贬值兑换边钞；对于边币最大的劲敌伪联银券，边区采取有效利用的方法，用缴获的伪钞前往敌占区去购买物品。但是，边币与敌伪货币的斗争是复杂而漫长的，直到日本战败之后，敌伪货币才逐渐清除。

⑩发行统一流通的人民币。随着解放战争形势的迅速发展，晋察冀与晋冀鲁

---

① 刘雅娟．晋察冀抗日根据地统一累进税研究［D］．太原：太原理工大学，2017.

豫合并为华北解放区，并合并华北、北海和西北农业银行，成立中国人民银行。在1948年12月1日，发行了第一套人民币，并且不实行“金银本位”，这跳脱了货币是黄金的符号和货币不能脱离黄金的惯例，可以说完全是中国共产党基于自己实践独立创造的，中国人民银行的成立和人民币的发行是党统一财经的重要标志。

（3）转换生产方式，建立初级合作社。抗日战争前期整个中国的经济形势仍是以自然经济占据主体地位，晋察冀一带虽商品经济已有一定程度的发展，但也是以封建的自然经济为主。经过不懈努力，晋察冀边区经济逐渐走上新民主主义经济的发展轨道，包括公营经济、合作社经济和私营经济三种形式，其中合作社经济是建立在个体生产上新形式的经济，是边区经济反贫困的重要途径之一。晋察冀边区政府坚持公营经济为主导，建立初级形式的农业、工商业以及信用合作社。

①推进劳动互助合作，重视发展农业合作社。毛泽东强调建立合作社是“群众由穷苦变富裕的必由之路”。[①] 这与新民主主义经济思想的内在趋向是一致的。为了响应号召，晋察冀边区农业率先走向了劳动互助合作的道路，在生产过程中逐渐改变人与人的关系，培养了团结互助的集体观念。一是缓解劳工不足情况。将不同的劳动力组织起来，调剂使用。二是解决生产工具短缺困难。依据地区特色调剂使用生产工具，充分利用仅有的生产工具作用。三是提高劳动效率。比如面对抢收抢种大型任务时，可以人力畜力搭配使用，在同样的时间取得翻倍的丰收。晋察冀边区大力提倡劳动互助合作，注重农村合作社的发展大大提高了劳动生产力，正是这种由个体到集体劳动的生产方式的变革，才使得生产力进一步的发展同时也与群众关系更进一步，发展了人民经济。

②发展保护边区工商业，建立边区工商业合作社。在当时晋察冀边区的手工业大部分都采用了合作社的形式经营。晋察冀边区文具合作社的成立“实开边区战时工业生产之新纪录云”[②]，此后各地许多民用工业合作社陆续筹办起来，例如1941年冀中合作社建立纸厂29处，1942年增加到43处，其他如从事纺织、制革、油墨、蜡纸等手工业生产和合作社也遍布冀中各地[③]，手工业的生产成为各社的重要业务，也迎来手工业合作的高潮。合作社商业是边区发展根据地经济支援战争的不可缺失的一种组织形式，它的主要任务就是开展各种土货以及土产品的运销，供给群众日用必需品。

---

① 毛泽东选集（第3卷）[M]. 北京：人民出版社，1991：930－932.

② 文具工业合作社已于“八一”开幕[N]. 抗战报，1939－08－02.

③ 胡友孟．冀中中原抗日革命根据地的合作运动（续一）[J]. 商业经济研究，1988（8）：58－60.

③发展边区信用社，促进边区资金流动融通。边区信用社是通过储放、借贷等业务为调节群众在生产生活中遇到资金困难而设立。抗战爆发后，晋察冀边区许多富人不见踪影，这就使得贫苦的群众想要进行扩大生产而没有资金，生产生活受到极大限制。为改变这一现状，信用合作社应运而生，以此促进资金正常流动融通。信用合作社最主要就是通过低息贷款解决广大群众资金短缺困难，合作社的借贷最多不能超过1分的利率，如果超出了，就要受到处罚。晋察冀边区还设立了监督委员会，防止借贷者谋利，保障贷放款能够切实投入到生产生活中。此外信用合作社还与农工商业合作社等联系起来，共同带动晋察冀边区经济发展，同时也投入边区统一货币使用，为肃清其他杂钞提供了有利途径。

在战略反攻阶段，中国共产党工作重心逐渐转向城市，反贫困重心也由农村转向城市，《关于各抗日根据地劳动政策的初步指示》《关于目前各抗日根据地职工运动的决定》指出改善工人工资、工资时间等待遇，规定休息时间。抗日战争胜利前夕，中国共产党又一次提出国民党政府应取缔官僚资本，反对苛捐杂税对人民的压榨，扶植民族工业，解放生产力，发展经济，改善工人待遇。

（四）解放战争时期的反贫困斗争（1946～1949年）

抗日战争胜利后，蒋介石集团坚持独裁统治和内战政策，把全国人民推向饥饿与死亡。解放战争时期，中国共产党对改善民生高度重视，以强大的社会动员力、号召力推进了革命事业的最终成功。

1. 兼顾互利的土地革命

中国共产党认识到，只有以满足农民的利益为目标，才能最大程度凝聚革命有生力量。解放战争时期，中国共产党建立新民主主义革命统一战线，坚持减租减息政策，在《关于土地问题的指示》中开展土地制度改革，回应农民对土地的诉求，支持农民从地主手中获得土地。为协调其他阶层与农民阶层利益关系，兼顾其他阶层的利益，《中国土地法大纲》明确“普遍实行彻底平分”的政策，保护与发展新民主主义经济思想。

2. 坚持以广大人民利益为中心

解放战争初期，解放区与国民党统治区之间存在巨大的经济实力落差，中国共产党作为占中国人口绝大多数的农民利益的坚决维护者，反对大地主、大资产阶级，将广大农民团结在党的周围。在个人、集体与国家的关系上，坚持为人民服务，把国家利益、人民利益放在第一位，兼顾个人利益，人民也以巨大的热情，给予解放战争以空前的支援。

3. 统筹兼顾，发展生产力

毛泽东在《目前的形势和我们的任务》中确立了新民主主义革命时期三大经

济纲领，从土地作为农民最根本、最直接的利益出发，没收封建阶级的土地归农民所有，没收官僚垄断资本归新民主主义的国家所有，保护民族工商业。此后，随着解放战争的推进，中国共产党工作重心从农村转向城市，探索接收城市的经验，发展新民主主义国家经济，提高人民生产积极性，恢复和发展生产，切实改善人民生活。

第二节 新民主主义革命时期中国共产党领导反贫困斗争的特征

新民主主义革命时期是中国共产党反贫困历程的起始时期，也是反贫困思想的萌芽时期。中国共产党把马克思主义基本原理与中国革命具体实际相结合，团结带领中国人民找到了农村包围城市、武装夺取政权的正确革命道路，确立了反对帝国主义、封建主义、官僚主义，争取民族独立、人民解放的革命任务。这一时期，旧中国积贫积弱，工农群众在“三座大山”残酷压迫下苦难深重，生存健康等权利遭受严重损害。中国共产党领导中国人民进行艰苦卓绝的土地革命、抗日战争、解放战争，“打土豪、分田地”，实行“耕者有其田”，使农民获得了土地，保障了权利，改变了生活，提高了生产积极性，为摆脱贫困、改善人民生活创造了根本政治条件。我们重点以抗日战争时期的反贫困实践探索其特征。

一、中国共产党在抗日战争时期反贫困实践的特征

中国共产党在晋察冀边区的反贫困实践是在新民主主义革命时期的背景、抗战时局的综合影响下实行的，可以说是举步维艰：一方面因为战争的残酷无情，中国共产党在边区实行一系列的反贫困举措缺乏必要的资金、工具以及人力等基础保障；另一方面受人民封建思想的影响，一些创新之举并未立刻得到群众拥护，部分边区群众对中国共产党始终持有怀疑态度。这也折射出在当时复杂多变的局势影响之下，中国共产党深入探索出一条适合当时中国国情的反贫困实践发展之路，具有革命性、战时性、创新性以及实践性等多方面特征。

特征一：革命性

目标是实践的指南，中国共产党在晋察冀边区实行的反贫困实践目的就是创立一个具有新民主主义色彩的新民主主义社会雏形，正是因为它处在半殖民半封建社会性质下又处于抗战的特殊时期，深入考察边区的反贫困实践，不难发现其

革命性的目标底色。这主要归结于当时所处的历史环境以及中共在敌后边区抗战中“改造旧社会，创造新民主主义社会”的总目标。以晋察冀边区反贫困的重点任务为例，边区反贫困核心目标是将马克思列宁主义的普遍真理和毛泽东的新民主主义经济建设理论与边区具体实践相结合，使之真理在边区具体化。1934 年边区行政委员会在《为实现抗战建国纲领而奋斗》中强调：经济建设“是边区扩大巩固的决定条件”[①]，后来，彭真又明确提出“给养、民生、统一战线，是财政经济政策的三个中心着眼点”，[②] 可以看出边区一系列建设始终围绕着人民群众。除此之外，边区组织群众冬学、参与选举、军事动员等也是革命性在不同层面的彰显。

特征二：战时性

战时性是指具有暂时特征，是围绕保障持续抗战而服务的。思想理论是在一定的历史条件下成型与完善的，中国共产党在晋察冀边区反贫困实践的探索与发展首先是从科学判断当时社会性质与中国当时局势发展形势而来的，也是中国共产党用马克思主义的视野观察形势的成果，其反映了历史发展的具体要求。因为根据地正是处于战争历史时期的洪流中创建而成，中国共产党反贫困的举措也是围绕着边区的建设与发展以及配合抗战而调整进行，因此，它是具有战时性的特征，会随着战争的局势调整相应的制度。例如，在抗日战争时期为了广泛动员参与抗战，边区实行减租减息，尽最大的可能统一战线；到了解放战争时期，为解决地主与农民之间的矛盾，中国共产党打出“耕者有其田”旗帜。因此，我们必须重视中国共产党在晋察冀等边区的反贫困实践具有战时性的特征，需要结合当时的历史背景来理解反贫困的举措。

特征三：创新性

中国共产党在这个阶段开展的反贫困实践，是在马克思主义反贫困理论的指导下，始终遵循实事求是的思想路线。实践已证明马克思主义反贫困理论和中国实际相结合是正确的发展方向，但是中国共产党并没有完全照搬马克思主义反贫困理论。

例如，新民主主义经济的表现形式，这与无产阶级反对资产阶级这一马克思主义理论的基本要义也有很大不同，尤其是在全民族抗日战争时期，中国共产党在反贫困的内容以及措施安排上或者话语表达上已经有鲜明的“中国气派”。

中国共产党在包括晋察冀边区在内的抗日革命根据地所采取的减租减息土地政策、统一累进税收政策以及与边区之外进行贸易的一些做法与马克思主义论断

① 谢忠厚，肖银成．晋察冀抗日根据地史［M］．北京：改革出版社，1992：240.
② 沈雁昕．彭真在晋察冀边区贯彻毛泽东统一战线思想的贡献［J］．党的文献，2003（6）：64.

有所不同，这引起部分党内人员认为是不是在搞商品经济的质疑，为此陈云针对这种情况提出，“我们要学会做共产党的商人”①。因此可以看出，“共产党的商人”是为人民所服务的。同时陈云还指出一个非常有创造性的观点，那就是共产党做生意要借鉴资产阶级所具备的“精通业务”“总结经验”“规定条例”，一言以蔽之，就是“主义是无产阶级的，方法可以采用资产阶级的”②，后来的“社会主义市场经济”也有这层思想的影子。此外，在解放区采取的“统一领导，分散经营”的原则也可以在新中国成立之后的宏观调控和统分结合的双重经营体制等中彰显出来。可以看出，中国共产党在这一时期采取的创新与彰显中国特色的反贫困实践的影响不容小觑。

特征四：实践性

实践性是马克思主义最具特色性质之一，也是中国共产党反贫困中最重要的特点和理论品质，实践贯穿整个中国共产党反贫困历程。在中国开展反贫困的实际工作，是因为认识到了当时中国的贫困问题，并将马克思主义反贫困理论与中国新民主主义革命半殖民地半封建社会的经济基础相结合，以农民作为中国革命和反贫困斗争的主力军，进行无产阶级革命，推翻压在人民身上的“三座大山”，废除生产资料私有制，建立社会主义公有制，走社会主义道路。可以说，中国共产党既是反贫困政策的制定者与指导者，也是反贫困斗争的实践者，将探索的反贫困实践升华为理论再运用到实践中检验，在实践中逐步探索出具有中国特色的反贫困思想理论体系，这一思想体系也将随着实践的发展而发展。

二、新民主主义革命时期中国共产党领导反贫困实践的意义

新民主主义革命时期是中国共产党领导反贫困斗争历程的开端，也是反贫困思想的萌芽时期。中国共产党自成立之日起就确立了改变中国贫穷落后面貌、立志为天下劳苦大众谋幸福的宏伟目标，在百年反贫困斗争史上具有特殊的意义。

（一）历史意义：为新中国成立之后反贫困实践奠定实践基础

中国共产党在新民主主义革命时期的反贫困实践初见成效，这离不开中共中央对革命根据地的反贫困战略的指导与部署，晋察冀作为模范示范区为其他边区树立了榜样，将在晋察冀边区所取得的成就上升到新民主主义革命时期的大背景之下考量，正反映了中国共产党铲除造成人民贫困根源的半殖民地半封建社会制

① 中共中央文献研究室．陈云文集（第1卷）[M]．北京：中央文献出版社，2005：375.
② 中共中央文献研究室．陈云文集（第1卷）[M]．北京：中央文献出版社，2005：393.

度、重建中国社会形态与治理制度的反贫困初心。也正是中国共产党带领人民推翻了“三座大山”的压迫，为中国人民群众走向美好生活奠定政治先决。可以看出，从历史的视角来观察，中国的反贫困事业与新民主主义的革命有共同之处，而后者的成功则意味着中国的反贫困工作得到了实质性的发展。

中国共产党不仅在这一时期带领人民打土豪、分田地，废除封建土地所有制和瓦解一切错乱桎梏的旧社会生产关系，还在土地革命的基础上大力发展社会经济。中国共产党始终认为政治斗争的成功取决于经济建设的成功，十分重视边区、苏区、解放区等的社会经济发展工作。不仅如此，还带领人民群众进行大规模民生建设。例如发展医疗卫生事业，着力发展医疗技术与制造更多药品，在乡村普遍建立卫生所，尽最大的力量对贫困人民进行免费或低成本的治疗。这些早期的中国共产党反贫困实践探索为新中国成立之后全面开展反贫困工作孕育了基础，提供了宝贵的经验与借鉴，在中国共产党百年的反贫困历史长河中具有属于革命色彩的独特历史意义。

（二）理论意义：是马克思主义反贫困理论的创造性应用与发展

马克思主义反贫困从制度层面回答了贫困何以产生又当如何解决重大问题，中国共产党在新民主主义革命时期基于这一理论，结合中国实际创造性应用与继承了马克思反贫困理论。早在 1922 年，陈独秀就表达了他对马克思著作中“剩余价值”“阶级斗争”等概念的理解，加强对马克思主义的认知，号召工人革命摆脱其贫困境遇。晋察冀边区在聂荣臻同志等的领导下，取得了一系列辉煌成就，例如聂荣臻的群众工作思想路线对新形势下广大党员干部群众开展乡村振兴战略仍具有重要启示意义。中国共产党在晋察冀等地区所开展的反贫困实践实质是早期中共具体反贫困实践的缩影，都是基于对中国国情的认识，以马克思主义反贫困理论为基石，将变革根本制度作为反贫困的手段以求实现解放和发展生产力，带领广大群众脱离贫困生活。

毛泽东更是强调，“我们不搞资本主义，这是定了的。”[①] 在以毛泽东为核心的党中央领导下，导致贫困的根本性制度逐步瓦解。新民主主义革命时期中国共产党的反贫实践正是马克思主义反贫困理论在中国的应用与创新。

（三）实践意义：为当前推进乡村振兴战略提供借鉴和参考

现阶段我国已完成了消除绝对贫困的艰巨任务，推动中国反贫困历程迈向相

① 毛泽东文集（第 6 卷）［M］. 北京：人民出版社，1999：299.

对贫困治理的新阶段。2021 年 2 月国务院扶贫开发领导小组退出历史舞台，国家乡村振兴局应运而生，这也标志着我国开启了建设社会主义现代化国家的历史新征程。放眼当今世界，由于区域性整体贫困引发的饥饿、疾病仍然困扰人民，世界反贫困形势依然十分严峻，由贫困衍生出的阶层分化、社会冲突等问题严重阻碍着发展中国家的发展。立足当代中国，与绝对贫困相比，相对贫困虽没有其迫切，却比其更加复杂多元，也对中国提出了更高要求。要切实做好脱贫攻坚成果同乡村振兴有效衔接，广大农村地区是实现目标的主战场，因此需要聚焦新时代我国社会主要矛盾在“三农”发展中的突出表现，有力解决“城乡发展不平衡”与“农村发展不充分”问题。

以史为鉴，以启未来，中国共产党领导的新民主主义革命反贫困思想与乡村振兴在理念上一脉相承。

第一，坚持中国共产党的领导，为反贫困提供坚强的政治和组织保障。中国共产党成立以前的革命和改良运动，由于主客观条件的制约都归于失败，中国人民依旧生活在贫穷和苦难之中。中国共产党的诞生犹如高擎的一把火炬，给近代饱受苦难的中国人民带来了光明与希望。毛泽东曾指出：“新民主主义的革命，不是任何别的革命，它只能是和必须是无产阶级领导的，人民大众的，反对帝国主义、封建主义和官僚资本主义的革命。”① 中国共产党成立后，组织和领导劳苦大众翻身解放，进行革命，踏上了带领人民创造美好生活的新征程，反贫困斗争彻底摆脱了失败的命运。可以说，中国共产党从诞生之日起，始终不改初心、勇担使命，在长期反贫困斗争中，为中国人民指明了反贫困斗争的目标，找到了使革命通往胜利的道路，更将中国人民团结起来，凝聚成不可战胜的力量。在新民主主义革命这段最为艰辛的历史时期中，中国共产党在极端困难的条件下，坚持反贫困斗争，在严峻考验中善于总结经验教训，不断加强党的建设，逐渐淬炼成为反贫困斗争的坚强领导核心。历史证明，坚持党的领导是赢得反贫困斗争胜利的根本保证。中国共产党作为无产阶级政党，代表着先进社会生产力发展要求，凝聚人心与力量，具有革命性和先进性，为反贫困斗争提供了坚强的政治领导和组织保障，使得中国革命面貌焕然一新，找到了使中国革命走向胜利的道路，改变了中国的社会形态。历史与实践都充分说明，要想取得反贫困斗争的胜利，最根本的保障就是中国共产党的领导。

第二，坚持以人民为中心立场，为反贫困提供价值目标导向。新民主主义革命时期，中国共产党坚持代表人民的利益，为劳苦大众谋幸福，全心全意为人民

---

① 毛泽东选集（第 4 卷）[M]. 北京：人民出版社，1991：1313.

服务。从井冈山根据地创建到新中国成立，中国共产党始终把解放和发展生产力、让老百姓过上好日子作为反贫困的出发点和落脚点。面对不同阶段不同的矛盾，中国共产党坚持为人民谋幸福、为民族谋复兴目标，保持着对人民的深切关怀，以及贫困问题的深入思考，集中力量解决社会主要矛盾，让贫困群众参与革命事业、分享革命胜利成果，实现人民群众吃饱饭、有衣穿。具体而言，中国共产党将无产阶级的根本利益作为奋斗目标，推动生产力发展，发展物质生产，回应工农群众的利益诉求，调动广人民群众投身革命斗争、根据地建设、抗日斗争和社会革命的积极性。中国共产党在反贫困斗争中建立最广泛的革命统一战线，为中国革命胜利奠定了基础。中国共产党坚持同全国绝大多数人民站在一起，建立以工农联盟为基础的广泛统一战线，集中力量办大事，明确革命的对象，实行独立自主、既斗争又联合的方针，保持无产阶级领导权。在新民主主义革命的过程中，中国共产党注重维护广大人民的根本利益，将全国各族人民和各阶层人民紧密地团结在反帝反封建的旗帜下，在艰苦卓绝的反贫困斗争中，带领人民走上新的道路，取得了新民主主义革命的胜利，劳苦大众获得了政治解放，实现了“站起来”，成了新中国的主人。

第三，坚持把马克思主义反贫困理论同中国具体实际结合起来，不断推进马克思主义反贫困理论中国化、时代化。开展反贫困斗争必须要有科学理论指导，新民主主义革命时期，中国共产党人始终把马克思主义与中国实际相结合，以马克思主义反贫困理论为指导，坚持实事求是的思想路线，为消除贫困提供了坚强的制度基础和自信底气。

其一，坚持以马克思主义反贫困理论为指导。铲除剥削制度才能消除贫困产生的制度根源。马克思认为，资本主义制度下的雇佣劳动制是导致工人阶级贫困的根源，“工人阶级处境悲惨的原因不应当到这些小的弊病中去寻找，而应当到资本主义制度本身中去寻找”①。无产阶级摆脱贫困的现实根本出路就是彻底消灭私有制和资本主义剥削制度，而只有走上社会主义道路，才能够救中国。旧中国要彻底摆脱贫困状态，真正发展起来，要运用马克思主义生产力与生产关系理论，科学揭示中国积贫积弱关键因素，坚持从制度层面分析贫困根源的根本立场，探求把变革根本制度作为反贫困手段、消除贫困的有效方式，批判和摆脱旧中国生产关系的“桎梏”，改变落后的生产关系，以及推翻腐朽的政治上层建筑，推动生产关系变革，发展物质生产，解放和发展生产力，服务于革命事业和反贫困斗争。

---

① 马克思恩格斯选集（第4卷）[M]. 北京：人民出版社，1995：421.

其二，坚持实事求是的思想路线和工作方法。新民主主义革命时期，中国共产党作为无产阶级革命政党，之所以能领导反贫困斗争走向胜利，就在于坚持了马克思主义同中国反贫困的具体实践相结合的正确方向。以毛泽东为代表中国共产党人反对教条主义等各种错误思想路线，坚持实事求是，运用矛盾分析法，分析贫困问题和革命形势，通过改善人民生活，加强党的建设，推动党的革命事业与社会革命相统一，进一步丰富与发展了马克思主义反贫困理论和实践。可以说，中国共产党自成立就带领劳苦大众反帝反封建致力于铲除剥削制度，带领广大人民建立了新民主主义基本经济制度，使农民实现了“耕者有其田”“平均地权”的梦想，实现了生产关系的伟大变革，建立了社会主义新中国，为反贫困奠定了制度基础。在这一过程中，中国共产党坚持把马克思主义同反贫困斗争紧密结合，独立自主地来思考和解决中国人吃不饱、穿不暖的贫困问题，不断解放思想，实事求是，指导和开展反贫困斗争，推进理论和实践的创新。

受到历史背景与社会背景影响，新民主主义革命时期中国共产党领导反贫困的斗争存在一些特殊性，特别是反贫困事业虽已萌芽，但未能系统化、具体化，停留在初步探索阶段。但我们更应该明确，无论是在坚持党的领导，坚持人民本位的反贫困斗争的原则，提出消除贫困产生的制度根源，发展生产力，改善劳动者的生存条件，还是科学分析社会矛盾，并统筹推动反贫困斗争同革命事业有机统一，使现存世界革命化，维护和实现广大人民群众根本利益的伟大实践，这一系列的反贫困斗争思想和实践，是从根本制度上同贫困作斗争的历程，都为中国共产党科学制定的反贫困策略与政策、推动新民主主义革命的胜利起到巨大的历史进步作用。同时，正如习近平总书记所指出，新民主主义革命为摆脱贫困创造了根本政治条件①。这一初心与使命驱动下的制度减贫，为此后逐步摆脱饥饿与贫困奠定了基础，有着强烈的理论与历史借鉴意义。

第三节　新民主主义革命时期中国共产党领导反贫困斗争的经验

总结党的历史及其经验教训是我们党的优良传统。新民主主义革命时期中国共产党领导的反贫困斗争停留在初步探索阶段，尽管在不同阶段反贫困斗争有不同的侧重点，但仍为新中国成立后救济式扶贫事业的开展奠定了坚实的基础，其

① 习近平．在全国脱贫攻坚总结表彰大会上的讲话［N］．人民日报，2021－02－26（02）．

中仍积累了其一以贯之的丰富的经验。这一时期，中国共产党领导反贫困斗争具有战时性和过渡性的特征，为了保证实现革命胜利和人民获得解放，达到改善人民生活的目标，积累始终坚持党的领导为根本保证，以人民为中心的基本立场，坚持把马克思主义反贫困理论同中国具体实际结合起来，不断推进马克思主义反贫困理论中国化、时代化的宝贵经验，在敌后第一块抗日根据地晋察冀边区进行了“两点论”与“重点论”相统一的反贫困实践探索，积累了不同于其他时期反贫困的特殊经验。

一、反贫困实践与军事斗争齐头并进

作为敌后第一块抗日根据地的晋察冀边区，具有特殊的使命与任务，中国共产党在此开展反贫困工作是在战乱环境下进行，它与新中国成立后开展反贫困工作的时代与环境完全不同，因此，当时不能仅专注于经济发展、生产力的提高，仍要考虑军事斗争、民主政权与思想文化教育等各方面，尤其是军事斗争方面，既要增强经济实力，又要为前方战线输出物质保障。中国共产党在晋察冀等根据地开展反贫困工作做到了全面分析问题，既看到了反贫困工作中的主要矛盾、矛盾的主要方面，又看到了次要矛盾、矛盾的次要方面。

（一）反贫困实践为军事斗争保障后勤供应

作为敌后第一块抗日根据地，晋察冀边区自建立之后就以人民利益为中心，改善边区人民群众的生活状况，开展一系列措施保障反贫困工作的顺利开展，当时中日矛盾尖锐突出，因此，晋察冀边区开展反侵略军事斗争刻不容缓，兵民是胜利之本，这也是中国共产党在晋察冀边区开展反贫困实践的前提条件。

1. 想打胜仗，士兵是关键

民众是敌后抗战的总源泉，是人民军队的贮水池，毛泽东同志强调了“发动民众”的重要性，抗日战争是旷日持久之战，这就要求必须保障后备兵源的供给与质量。边区动员的第一步就是要在人民群众中对参军形成正确的认识，同时只动员不强迫，坚持自愿原则，利用群众动员大会，或者到各个乡村中深入广泛宣传，同时为了提高工作积极性，区与区、村与村实施挑战。此外，中国共产党明确提出“优待抗日家属”主张，通过给予抗日军人家属各种福利，激励动员农民子弟抗战，晋察冀边区很好地落实了这一政策。边区的经济贫困问题使得许多家庭面临着难以温饱的生存问题，因此边区各地方政权对抗属进行了优厚的物质补偿与精神补偿。

2. 想打胜仗，武器是关键

在革命年代，“炸药、炮弹、手榴弹是取得战争胜利的重要因素。”① 军事工业的生产为战争提供了强有力的后盾，晋察冀边区也在反“扫荡”中坚持军工生产，在举步维艰的困境之中克服重重困难，将军工生产推向前进。

边区分散兵工厂，缩小工厂规模，随时隐藏和转移机器设备，尽最大的可能减少损失。这一时期，军工生产的品种和数量不但没有减少，反而有了显著增长。据1944年统计，枪榴弹月产233个，掷弹筒月产50～80个，五〇炮弹月产1200～2000枚。此外还将迫击炮曲射改造成为既能曲射又能平射，可以直接摧毁敌人的碉堡，机动性更强，威力更大。②

（二）军事斗争为反贫困实践开创新局面

晋察冀边区被毛泽东誉为“抗日模范根据地”，其军事斗争成绩不言而喻。作为华北地区对抗外敌入侵的主力军，军事斗争是顺利开展反贫困任务的前提，军事斗争的胜利有利于群众生产生活，摆脱贫困。因此，边区开展反侵略军事斗争刻不容缓，兵民是胜利之本，这也是中国共产党在晋察冀边区开展反贫困实践的重要基础条件。

第一，军事斗争为群众生活争取稳定环境。群众深陷贫困境遇的直接原因就是外敌的烧杀掠夺，只有开展军事斗争，抵御外来侵略者群众才能正常生产生活。同时开展军事斗争能够鼓舞人心、激发群众爱国之情，早日实现革命战争的胜利。

第二，刺激军事工业发展。军火是持续抗战的关键，边区排除万难，制造出迫击炮弹、手榴弹和生产复装子弹等，③ 保障前线军火持续供应。

第三，多方努力，凝聚群众合力。为扩充兵力，边区实施志愿义务兵役制，组建八路军外围军、贫农团、妇女自卫队等多种组织形式，是立足边区实际的创举，多方努力共创安宁稳定新生活，也为反贫困工作的持续开展开创了新局面。

（三）反贫困实践与军事斗争融合发展

军事斗争不仅是开展反贫困实践的前提条件，也是反贫困实践中不可分割的一部分，同时反贫困实践工作也为军事斗争保障后勤供应，两者相辅相成，融合发展。正是因为军事斗争，边区的反贫困工作才得以顺利开展，也是由于反贫困

---

① 朱德军事文选［M］. 北京：解放军出版社，1997：639.
② 魏宏运. 晋察冀抗日根据地财政经济史稿［M］. 北京：档案出版社，1990：292.
③ 聂荣臻致回忆录［M］. 北京：解放军出版社，1986：479.

实践有序进行，军事斗争才能获得最终的胜利。在晋察冀只要边区不打仗，战士们就帮助老百姓开荒、修渠、搞生产，军队与人民融为一体，同时在敌后很多创造性的作战方法也是来自人民的智慧，地道战、地雷战这些好的作战经验，经过层层推广，从一个点迅速推及整个晋察冀，乃至中国共产党各个根据地。军民融合发展战略在当今已经完成的脱贫攻坚战中也发挥了不可忽视的作用，尤其是在像河北阜平这样的革命老区，有着深厚的拥军爱民传统基因和军民融合基础，因此军民融合脱贫在革命老区实现了脱贫新突破，加快了革命老区的脱贫进程。

二、反贫困实践与民主政权相辅相成

旧政权的瓦解使得根据地人心涣散，聂荣臻等认为需尽快建立抗日民主政权，实行民权主义，安定人心，才能带领人民持续走向幸福生活。巩固民主政权也是反贫困实践的一部分，民主政权的夯实也为开展反贫困提供保障。

（一）反贫困实践为巩固政权夯实群众基础

1. “小豆子”具有“大权利”，实现广泛民主

边区政权建设以直接普遍平等的民选为准则，采取最直接的、普遍的、平等的、无记名的投票方式进行民主选举，以此推翻旧的政权，建立一个由群众自己选择和参与的新政权，使人民群众尤其是广大贫民充分享受到了当家作主的权利。同时边区创新选举方式，小小的豆子被赋予大大的权利，这代表着农民开始真正地当家作主。在当时晋察冀广为流传的《豆选女县长》诗歌：“黄豆豆，豆豆圆，咱村选举村议员……一颗黄豆搁在碗……她碗里的黄豆乒乓落……俺活七十头一遍。”① 是关于晋察冀边区第一个民主选举的女县长陈舜玉的真实故事。除了投豆法之外，边区还采用了画圈、背箱、烧香洞等多种方法激发广大农民政治参与意识，提高他们政治参与能力，使新民主政治得到发扬，无疑是中国共产党在晋察冀边区的伟大创举之一。

2. 开展政治动员，发展自给自足经济

通过政治动员调动群众生产积极性，也将发展经济与政权建设和军事斗争紧密联合起来，边区采取了一系列的措施：其一，实施精兵简政。依据中共中央指示精简农村地区政权组织，与“三三制原则”密切联系，减轻了群众负担。其二，广泛动员。边区在宣传动员上为带动其参政积极性，采取报纸、画报、戏

① 杨敏，王向辉．“她碗里的黄豆乒乓落”——记晋察冀边区选举第一任女县长［J］．共产党员（河北），2020（15）：55.

剧、歌曲等老百姓喜闻乐见、通俗易懂的方式，挨家挨户动员。其三，发展自给经济。为响应 1944 年 12 月 25 日毛泽东在陕甘宁会议上提出“耕三余一”（即耕种三年、积余一年的粮食）的口号，晋察冀边区将“耕三余一”作为 1945 年大生产运动的奋斗方向，初步克服了生产困难，缓解了群众生活困难。

（二）民主政权为反贫困实践提供政治保障

1. 构建和谐的民主环境

颁布实施《双十纲领》，推进“三三制”（即在抗日根据地政权人员分配上共产党员、党外进步人士和中间派各占三分之一）建设法理化。《双十纲领》被中央誉为“革命的三民主义的典型”，可以说，这也标志着晋察冀边区“三三制”建政的正式法理化推进。[①] 晋察冀边区通过一系列举措让许多县份实现了“三三制”，边区最高权力和行政机构都实现了“三三制”，彭德怀对边区的“三三制”建政给予了高度评价：“晋察冀边区是‘三三制’实现的最好例子。”[②]“三三制”对团结各抗日阶级、阶层，动员和组织最广大人民进行抗战和摆脱贫困起了重要的作用。

2. 开创民主政治新局面

性别政治新诠释，保障边区妇女权益。像晋察冀这样的地方妇女长期地位低下，面对这种不公现象，中国共产党从抗战的最大实际出发，将妇女工作的开展与妇女的解放联系起来，使得妇女政治民主权得到初步实现，女性积极性得以发挥，独特魅力得以彰显。例如，在 1939 年的村选中，涞源县女正、副村主任 18 名；正定女正、副村主任 8 名；新乐女村主任 31 名。[③] 此外，边区妇女的经济独立权、婚姻家庭权与教育平等权也得到充分保障，边区政府赋予妇女与男子平等的劳动权。这为边区的建设与发展增添了一份坚毅力量，赢得了广大群众的支持与认可，极大地激发了妇女劳动的积极性，玫瑰的绽放也意味着性别政治在历史岁月的河床中得到了独特的新诠释。

3. 反贫困实践与民主政权相得益彰

晋察冀边区民主政权在当时开创了多个“第一”：第一个中国共产党领导下的统一战线性质的民主政权；第一个开展民主大选举活动的敌后抗日革命根据地；第一个直选民意机关成员并在基层政权实行直选等。这些“第一”显示，人

---

① 廖军，苏志宏．善政革命：晋察冀边区政权建设研究［J］．四川大学学报（哲学社会科学版），2021（2）：24－31.

② 河北省社会科学院历史研究所，河北省档案馆．晋察冀抗日根据地史料选编（上册）［M］．河北：河北人民出版社，1983：413.

③ 皇甫建伟，宋保明．烽火巾帼［M］．山西：山西人民出版社，2012：78.

民群众当家作主、政治开明、组织清正是这一时期边区反贫困实践探索的自明之理，晋察冀边区孕育了一个创新的新民主主义社会，中国民主政治也更上一个阶梯，也为新中国成立后的社会主义建设夯实地基。历史与实践也证明，人民群众是历史的创造者。要坚持以人民为中心，从群众中来，到群众中去，“来”与“去”反复循环，不断提高执政水平，是迈向共同富裕的应有之义。

三、反贫困实践与文化教育协同发展

1940 年 1 月，陕甘宁边区文化协会第一次代表大会召开，毛泽东在会上指出，“所谓新民主主义的文化，一句话，就是无产阶级领导的人民大众的反帝反封建的文化”。[①] 开展文化教育活动，丰富人民的社会精神生活，促进边区人民意识的觉醒也是当时晋察冀亟须解决的问题。开展社会教育是敌后各根据地的中心任务之一，是进行思想启蒙、提升边区人口素质，进而激发民众主动与贫困作斗争的重要动力源。[②] 同时，文化教育的发展能够引领边区群众思想意识形态，为反贫困实践肃清思想障碍。

（一）反贫困实践激发群众精神世界的内生动力

1. 消灭文盲是根据地文化反贫困的重要内容

1931 年中华苏维埃第一次全国大会通过“宪法大纲”，规定苏维埃政权以保证工农劳苦民众有受教育的权利为目的，在进行阶级战争许可的范围内，应施行完全免费的普及教育。晋察冀边区利用农民们冬闲的时间，通过开办夜学、识字组、列宁室到冬学、流动训练班、救亡室等形式，扫除边区大量文盲，形成广泛群众学习活动，其中冬学运动最具典型。

晋察冀边区的冬学运动在 1938 年开展起来，即在冬季到来之时在广大群众中大力开展文化教育活动，并于春季开始前结束。冬学内容的确定是本着学以致用的原则，依据当下的局势进行农民教育。在敌人到来之前，进行民族气节的教育，唤起保家卫国、团结一致的民族信念，平时是以“识字教育”为主，每天至少识字 3 个，按时上课、不迟到旷课，时常讲解一些抗战常识、医药知识与卫生救护等，同时冬学班不仅教授文化知识，还将提高边区成年人民之民族意识与政治文化水平纳入宣讲内容，还教一些选种子、种庄稼以及一些育婴知识。国民冬

① 毛泽东选集（第 2 卷）［M］. 北京：人民出版社，1991：698.

② 曹新萍，仇发华. 全面抗战时期陕甘宁边区的反贫困实践及现实启示［J］. 浙江理工大学学报（社会科学版），2023，50（1）：45－54.

学运动扫除了一大批文盲和半文盲，激发了边区人民的内在潜力。冬学运动不仅着眼于广大群众文化政治水平的提高，还在于启发广大人民认识敌后抗战环境的新困难，从思想、政治、精神上去动员广大人民，激发他们的抗战热情与民族意识。消灭文盲与思想启蒙同步展开，是根据地文化反贫困的实践经验，彰显了中国共产党人试图让人民群众摆脱文化贫困、掌握文化革命武器的努力。

2. 开展乡村戏剧运动

“戏剧艺术是最大众化的，它可以普及到不识字的没有深的艺术修养的广大群众，而直接感动他们，教导他们。”[①] 戏剧在民众动员中自成一格，这源于民众对其的喜爱，在冀西的每场演出，附近各村的群众都会来观看，像赶庙会一般。同时对于晋察冀当时的群众文化水平来说，戏剧“胜过念十遍文件”[②] 晋察冀边区不仅在内容上有所变革创新，在形式上也创造出比如话剧、歌剧、活报剧等新剧种，这些在内容与形式上的创新适应了民族战争与民主改革的大环境，也满足了边区群众的精神文化需求。1943 年毛泽东《在延安文艺座谈会上的讲话》发表，“文艺为工农兵服务”成为戏剧创作的准则，文艺工作者“下乡”“入伍”引导群众翻身求解放获得切身利益。他们从戏剧中学习关于自然与社会的知识，通过戏剧看到自己的同胞遭受的苦难，感受到自己正与他们连成一体共同面对外来侵略，有效地激发反抗情绪与斗志，增强民众的凝聚力；通过戏剧营造乐观的氛围，振奋群众的精神，提升群众响应号召、努力生产、重振家园的信心，为反贫困提供精神动力。

（二）文化教育为反贫困肃清思想障碍

1. 强化意识形态引领

晋察冀边区要确保前方战线的持续性以及反贫困实践的有序开展，肃清军民思想障碍尤为重要。1942 年 7 月 1 日，《晋察冀日报》头版刊出邓拓撰写的社论指出：“中国共产党所以能够领导二十世纪中国民族解放与社会解放的伟大革命斗争，所以能够成为政治上、组织上、思想上全面巩固的广大群众性的坚强有力的布尔什维克党，就因为有了毛泽东主义。”[③] 边区编辑了第一部《毛泽东选集》，引领了群众意识形态发展。

关于《毛泽东选集》之所以能够在晋察冀诞生，这得益于边区是中国共产党在敌后创建的第一个抗日革命根据地，具有很浓厚的政治基础。正是在这一基础

---

① 孙犁全集（第 3 集）[M]. 北京：人民文学出版社，2004：4－5.

② 山西省文化厅文化志编纂办公室内部编印. 革命根据地文艺运动史料选编 [Z]. 1983：71.

③ 邓拓. 纪念七一，全党学习和掌握毛泽东主义 [N]. 晋察冀日报，1942－07－01（01）.

上以“整风运动”为催化剂，《毛泽东选集》得以诞生。此外，晋察冀版的《毛泽东选集》最终整理出版一方面离不开主编邓拓对毛泽东著作的阅读以及对毛泽东思想的学习与宣传。早期邓拓就收录毛泽东同志关于《抗日游击战争的战略问题》《中国统一战线成立后的革命形势与任务》《论持久战》《论新阶段》以及《新民主主义论》五篇著作，已然具有《毛泽东选集》之雏形。另一方面也离不开编辑、排印人员的坚持不懈，克服了重重困难，解决种种难题。《毛泽东选集》是在抗战极其艰苦的物质条件下出版的，排印于一个偏僻山村——阜平县胭脂河畔山村，它的出版，反映了晋察冀边区出版技术的最高水平，可以说是晋察冀出版奇迹的创造，出版以后，很快销售一空。《毛泽东选集》的出版对维护和发展抗日民族统一战线、动员全民抗战起到重要作用，也给予了广大群众学习掌握“毛泽东同志的思想”的机会，引领群众意识形态的发展。足以见得，晋察冀版《毛泽东选集》既是出版界的一大成就也是党在宣传毛泽东思想、教育干部群众上的一次飞跃，提高了全党和全国人民的政治觉悟和理论水平，从而推动了新民主主义革命的发展。

2. 反贫困实践与文化教育脉脉相承

开展新民主主义文化建设，粉碎敌寇的文化进攻，打下新民主主义新中国的文化基础，同时也满足边区广大人民对文化的新的迫切需要。晋察冀在文化教育的过程中并不是采取单一的形式，而是克服重重困难开展国民冬学运动，创办各种报刊和文艺团体，推动文学、戏剧、美术、摄影等多种活动开展，以百姓喜闻乐见的文艺活动形式，既满足边区群众精神生活，又有助于推进工农群众自我解放为抗战建国服务，不断向着民族的、科学的、大众的文艺道路迈进。晋察冀边区在新民主主义文化建设的过程中，形成了抗日文化统一战线，吸收并团结了各个抗日阶层的进步力量，为边区抗击敌寇侵略筑起了思想防线，为反贫困奠定了思想文化基础。

晋察冀边区在极端困苦的环境下也没有松懈对文化教育的建设与发展，将它与民主政权建设、经济建设一起推进。今天，文化已然成为展现国家“软实力”的重要标志，同时国家也已将扶贫与扶智紧密结合起来。在与乡村振兴的有效衔接中要树立文化自信，激发民族文化创造活力，通过多种形式发展文化教育，增强人民精神力量，推动思想认识新飞跃，打开反贫困实践新思路。

第三章

社会主义革命和建设时期反贫困斗争的历程与经验

中国共产党领导人民在社会主义革命和建设时期的反贫困，以制度性、救济式和工业化为主要特征，致力于消除贫困产生的根源，实现了由革命战争转为经济建设的工作重心转移，反贫困过程虽有起伏，仍取得了显著成就，为减缓绝对贫困奠定了良好的政治经济制度基础，具有奠基性意义。这一时期中国共产党始终是反贫困的坚定领导力量，改善人民生活始终是反贫困的目标，走中国式道路始终是反贫困的方向，反精神贫困始终与反物质贫困相统一。

中国共产党带领人民争取民族独立解放建立了中华人民共和国，开启了实现国家富强和人民幸福的新征程，也揭开了社会主义革命和建设时期反贫困的新篇章。

第一节　社会主义革命和建设时期中国共产党领导反贫困的历程

进入社会主义革命和建设时期的新中国，面对百废待兴的国内状况和复杂多变的国际环境，以富国强民为反贫困出发点，不断进行改善人民生活的探索。

一、社会主义革命时期的反贫困（1949～1956年）

面对军事上国民党反动派残余武装力量的负隅顽抗，经济上通货膨胀民生困苦，国际上美帝国主义对新中国的孤立、封锁和包围，以及自身缺乏经济建设和治理国家的经验，以毛泽东同志为主要代表的中国共产党人开展了输血式救济为主的反贫困伟大斗争。

（一）中国当时的贫困状态

中华人民共和国中央人民政府的成立为反贫困奠定了政治和组织基础，但共产党人面临的却是一穷二白的国情和数量庞大的贫困人口。

难以维持城市基本运行的基础设施。长期战争使得大部分基础设施被毁，公路桥梁与车辆设备等都遭到严重破坏，1949 年中国铁路总长仅为 2.2 万千米，能通车的公路仅有 8.07 万千米，[①] 就连城市市政设施基础也差到很难维持城市的基本运行程度。

劳动生产率低下的薄弱工业基础。新中国成立时是个落后的农业大国，1949 年工业总产值只有 140 亿元，仅占工农业总产值 17%，[②] 工农业总产值中机器工业产值占比很低，为农业、轻工业和国民经济其他部门提供生产资料的重工业产值在整个工业中的占比也很低，并且因资本投入不足、技术水平低下导致劳动生产率很低，“一辆汽车、一架飞机、一辆坦克、一辆拖拉机都不能造”[③]。

个体劳动为主的极端落后的农业。新中国成立初期封建生产关系在广大农村仍占统治地位，大部分土地集中在地主和富农手中，占农村人口大多数的贫农、雇农和中农只拥有极少的土地。1949 年，我国国土总面积只有 10.2% 可耕地，人均耕地面积仅为 2.7 亩（人口 5.4 亿），只是世界人均耕地面积（5.5 亩）的一半[④]，且当时的农业生产仍以手工个体劳动为主，劳动生产率低下，主要农产品人均产量与世界农业强国相比也很低。

人均国民收入很低的人民困难生活。1949 年，中国人均国民收入只有 27 美元，低于亚洲人均收入 44 美元近 40%，[⑤] 人民的生活非常困难。

（二）中国共产党领导的反贫困斗争

中国共产党以制度建设为基础，以社会主义改造为中心任务，带领人民消除封建土地所有制，恢复和发展生产，为反贫困奠定制度基础。

1. 恢复和发展生产为反贫困提供经济基础

（1）稳定物价、统一财经。面对新中国成立初期极为困难的财政经济，中国共产党加强金融管理，领导组织了同投机资本作斗争的“银元之战”“米棉之战”，查封金融投机大本营、地下钱庄，集中调动物资在大城市统一敞开抛售使

① 蔡昉，谢伏瞻，赵学军，等. 新中国经济建设 70 年［M］. 北京：中国社会科学出版社，2019：12.
② 杨玉玲，刘志兵. 百年剪影·党史中的一百个重要抉择［M］. 北京：人民出版社，2021：170.
③ 毛泽东文集（第 6 卷）［M］. 北京：人民出版社，1999：329.
④ 武力. 中华人民共和国经济史［M］. 北京：中国经济出版社，1999：81.
⑤ 白永秀，任保平，何爱平，等. 中国共产党经济思想 90 年［M］. 北京：人民出版社，2011：231.

物价迅速下跌，收紧银根使投机商资金周转失灵而纷纷破产，国营经济取得了稳定市场的主动权。平衡财政收支，统一全国财政收入、物资调度、现金管理，使1950年当年国家财政收支就接近平衡，物价进一步回落并趋于平稳，结束了恶性通货膨胀和物价飞涨，为恢复和发展生产、安定人民生活创造了有利条件。全面恢复生产建设，1952年的工农业总产值比1949年增长超77%，全国粮食总产量比1949年增长44.8%，全国职工平均工资提高70%，农民收入一般增长30%以上，全国公路通车里程增长50%以上，[①] 统一的国营商业体系基本形成，主要轻工业产品的产量均超历史最高水平，人民群众生活水平得到大幅提高，为反贫困提供了经济基础。

（2）土地革命的完成消灭了封建土地所有制。1950年公布施行的《中华人民共和国土地改革法》提出“废除地主阶级封建剥削的土地所有制，实行农民的土地所有制”，保存富农经济，不动中农土地，限制没收地主财产范围等，以保护中农和分化地主阶级，减少土地改革阻力，促进生产恢复和发展，全国约3亿无地少地农民无偿获得约7亿亩土地，免除了3000万吨过去向地主每年交纳的地租，[②] 农民真正成为土地的主人，在我国延续几千年的地主阶级封建土地所有制的基础彻底瓦解，从根本上解放了农村生产力，发展了农业生产，激发了广大农民政治热情和生产积极性，促进了农业的迅速恢复发展和农村文化教育的发展，为新中国工业化开辟了道路，为反贫困提供了经济基础。

（3）恢复和发展生产是中心任务。毛泽东指出，“从我们接管城市的第一天起，我们的眼睛就要向着这个城市的生产事业的恢复和发展。”[③] 如果不能恢复和发展生产，使人民生活有所改善，“我们就不能维持政权，我们就会站不住脚，我们就会要失败。”[④] 只有将消费的城市变成生产的城市，人民政权才能巩固起来。党的工作重心转移到恢复和发展生产上，并要求各方面工作都与这个全局中心任务相适应，迅速大规模开始国家工业化建设，保证了遭受多年战争破坏的国民经济奇迹般的恢复，使新民主主义的政治、经济、文化形态有一定的发展，为中国稳步地由农业国转变为工业国、由新民主主义国家转变为社会主义国家奠定基础。

（4）有计划地进行经济建设。我国从1951年着手编制第一个五年计划，

---

① 钟文．开国总理［M］．北京：人民出版社，2009：39.

② 中国共产党100年奋斗历程［M］．拉萨：西藏人民出版社，2021：75.

③ 毛泽东在中国共产党第七届中央委员会第二次全体会议上的报告［M］．北京：人民出版社，2004：7.

④ 毛泽东在中国共产党第七届中央委员会第二次全体会议上的报告［M］．北京：人民出版社，2004：8.

1953年开始经济建设工作有计划地在全国展开，全国城乡形成参加和支援国家工业化建设的热潮，鞍山钢铁、包头武汉大型钢铁企业先后开工，一大批旧中国没有的部门一个个建立起来，一大批工矿企业在内地兴办，五年间工业生产取得的成就远远超过了旧中国的一百年，“一五”计划任务提前完成，工业生产能力突飞猛进，经济建设取得巨大成就。轻工业产值从1952～1957年增长83.3%，农业生产也一直在发展和提高中，居民年均消费水平从1952年的446元增至1957年的637元[①]，物价稳定，市场繁荣，城镇职工劳动保护和生活福利逐步改善，农村居民社会保障和医疗卫生状况也有所提高，人民生活水平的改善缓解了贫困状况，为我国建立独立完整的工业体系和反贫困奠定了基础。

2. 建立人民当家作主的社会主义制度为反贫困提供政治制度保障

（1）人民当家作主为反贫困提供政治前提。以国营经济为领导的多种经济成分并存，构成了新民主主义经济形态。1954年《中华人民共和国宪法》确立了中国共产党领导的人民代表大会制度、多党合作和政治协商及民族区域自治制度，为人民行使当家作主权利提供了政治制度保证。中华人民共和国一切权利属于人民，中国人民翻身作主开始掌握自己的命运，中国共产党领导实现和巩固了全国工人、农民、知识分子和其他各阶层人民、各族人民的大团结，实现和巩固了各民主党派、无党派人士、人民团体和各界人士结成的人民民主统一战线，全国团结一心共同进行社会主义建设，促进生产生活好转，释放了反贫困斗争的活力，奠定了反贫困的政治基础。

（2）新民主主义向社会主义转变，彻底消除贫困产生的制度根源。以毛泽东同志为主要代表的中国共产党人提出要“在十年到十五年或者还多一些的时间内，基本上完成国家工业化及对农业、手工业、资本主义工商业的社会主义改造”[②] 的任务。实现工业化是国家独立富强的必然要求和必要条件，也是反贫困满足人民生活的需要，更是解决资本主义私有制与生产社会化之间矛盾的需要。从互助组的松散合作、土地入股统一经营的初级农业生产合作社，到生产资料集体所有制的高级农业合作社，共产党带领人民完成了几千年的分散个体劳动向集体所有、集体经营的历史性转变，实现对农业的社会主义改造。从生产合作小组、手工业供销生产合作社，到手工业生产合作社，完成了从供销入手，由小到大、由低级到高级、由简单到复杂的对手工业的社会主义改造。公私合营等多种国家资本主义的形式和对民族资产阶级实行“和平赎买”政策，将资本主义工商业逐步改造为社会主义的公有制企业，实现对旧的生产方式的重新建构，在中国

① 郑有贵．中华人民共和国经济史［M］．北京：当代中国出版社，2017：43－44.
② 中共中央文献研究室．毛泽东传（三）［M］．北京：人民出版社，2011：1212.

全面建立社会主义基本制度，彻底消灭了贫困产生的剥削制度根源，为反贫困奠定了根本政治前提和制度基础。

二、社会主义建设时期的反贫困（1957～1978年）

社会主义改造基本完成后，中国共产党领导全国各族人民开始进行社会主义全面建设，探索适合中国国情的社会主义建设道路，为反贫困奠定了物质基础。

（一）中国的贫困状态

20世纪50年代后期出现的“大跃进”造成经济困难。鼓足干劲、力争上游、多快好省地建设社会主义的总路线，反映了广大人民群众迫切要求改变我国贫穷落后状况的愿望，但忽视了客观经济规律，在经济建设中出现了不切实际追求高指标、高速度的急躁冒进倾向，建设规模和发展速度超出了国家经济承受能力，党和人民面临新中国成立以来前所未有的严重经济困难和人民生活困难。全国性经济紧张局面出现，国民经济比例全面失调跌入空前萧条低迷状态，农业丰产未丰收，基建规模扩大积累率急剧提高，国家财政收支严重不平衡，“以钢为纲”片面发展重工业使农业和轻工业生产大幅减产，市场供应紧张，人民基本生活用品无法保证，食物短缺严重影响了人民群众健康，全国工厂关停近半，城乡人民生活遭遇极大困难，生活水平大幅下降。

经济发展“三起三落”，人民生活水平下降。1961年国民经济调整使工农业生产摆脱困境并得到一定程度发展，国民收入增加，人民生活水平得以改善。1966年各项生产建设取得较好成绩，经济发展蓬勃向上，但1967～1968年大破坏连续急转直下，工农业总产值分别比上年下降9.6%和4.2%。[①] 1969～1973年经济开始恢复发展，国民经济下降局面有所回升，工农业总产值、大部分工农业产品产量增长，但1974年重遭破坏，生产形势恶化影响了广大人民群众的生活。1975年全面整顿经济形势明显好转有了起色，工农业总产值、全国居民平均消费水平上升，但1976年“反击右倾翻案风”使国民经济再遭挫折，经济效益全面下降，产品质量下降、品种减少，不少地区缺煤少电，人民生活水平下降。

比例关系失调，人民生活困难。粉碎“四人帮”后党中央采取了一系列恢复经济的政策措施，经济形势好转，1977年全国大部分职工的工资得到提高，但

---

① 国家发展改革委经济体制综合改革司，国家发展改革委经济体制与管理研究所．改革开放三十年：从历史走向未来［M］．北京：人民出版社，2008：6.

由于长期实行计划经济体制和重工业优先发展战略，大量农业剩余用来支持城市和工业发展，国民收入分配中处于弱势，农村生活普遍困难，一些地区粮食和副食品不能自给，农民外出逃荒乞讨普遍存在。1978 年在经济工作中刮起了一股“冒进风”，进一步加剧国民经济各种比例关系的失调，给经济的正常发展和人民生活造成了新的困难。

（二）社会主义建设时期的反贫困

五年计划实施为反贫困提供物质基础。1953～1957 年中国制定并实施第一个五年计划开始了大规模工业化建设，将紧缺的物资、资源配置到优先发展的产业中，突破了贫困的恶性循环陷阱，大量重要建设项目全部或部分投产，工业生产取得的成就超过了旧中国的一个世纪，许多重要工业产品生产能力大幅增长，主要产品品种数量增加，居民平均消费水平提高，城镇职工劳动保护和生活福利逐步改善，农村居民社会保障和医疗卫生状况也有所提高，有效地缓解了贫困状况。1976 年开始实施第五个五年计划，到 1978 年，工业总产值增长 30.2%，煤炭增长 20%，原油增长 19.4%，粮食增长 6.4%，油料增长 30%，全国居民平均消费水平由 161 元增长到 175 元，[①] 我国已经建立起了独立的比较完整的工业体系和国民经济体系，农业生产条件显著改变，教育、科学、文化、卫生、体育事业有很大发展，为反贫困提供了物质基础。

探索适合中国国情的建设道路，为反贫困指明方向。以毛泽东同志为主要代表的中国共产党人把马克思主义反贫困理论与中国实际结合开始探索适合中国的反贫困道路。《论十大关系》提出了探索适合中国国情的社会主义建设道路的任务，强调部门之间、地区之间协调发展和统筹兼顾各方利益关系，使工人和农民、工业和农业紧密联系起来，以沿海工业老底子支持内地工业，不但适应国家和人民日益需要，而且有利于不同部门、不同区域共同发展缩小贫困差距；提出要调动一切直接的和间接的力量，发挥生产力要素中劳动者蕴藏的社会主义积极性，努力投身到摆脱贫困建设国家的实践中去；认识到农业和轻工业是重工业发展的前提和基础，把发展农业放在经济建设基础位置，发展工业和发展农业同时并举，正确处理积累和消费关系，提高人民群众的生活水平。党的八大以建设和发展为主题，提出了集中力量发展社会生产力的主要任务，明确了我国社会的主要矛盾不再是工人阶级和资产阶级的矛盾，而是人民对于经济文化迅速发展的需要同当前经济文化不能满足人民需要的状况之间的矛盾，“社会主义革命的目的

---

① 罗平汉，卢毅，赵鹏．中共党史重大争议问题研究［M］．北京：人民出版社，2013：420.

是为了解放生产力”①，实现国家工业化，逐步满足人民日益增长的物质和文化需要，为社会主义经济建设和反贫困指明了方向。

大规模经济建设，满足人民基本需要。大规模推进农业基本建设，兴修水利根治淮河，治理黄河、长江等，修建大型水库、灌溉工程，提高江河抗洪能力；加快农业技术改造，推广优良品种、改良土壤、植树造林、控制水土流失等，农村经济有了较大发展，农作物产量增长，农民生活好转。初步建成有相当规模的工业体系，能源、冶金、机械、交通运输、邮电产业发展迅速，全国大部分地区建了电网，实现了石油自给，从根本上解决了我国工业化从无到有的问题。1957～1965年，全国铁路营运里程从2.67万千米增加到3.8万千米，公路通车里程增长近一倍，民航里程由2.64万千米增加到3.94万千米，邮路及农村投递线路总长度增加了57.1%，城市电话增加了65.8%，通信网络延伸到了广大农村，全国人均寿命由44.61岁增至49.53岁，中国人民的生活状况随着经济发展有了提高，初步满足了占世界1/4人口的基本生活需要。②

“八字方针”恢复发展生产，统筹兼顾建设和生活。1960年调整国民经济的“八字方针”强调，“把农业放在首要地位，使各项生产、建设事业在发展中得到调整、巩固、充实和提高”③。“调整”农轻重、工业内部、生产与基建、积累与消费等比例关系，调整农村政策以加强农业基础，深刻认识一平二调“共产风”对农业生产力的破坏，确定同工同酬合理的工分制度以避免平均主义，允许和鼓励社员发展家庭副业活跃农村市场，在一定程度上调动了农民生产积极性，促进了农业生产的快速恢复和提高。“巩固”已经取得的经济建设成果，从人财物等方面支援农业战线，把一切可能的力量用于农业增产，尽力保证城市人民的最低生活需要。“充实”以工业品为原料的轻工业和手工业品的生产，按照解决吃穿用，加强基础工业，兼顾国防、突破尖端的次序安排国民经济，使轻工业产值逐年增加。“提高”产品质量和劳动生产率，使国家建设和人民生活得到统筹兼顾，大力压缩基本建设战线，缩小土地占用面积以保证耕地，搞活商品流通以补充城市供应，更好地满足人民群众的物质文化需求。

发展社会主义商品经济，改善人民生活。国民经济在“文化大革命”期间虽遭到严重损失，但仍取得了进展。粮食生产保持了比较稳定的增长，1976年比

---

① 毛泽东文集（第7卷）[M]. 北京：人民出版社，1999：24.

② 薄一波．若干重大决策与事件的回顾（下）[M]. 北京：中共中央党校出版社，1997：1292.

③ 中央档案馆中共中央文献研究室．中共中央文件选集（一九四九年十月～一九六六年五月）（第35册）[M]. 北京：人民出版社，2013：157.

1965 年增加 9175 万吨达到了 28630 万吨①；工业交通、基本建设和科学技术等方面取得一批新成就，为生产力发展提供了基础动力。中共中央《关于一九七七年国民经济计划几个问题的汇报提纲》开始了经济思想领域的拨乱反正。社会主义生产关系不可缺少的按劳分配肯定了计时工资、计件工资、工分、资金、津贴等形式；鼓励发展社会主义商品经济，提出科学技术是生产力、知识分子是工人阶级一部分，在全国掀起了学习科学、尊重人才、引进新技术的热潮，提倡按客观经济规律办事，有力激发了广大劳动者的生产积极性。1978 年铁路货运量和总货运量分别达到历史最高水平，谷物和钢、煤、石油、电力、水泥等主要工业产品产量在世界上的排名显著提前，国民经济实力显著增强，人民生活逐步改善。

第二节　社会主义革命和建设时期反贫困的成就与特征

中国共产党领导的反贫困斗争在社会主义革命和建设时期虽有起伏，但仍取得了显著的成就，减缓了绝对贫困，奠定了良好的反贫困制度基础，具有奠基性的意义。

一、社会主义革命和建设时期反贫困的成就

1949～1978 年，是中国实行计划经济的 30 年。这 30 年，中国在共产党的统一领导下消除了在中国延续两千多年的封建土地所有制这一贫困产生的制度根源，实现了“耕者有其田”的理想，建立了社会主义公有制的基本经济制度，为反贫困奠定了制度基础，迈出了摆脱贫困的第一步；这 30 年，中国在共产党的统一领导下建立了社会主义制度，消除了不平等社会结构造成的贫困，从落后的生产关系中把劳动人民解放出来，从根本上实现了人与人的平等，穷苦的农民、受剥削的工人都成为新社会的建设者，享有平等的权利，虽然物质生活水平不是很高，但这一阶段贫富差距也非常小，为反贫困奠定了政治制度基础。这 30 年，中国在共产党的统一领导下开始大规模的社会主义建设，基础设施建设全面展开，初步建立起农村供销合作、信用合作系统，形成了以“五保”制度和特困群体救济为主的基本社会保障体系，合作医疗体系、农业技术推广体系、

① 洪名勇．马克思土地产权制度理论研究——兼论中国农地产权制度改革与创新［M］．北京：人民出版社，2011：145.

农村人口教育和培训体系等方面都取得了显著成就，新中国第一次全面减少了农村贫困现象。

1949～1952年是国民经济恢复时期，1952～1978年中国共产党领导人民开始了中国经济第一个腾飞发展阶段，这个时期的经济发展虽具有明显的短期波动，但我国经济总体趋势是向上增长，反贫困取得了明显成效。1952～1978年，我国工农业总产值年均增长率为8.2%[①]，城镇职工工资和生活福利待遇显著提高，集体经济的长足发展使大面积农村在农村公共品的供给方面有了翻天覆地的变化，农村医疗、教育、社会保障和养老等方面取得了历史性的进步，为有效推动反贫困工作提供了重要保障。实行免税和提高农产品价格政策，工农业产品价格"剪刀差"有所缩小，促进了农业生产发展；农田水利等基础设施建设成就突出，交通运输、电力、饮水、公共卫生等条件得到极大改善；发展多种经营和集体副业，对农副产品实行奖售，允许经营少量自留地和家庭副业，开展正当的集市贸易，农民负担减轻了，收入逐年有所增加。1952～1978年，我国国民总收入从679.1亿元增长到3678.7亿元，人均国内生产总值、城镇居民消费水平、农村居民消费水平分别从119元、204元、62元增长到385元、393元、139元，人均粮食占有量从288.10公斤上升到318.74公斤，水果人均占有量从4.30公斤上升到6.87公斤，人民生活得到了显著改善。[②]

二、社会主义革命和建设时期反贫困的特征

特征一：制度性反贫困

马克思认为，资本主义雇佣劳动制是工人阶级贫困的根源，要消除贫困必须敲响资本主义私有制的丧钟。社会主义革命和建设时期的反贫困以变革社会制度为根本，消灭统治中国长达两千多年的封建帝制，建立以社会主义公有制为基础的社会主义制度，消除了贫困产生的私有制这一制度根源。全面土地制度改革没收地主土地归农民所有，农村分散的土地所有制逐步向集体所有制转变，消除了土地不均、农民贫富不均的制度因素，为提升农民的生活条件和大规模减贫奠定了较为有利的经济制度基础。实行社会主义计划经济体制，开启国民经济五年计划，发展生产、解决就业、改善人民生活，为反贫困奠定了一定的物质基础。在

① 常明明．中国共产党经济思想史（第2卷）1949～1978［M］．北京：经济科学出版社，2021：171.

② 根据"中华人民共和国国务院新闻办公室．为人民谋幸福：新中国人权事业发展70年［N］．人民日报，2019－09－23（14）．"和"中华人民共和国国务院新闻办公室．全面建成小康社会：中国人权事业发展的光辉篇章［N］．人民日报，2021－08－13（10）．"整理。

农村普遍建立人民公社制度，将农民和农村社会组织起来集中配置资源，进行大规模的农田水利基本建设，极大地改善了农业生产条件，集体化制度一定程度上推动了乡村社会经济发展，为政府反贫困进行了积极有益和重要的尝试。建立粮食储备制度、信用合作社和农村供销合作社制度、合作医疗制度、“五保”供养制度，救济特困户和救灾，大大改善了农民的生存和生活质量，新中国第一次在全国范围内减少了农村贫困现象。

特征二：救济式反贫困

《加强农村社会保障工作，帮助贫下中农克服困难的报告》中提出帮助贫困户依靠集体经济，通过生产自救逐步走上与其他社员共同富裕的道路。这一时期由于新中国刚刚成立，财政状况较为困难，贫困人口数量巨大，主要依托自上而下的民政救济系统实施贫困人口的生活救济，国家每年拨出款项扶助困难群众，帮助贫困地区发展经济，无偿向贫困户提供粮食、衣物等维持生存的最基本的生活资料，“吃饭靠供应、生产靠贷款、生活靠救济”是当时贫困户的真实生活写照。通过社会主义改造，没收官僚资本归国家所有，农业合作化、人民公社化、统购统销统一分配，以集体为单位来保障人们的基本生活，建立起了依赖集体、依赖群众，生产自给自足、国家提供必要福利救助的社会救助体系。这一时期的反贫困几乎全部是由国家和政府来扶贫，社会组织几乎没有参加扶贫。因此，以集体经济为依托进行救济式的反贫困是这一时期中国共产党领导反贫困的主要特征。

特征三：工业化反贫困

为尽快改变中国贫穷落后面貌、改善人民贫困生活，党在过渡时期总路线中明确提出了，在一个相当长的时期内逐步实现国家的社会主义工业化的战略和总任务，以此作为反贫困的主要途径，迅速开启了重工业优先发展的大规模经济建设。毛泽东在《关于正确处理人民内部矛盾的问题》中指出，“我国的经济建设是以重工业为中心，这一点必须肯定。但是同时必须充分注意发展农业和轻工业。”① 后来又提出重工业和轻工业并举、工业与农业并举，按照农、轻、重的顺序安排国民经济实现工业化，投资、建设、生产、积累等要素成为经济发展的核心，许多重要工业产品生产能力大幅增长，工业产值、基本建设、交通运输、科技教育等方面都取得了超过原定计划的好成绩，为工业体系的全面发展和反贫困奠定了牢固的基础。基于摆脱贫困落后的目的，中国共产党提出了建设比较完整的工业体系和国民经济体系以及实现工业、农业、科技和国防现代化的目标，

---

① 毛泽东文集（第7卷）[M]．北京：人民出版社，1999：241.

大力推进工业建设项目，“以钢为纲”建立比较强大的工业基础，发展轻工业和石油化工，填补了一批生产技术领域的空白，实现石油自给，结束了中国人使用“洋油”的时代，钢铁、冶金、采矿、电器电子、汽车、船舶、飞机、通信等工业行业制造了数千种新品种，初步建立起了具有相当规模、门类齐全、科研生产相结合的现代工业体系，初步改变了中国基础工业薄弱、交通落后、资源开发水平低下的状况，为反贫困奠定了重要物质技术基础。

第三节　中国共产党在社会主义革命和建设时期领导反贫困的历史经验

从新中国成立到改革开放前夕，中国共产党领导人民完成了社会主义革命，消灭一切剥削制度，实现了迈进社会主义社会的伟大飞跃，为反贫困奠定了根本政治前提和制度基础；中国共产党领导人民探索社会主义建设，虽经历曲折，但仍取得了独创性理论成果和巨大实践成就，改变了中国一穷二白状况，改善了广大群众的生活，为反贫困提供了宝贵经验。

一、中国共产党始终是反贫困的领导力量

没有共产党的领导，在中国不可能消灭贫困产生的根源。中国共产党在新中国成立后就带领人民投入到了消除贫困产生根源的伟大斗争中。面对在我国延续了几千年的地主阶级土地所有制，中国共产党领导广大新解放区进行了废除封建土地制度的改革，为农民“耕者有其田”迈出了摆脱贫困的第一步。中国共产党带领人民完成了“国家对农业、对手工业和对资本主义工商业的社会主义改造”[①] 的基本任务，全民所有制和集体所有制经济占到了整个国民经济的80%以上，标志着几千年来以生产资料私有制为基础的剥削制度被基本消灭，以生产资料公有制和按劳分配为基础的社会主义制度确立起来，奠定了社会主义的根基，消灭了贫困产生的根源。

没有共产党的领导，中国人民的贫困状况不可能得到改善。新中国一成立，中国共产党就带领人民恢复国民经济，颁布并实施《关于统一国家财政经济工作的决定》，提出恢复国民经济的主张和克服我国财政经济困难的政策和措施，努

① 中共中央文献研究室．建国以来重要文献选编（第2册）[M]．北京：中央文献出版社，1992：212.

力恢复和发展工农业生产，使财政状况获得好转。中国共产党统筹规划我国社会主义经济建设实施国民经济发展“五年计划”，在非常薄弱甚至是空白的基础上建立起了一批国家工业化所需的基础工业、比较完整的工业体系和国民经济体系，农业生产条件明显改善，人民生活水平逐步提高。中国共产党正确分析社会主义改造完成后国内阶级关系变化，明确提出国内主要矛盾“已经是人民对于建立先进的工业国的要求同落后的农业国的现实之间的矛盾，已经是人民对于经济文化迅速发展的需要同当前经济文化不能满足人民需要的状况之间的矛盾”①，将工作重点转向经济建设，集中力量发展生产力。八届九中全会决定实行“八字方针”调整农、轻、重的比例关系，提高农业和轻工业的发展速度，将国家建设和人民生活统筹考虑。中共中央颁发的《工业七十条》《商业四十条》等促进工商业发展条例，提高产品质量，保障“富国强民”路线的行进。1978 年实行奖励和计件工资制度，有效地调动了职工的积极性，财政收入、城乡居民消费水平都明显提高，人民生活状况明显好转，贫困现象得以缓解。

二、改善人民生活始终是反贫困的目标

中国共产党自成立之日起就以消灭剥削、实现共产主义作为奋斗目标，始终致力于解放和发展生产力，保障民生、改善民生，尤其是关注贫下中农的生产生活，可以说，中国共产党领导社会主义革命和建设的过程从本质上就是反贫困斗争的过程。

大力发展生产力提高人民生活水平。面对新中国一穷二白的经济状况和人民普遍贫困的状态，毛泽东提出，“要使几亿人口的中国人生活得好，要把我们这个经济落后、文化落后的国家，建设成为富裕的、强盛的、具有高度文化的国家，这是一个很艰巨的任务。”②“社会主义革命的目的是为了解放生产力。”③以毛泽东为代表的中国共产党人为了人民过上好生活，采取了一系列重大举措带领全国人民稳定物价、平衡财政收支，实行土地改革和发展农业生产互助合作以恢复农业生产，没收官僚资本以恢复工业生产，确立了体现社会主义性质的国营经济领导地位，并在社会主义改造完成后果断地把全党工作任务由解放生产力转向发展生产力进行经济建设上，设定了人民富裕、国家工业化、农业现代化的目

① 中共中央党史和文献研究院．中华人民共和国大事记：1949 年 10 月—2019 年 9 月［M］．北京：人民出版社，2019：20.

② 中共中央文献研究室．毛泽东思想年编：1921～1975［M］．北京：中央文献出版社，2011：839.

③ 中共中央文献研究室．毛泽东文集（第 7 卷）［M］．北京：人民出版社，1999：1.

标，把大力发展生产力和实现现代化作为实现共同富裕的物质手段，“大规模地生产各种工业和农业产品，满足人民日益增长着的需要，提高人民的生活水平”①，从满足人民需要的角度进行反贫困。

始终围绕弱势群体开展救助保障。中国共产党以改善人民群众生活为社会主义革命和建设的出发点和落脚点，明确提出了提高人民生活水平是最基本的任务，在教育、医疗、就业、社保等民生问题上制定和实施了一系列举措，采用了救济式或输血式扶贫战略救济贫困人口。国家每年向贫困地区调拨粮食、衣物等救济物品，针对特困户救济救灾建立了储备粮制度、“五保”供养制度等，保障了因战争、灾难致贫人口的生存需要；国家帮助困难户依靠集体经济发展生产，以土地改革为中心解放农村生产力，建立起国家提供必要的福利救助为原则的社会救助体系，使得贫困户的基本生存、生活有救济供应，生产有贷款扶助，有效地防止了贫困率的增长，建立起了一个以集体为单位的社会网络保障人们的基本生活。

三、走中国式道路始终是反贫困的方向

探索中国式反贫困理论。以毛泽东为核心的中国共产党人基于对当时国情的深刻认识，根据中国贫困问题产生的根源，提出了以中国共产党为消除贫困的坚定领导力量，以全体中国人民尤其是农民群众为反贫困的主导力量，以消除私有制建立生产资料公有制为反贫困的制度基础，以建立社会主义为反贫困的政治前提，以工业化和现代化的实现为反贫困的物质基础，以实现共同富裕为反贫困的奋斗目标，以有计划、有组织、大规模地依托集体经济救济式扶贫为战略特征的中国共产党的社会主义扶贫思想。清醒地认识到改善人民生活是维持政权的先决条件，废除地主阶级封建剥削的土地所有制是铲除贫困的制度前提，开辟工业化道路、把党的工作重心转移到恢复和发展生产上是反贫困的经济制度基础，适应社会主要矛盾的变化兼顾统筹国家建设和人民生活等一系列中国式反贫困思想，丰富和发展了马克思主义反贫困理论，实现了反贫困理论中国化的飞跃发展。

进行中国式反贫困实践。1956 年毛泽东在《论十大关系》中提出中国社会主义建设路线，开始探索适合中国自己的发展道路和反贫困道路，提出以重工业为投资重点，但也加重农业、轻工业的投资比例，以更好地供给人民生活的需要，更快地增加资金的积累，更加稳固经济发展的基础。中国共产党带领人民实

---

① 毛泽东文集（第 6 卷）[M]. 北京：人民出版社，1999：316.

施五年计划，开启了不同以往全新的经济运行方式，一大批基础工业的建立为反贫困奠定了坚实的基础；建立人民公社制度，在中国历史上第一次将农村社会组织起来，从根本上改变了中国社会一盘散沙的状况，国家得以大规模动员和吸纳乡村资源，集中人力、物力、财力快速推进工业化建设和农村基础设施建设，形成全民办教育推广农业技术，促成了五保户集中供养、农村合作医疗制度的初步建立，为贫困人口构建了基础安全底线；建立社会主义计划经济体制，使作为发展中国家而与工业化、现代化先行国家存在较大差距这一特定历史条件下的中国，拥有了强大的资源配置和动员能力，使紧缺物资、资源能够配置到优先发展的产业中去，创造了中国能够突破贫困恶性循环（贫困陷阱）的重要经验。

四、反精神贫困始终与反物质贫困相统一

马克思在《资本论》中指出，资本主义条件下无产阶级的贫困直接表现为物质贫困，工人阶级创造的剩余价值被资本家无偿占有，而自己只能靠微薄的工资维持仅能生存的生活资料，相对于资本家的享受生活，无产阶级的贫困还表现为精神贫困，不能享受良好的文化教育，不仅影响自身发展还影响下一代的培养和教育。①

新中国成立时，全国5.4亿人口中有4亿多文盲，高达80%，而农村的文盲率更是高达95%以上，② 劳动者低下的文化素质成为限制新中国快速发展和脱贫的一大障碍。摆脱贫穷让人民过上好日子，把中国从一个落后的农业国改造成一个现代化的工业国，毛泽东提出："必须用极大的努力去学习生产的技术和管理生产的方法，必须去学习同生产有密切联系的商业工作、银行工作和其他工作。"③ 中国共产党在努力学习管理国家的各种知识技能提高治国理政和反贫困能力的同时，通过制定法律规定了公民享有受教育的权利，在全国开展了"推行识字教育，逐步减少文盲"的全国性扫盲运动和普及初级教育，到1964年，15岁以上人口的文盲率已经从80%下降到了52%，1亿多人摘除了文盲帽子，④ 创造了人类历史上的奇迹。农村通过政府补贴和村社集体公共积累的形式办教育，使得农村教育水平发生了质的改变，学龄儿童净入学率由1952年的49%上升到

---

① 马克思．资本论（第1卷）[M]．北京：人民出版社，2018：740-745.

② 中华人民共和国国务院新闻办公室．中国共产党尊重和保障人权的伟大实践［M］．北京：人民出版社，2021：4.

③ 毛泽东．在中国共产党第七届中央委员会第二次全体会议上的报告［M］．北京：人民出版社，2004：7.

④ 来这里打卡 跟着人民日报走进历史深处［M］．北京：人民出版社，2022：129.

1978 年的 95.5%，[1] 翻天覆地的变化改变了一代人的生活和命运，劳动者教育文化水平的提高为推进社会主义建设和农村进一步实现技术改革创造了条件，为自身脱贫提供了内生动力，扫除了反贫困道路上的拦路虎，降低了精神贫困，为劳动者自力更生、生产自救脱贫打下了坚实的基础。

---

① 中华人民共和国国务院新闻办公室．为人民谋幸福：新中国人权事业发展 70 年［N］．人民日报，2019－09－23（14）．

第四章

改革开放至党的十八大前反贫困斗争的历程与经验

改革开放和社会主义现代化建设时期，中国共产党三十多年以来通过经济增长带动扶贫、农村体制机制改革、专项扶贫计划以及政策引导等措施，我国贫困人口不断减少、贫困发生率不断降低。中国贫困人口由 1978 年的 2.5 亿人下降到 2010 年的 2688 万人，贫困发生率从 1978 年的 30.7% 降到 2010 年的 2.8%，[①] 提前完成了联合国千年发展目标。在这一时期按照减贫驱动的主要动力要素，可以划分为三个不同阶段：大规模缓解贫困阶段（1978～1985 年）、开发式扶贫阶段（1986～2000 年）、两轮驱动式反贫困阶段（2001～2012 年）。在这一时期，国家在不同的阶段下实施了不同的扶贫战略政策组合，形成了一系列反贫困基本经验。坚持加快经济建设与发展作为反贫困的根本遵循；实施政府主导与社会参与相结合的大扶贫格局；始终坚持以改善民生为中心，不断满足人民基本需求；推动体制机制改革，持续构筑有利于穷人发展的政策创新体系；丰富开发式扶贫方式方法，处理好整体与局部的关系。

第一节　改革开放和社会主义现代化建设时期中国共产党领导反贫困的历程

改革开放以来，中国共产党确立了以经济建设为中心的发展路线，采取了一系列以经济发展带动扶贫减贫的措施，不断解决人民的温饱问题。

① 刘璐琳．集中连片特困地区产业扶贫问题研究［M］．北京：人民出版社，2016：154.

一、农村土地制度改革带来的减贫实践（1978～1985年）

新中国成立初，通过社会制度改革和基本社会保障，有效地消除了极端贫困现象，为极端贫困人口提供了基本的生存保障。但是长期的计划经济体制，低效率低劳动生产率的均贫富的反贫困措施，不利于资源的有效配置，抑制了劳动群众的生产积极性。救济式、输血式的反贫困方式，助长了贫困群众的“等、靠、要”等懒惰情绪。农村经济发展的不平衡，群众的温饱问题尚未得到解决。

（一）中国的贫困状况

1978年，农村整体贫困问题尚未得到彻底解决，贫困人口约为2.5亿人，贫困发生率为30.7%①。1978年12月，邓小平指出，“在西北、西南和其他一些地区，那里的生产和群众生活还很困难，国家应当从各方面给以帮助，特别要从物质上给以有力的支持”②。

区域发展不平衡。东部沿海地区由于地理环境因素、便利的海上交通运输环境以及国家政策支持，工业起步早、发展快，具有先进的生产技术和生产方式，生产力发展水平高。中国的贫困人口主要集中在中西部的18个集中连片贫困地区，这些地区地处偏远、交通不便、生态环境脆弱、粮食产量低、收入结构单一、教育医疗水平差，绝大多数位于中西部的老、少、边地区。

贫困人口基数大、收入低。按照国家统计局公布的数字，1978年中国农村的贫困人口数量为2.6亿，占全国贫困人口的87%，贫困发生率为32.9%。按照人均集体收入40元和50元作为贫困线，1977年，全国仍有22.5%的县和39%的生产队的人均集体收入低于50元；1979年还有12.4%的县和27.2%的生产队的人均集体收入低于50元。③ 中国的贫困标准低于世界贫困标准，但是贫困人口的数量却高于世界平均水平，贫困状况超过世界平均水平。

社会基础设施落后。交通设施和邮政通信是经济发展的先决条件，要发展就要与外界进行联系。贫困地区拥有的交通运输工具和交通线路严重短缺。我国西部地区占全国总面积的2/3，但是铁路营业里程和公路里程只占全国的1/3，西部运输路线的密度要比东部低几倍甚至几十倍。

---

① 中华人民共和国大事记1949－2004（下）［M］. 北京：人民出版社，2004：1208.
② 中共中央文献研究室 . 邓小平思想年编：1975－1997［M］. 北京：中央文献出版社，2011：205.
③ 任福耀，王洪瑞 . 中国反贫困理论与实践［M］. 北京：人民出版社，2003：160.

（二）改革开放初期中国共产党领导的反贫困斗争

邓小平指出："没有贫穷的社会主义，社会主义的特点不是穷，而是富，但这种富是人民共同富裕"①，"占全国百分之八十的农民连温饱都没有保障，怎么能体现社会主义的优越性呢?"② 改革开放初期首先在农村进行经济体制改革，主要是通过经济增长为驱动力，推动制度变革和体制改革来促进农村脱贫减贫。这一阶段的农村经济体制改革，其本质是以集体经济经营体制改革为中心的农村微观经济组织再造。这一时期开展了一系列农村体制机制改革的措施来解放和促进农村生产力的发展，以发展带脱贫，构成了农村减贫的主要推动力。

第一，推进制度扶贫，释放经济活力。

农村土地制度变革。1978 年，我国确立了农村家庭联产承包责任制代替生产队体制。中央强调"实行包产到户，是联系群众、发展生产、解决温饱问题的一种必要措施"③，政府向村社集体和农民在土地和其他农业生产资料上让权，实现了农民集体的自我管理和自我承担。家庭联产承包责任制，是在集体经济组织的统一安排下，由农户或小组承包集体所有土地和其他生产资料，并对生产和经营的效果负责。《全国农村工作会议纪要》指出"我国农业必须坚持社会主义集体化的道路，土地等基本生产资料公有制的长期不变的，集体经济要建立生产责任制也是长期不变的"，④ 进一步回答了家庭联产承包责任制的性质问题。从 1978 年农村实行家庭联产承包责任制以来，到 1983 年实行家庭联产承包责任制的生产队已占全国 569 万个生产队总数的 99.5%。⑤ "包产到组、包产到户"的经营模式，兼具生产和福利的双重保障，使农民获得土地经营权，促进了农民的生产积极性，提高了农业生产力，解决了计划经济体制下生产动力不足、资源配置低下的问题，拉开了农村经营体制改革的序幕。同时在分配制度上也改变了以"平均主义"为主要内容的农村分配制度，实行"交足国家的，留足集体的，剩下的全是自己的"为基本特征的"国家—集体—个人"的分配原则，极大地激发了农民的生产积极性。"以农户或小组为承包单位，扩大了农民的自主权，发

---

① 邓小平文选（第 3 卷）[M]. 北京：人民出版社，1993：265.

② 邓小平文选（第 3 卷）[M]. 北京：人民出版社，1993：255.

③ 中共中央文献研究室. 三中全会以来重要文献选编（上）[M]. 北京：中央文献出版社，2011：474.

④ 中共中央 国务院关于"三农"工作的一号文件汇编（1982－2014）[M]. 北京：人民出版社，2014：3.

⑤ 蒋永甫. 让农地流转起来 集体产权视角下的农地流转机制主体创新研究 [M]. 北京：人民出版社，2017：39.

挥了小规模经营的长处，克服了管理过分集中、劳动‘大呼隆’和平均主义弊端”①。1985 年，全国粮食生产总量创历史新高，粮食总产量增加到 37911 万吨，比 1978 年增长 24.39%。农村社会总产值由 1978 年的 2017 亿元增加到 1985 年的 6340 亿元。②

农产品购销制度变革。社会主义社会不能废除商品，也应该按照商品价值规律进行等价交换。农民生产资料的购买力不高，很难扩大再生产，不能摆脱再生产的简单循环。1978 年，国家大幅提高了 18 种农产品收购价格，粮食统购价格提高 24.8%，③ 同时减少粮食征购数量、放开有关农产品价格和城乡农产品集市贸易，对棉花、油料、畜产品、水产品、林产品等的收购价格逐步提升。1982 年我国逐步取消了农副产品的统购统销制度，同时提高了部分谷物的购销价格，缩小了工农业之间的剪刀差。只有发展商品经济，农民的积累才会增加。农产品购销制度的变革，农业实现了商品化生产，农民收入大幅增加，农民生活水平提高。农民人均纯收入由 1979 年的 160.7 元增加到 1985 年的 397.6 元，增长了 1.5 倍。④

农村市场制度变革。农村商品经济的发展需要通过农村市场制度变革来疏通购销渠道。新中国成立以来，我国完成了对农业、手工业和资本主义工商业的社会主义改造，计划经济占据了主导地位，市场作用在社会中的缺位造成了农业与市场的脱节，阻断了农业与工业的有机联系，破坏了供给与需求的有机平衡。1979 年中共中央在《关于加快农业发展若干问题的决定》中指出，社员自留地、自留畜、家庭副业和农村集市贸易，是社会主义经济的附属和补充，应当鼓励和支持，活跃农村经济。农产品交易逐步建立以市场为主的资源配置，逐步改善和优化了农民收入来源和收入结构。

农村劳动力流动政策变革。随着农村经营体制的变革，农村劳动力流动体制也逐渐放松。1983 年以前，国家严格限制农村劳动力外出，对劳动力流动实行严格的限制政策，严格限制农民在农业生产领域。1984 年，开始允许农民自筹资金、自理口粮，进城务工。农村劳动力的非农化转移、乡镇企业的发展以及人口流动政策的放松，促进了农村剩余劳动力向非农劳动力转移，农民的工资性收入逐渐占据总收入的主导地位。

第二，强化政策倾斜，提供脱贫政策保障。

---

① 中共中央文献研究室．十二大以来重要文献选编（上）[M]．北京：人民出版社，1986：256.

② 王海燕．大国脱贫之路 [M]．北京：人民出版社，2018：44.

③ 张磊．中国扶贫开发政策演变（1949－2005 年）[M]．北京：中国财政经济出版社，2007：63.

④ 张磊．中国扶贫开发政策演变（1949－2005 年）[M]．北京：中国财政经济出版社，2007：84－85.

这一时期，政府除了采取体制机制改革的措施以外，还采取了一系列政策性扶持措施来减贫脱贫。

改革开放初期，中共中央发布了有关农业问题的文件，从价格、税收、信贷和农副产品收购方面调整了农业政策。1979 年中共中央发布了《中共中央关于加快农业发展若干问题的决定》，提出贯彻执行“以粮为纲、全面发展、因地制宜、适当集中”的方针，继续稳定“三级所有、队为基础”的制度。国家对农业的投资在基础投资中提高到 18%，对农业的贷款提高至少一倍，粮食统购价格提高 20%。1980 年，中共中央形成了《关于进一步加强和完善农业生产责任制的几个问题》，规定在边远山区和贫困落后的地区，可以包产到户，也可以包干到户。1984 年《中共中央关于一九八四年农村工作的通知》提出，允许农民自筹资金、自理口粮进城务工经商。这一阶段乡镇企业迅速发展，成为农村经济发展的重要力量，为农民创造了非农就业，为农村劳动力向非农劳动力转移创造了空间，缓解了城乡二元结构带来的劳动力流动障碍。1984 年 11 月，国家计划委员会发布了《关于动用库存粮棉布帮助贫困地区修建道路和水利工程的通知》，决定在 3 年内从商业库存中拿出粮食 100 亿斤、棉花 200 万担、棉布 5 亿米拨给贫困地区，通过以工代赈方式加强贫困地区基础设施建设。1984 年国务院颁发《关于尽快改变贫困地区面貌的通知》明确了改变贫困地区面貌的根本途径在于因地制宜，发展商品生产的指导思想。进一步放宽政策，给予贫困地区农民一定的经营主动权，减轻农民负担，减免农业税，取消统购派购，鼓励外地企业到贫困区兴办企业，搞活商品流通，加速商品流转。在解决普遍贫困的同时，关注区域发展不平衡问题。1986 年在《国民经济和社会发展第七个五年计划》中，对老、少、边、穷地区的经济发展做出规划，指出继续减轻老、少、边、穷地区的税收负担，进一步组织发达地区和城市对老、少、边、穷地区的对口支援工作。

第三，重点区域扶贫，提供专项资金。

这一时期政府重点开展区域性扶贫行动，提供专项资金支持。1980 年中央财政设立的“支援经济不发达地区发展资金”为欠发达地区提供了资金支持，专门支持老革命根据地、少数民族地区、边远地区和贫困地区发展，当年拨款 5 亿元，之后逐渐发展为财政发展资金。1982 年，国家启动了对甘肃定西、河西地区、宁夏西海固“三西”地区的扶贫计划，每年拨款 2 亿元，为期 10 年，揭开了我国区域扶贫行动计划的序幕，为今后开展有组织、有计划的扶贫提供经验借鉴。1984 年在《关于尽快改变贫困地区面貌的通知》中提出应集中力量解决 18 个集中连片贫困地区的贫困问题。1984 年以工代赈项目的实施，救济对象通过参加国家的社会工程和基础设施建设获得赈济金和赈济物，增加了贫困地区人口的就业机会和基本收入，完善了贫困地区人口的收入结构，改善了贫困地区的基础设施建设。

以工代赈计划。以工代赈是1984年开始实施，为改善贫困地区基础设施而设立。以工代赈是要求救济对象通过参加必要的社会公共工程建设而获得赈济实物或资金的一种带救济性质的扶贫方式。本质上以工代赈是开发贫困地区剩余劳动力为手段，以缓解和消除贫困为目的，通过实物或现金的投入，使贫困地区基础设施得到改善，同时为贫困地区和贫困人口的经济发展创造一定的环境，进而提高贫困地区经济发展的内生动力。以工代赈的资金来源主要由国家无偿拨给的资金和地方筹集的配套资金组成，通过项目的实施改善贫困地区的基础环境，为贫困人口提供就业机会和非农收入。

“三西”农业建设。1982年国务院开始实施对甘肃定西、河西地区和宁夏西海固地区农业建设计划，专项拨款20亿元（每年2亿元），建设期10年。“三西”建设通过改变贫困地区生产条件，兴修水利工程、修造基本农田，推广抗旱增产技术，发展以“种、养、加”为主要内容的支柱产业，开展科技服务和人员培训，达到建设河西地区商品粮基地和解决中部、西海固地区群众温饱问题的目的。

确定18个连片特困区。18个连片特困区地处高原、山区、沙漠等地区，生态环境恶劣，农业资源匮乏，基础设施落后，交通不便，缺乏基本的教育和医疗卫生公共服务，农业生产率低下，市场化程度和非农业发育程度低。《国民经济和社会发展第七个五年计划》，将老、少、边、穷地区的经济发展作为一章来阐述，国家继续对老、少、边、穷地区进行政策支持，减轻这些贫困地区的税收负担，进一步组织发达地区和城市对老、少、边、穷地区的对口支援工作。

第四，扶持农村教育，提升脱贫内生动力。

政府在改善农村地区物质条件的同时，也出台了相应地改善农村教育的社会政策，为了进一步推动农村教育的发展，中共中央出台了一系列政策。

一是多形式办小学。1980年中共中央出台了《关于普及小学教育若干问题的决定》，提出了在全国完成基本普及小学教育的历史任务，以国家办学为主，充分调动社队企业办学积极性。

二是调整中等教育结构。在《关于中等教育结构改革的报告》中提出，改革高中阶段的教育，实行普通教育与职业、技术教育并举，改善中学阶段教育结构单一化的状况。

三是农村教育制度改革。在《关于加强农村学校教育若干问题的通知》中提出，提高劳动者的文化素质和科学文化水平，改革农村初等教育的办学形式，改革农村中等教育结构，发展职业技术教育。国务院在《关于尽快改变贫困地区面貌的通知》中提出，要重视贫困地区的教育，增加智力投资。有计划地发展和普及初等教育，重点发展农业职业教育，加速培养适应山区开发的各种人才。

二、有组织、有计划的扶贫阶段（1986～2000年）

开发式扶贫就是在国家支持下，利用贫困地区的自然资源优势，进行开发性生产建设，逐步形成贫困地区和贫困户的自我积累和自我发展能力，依靠自身力量实现脱贫致富。20世纪80年代中期，农村通过经济体制改革，释放了经济活力，农村经济得到了较大发展。

（一）中国的贫困状况

农村经济发展不平衡、不充分。这一时期我国经济增长的特点是高速度、不平衡。通过在农村进行体制机制改革释放经济活力，农村贫困人口减少一半，农村实现了大规模缓解贫困。随着市场化改革的不断深入，农村改革的边际效益逐渐下降，农村贫困人口下降速度减缓，农村经济增长和农民生活改善逐渐停滞。由于自然地理环境、经济、历史、社会等各种错综复杂原因的影响，农村经济发展不平衡、不充分的现象日益突出，区域发展差距、城乡差距日益扩大。

综合性贫困问题突出。贫困人口相对集中，主要集中在西部边远地区、深山和高海拔地区和少数民族聚居地区；减贫速度放缓，农业经济增长速度远远低于工业，经济发展的涓滴效应逐渐降低；区域发展不平衡，表现为东西发展差距和行业差距。

（二）中国共产党领导的反贫困斗争

这一阶段我国由救济式、“输血式”的反贫困转入开发式、“造血式”反贫困。这一阶段按照瞄准对象的转化可以分为两个时期：以贫困县为瞄准对象的区域开发式扶贫阶段（1986～1993年）和以贫困村为基本单位的综合性扶贫攻坚阶段（1994～2000年）。

1. 1986～1993年时期的反贫困：以贫困县为瞄准对象的区域开发式扶贫

这一时期国家在继续实行“支援不发达地区发展经济”、以工代赈、“三西”扶贫计划的同时，针对贫困地区贫困状况的新特点，开始转变扶贫策略，建立反贫困工作机制、完善贫困瞄准机制，强化政策扶贫，调整扶贫方式，实施区域式开发战略。

建立了反贫困工作机制。中共中央于1986年5月16日成立了专门的扶贫机构——国务院贫困地区经济开发领导小组及其办公室，1993年更名为国务院扶贫开发领导小组及其办公室，标志着我国进入有计划、有组织的扶贫阶段，扶贫开发逐步规范化、专业化。与之相对应，省区市县级政府，也成立了各行政层级的扶贫开发领导小组和扶贫办，统筹安排本地区的扶贫开发项目，形成了解决绝对贫困问题的体制机制，搭建了一整套脱贫攻坚的行政架构。中国的扶贫开发实行分级负责、以省为主的行政领导扶贫工作责任制，扶贫管理体制逐渐完善。实行了扶贫开发工作党政“一把手”负责制，明确资金、任务、权力、责任“四个到省”的扶贫工作责任制，建立农村贫困监测系统，及时反映全国扶贫工作的进程。国务院扶贫办公室的成立，标志着中国扶贫开发工作经历了两个转变：一是由道义性扶贫向制度性扶贫转变；二是由救济性扶贫向开发式扶贫转变。①

完善贫困瞄准机制。1986年中央政府首次确定了国定贫困县标准：以县为标准，1985年人均纯收入低于150元的县和年人均纯收入低于200元的少数民族自治县。1994年《国家八七扶贫攻坚计划》调整了国定贫困县的标准：以县为单位，凡是1992年人均纯收入低于400元的县全部纳入国家贫困县扶持范围。随即在全国范围内将331个贫困县（1994年经过调整增至592个）列入重点扶持范围，由国家设置专项扶贫基金进行重点投放。同时各省区也结合本地实际，相继确定了368个省级贫困县，并给予特殊照顾和重点扶持。从此，以县为单位使用扶贫资源、开展具体扶贫工作就成了中国贫困治理政策的主要特点。

强化政策扶贫。国务院在《国民经济和社会发展第七个五年计划》中，对“老、少、边、穷”地区做出基本规划，表明国家已经开始将扶贫政策纳入国家发展规划之中。1987年《关于加强贫困地区经济开发工作的通知》正式确立了开发式扶贫的指导思想，并标志着完成了“从单纯救济向经济开发的根本转变”，主要目标是完成“七五”计划提出的解决温饱问题，增加贫困地区的收入，为解决贫困地区的落后面貌创造条件。1994年《国家八七扶贫攻坚计划》明确提出，要集中物力、人力、财力，动员社会各界力量，力争用7年左右的时间，到2000年底基本解决当时全国农村8000万贫困人口的温饱问题。为了完成国家扶贫攻坚计划提出的目标，中共中央在1986～1993年有针对性扶贫开发工作基础上，提出了一整套综合性农村扶贫措施。

乡镇企业异军突起。乡镇企业是农村改革的一项重要成果，是中国农民的又一个伟大创造。它为农村剩余劳动力从土地上转移出来，为农村致富和逐步实现

---

① 汪三贵，曾小溪．从区域扶贫开发到精准扶贫——改革开放40年中国扶贫政策的演进及脱贫攻坚的难点和对策［J］．农业经济问题，2018（8）：40－50.

现代化，为促进工业和整个经济的改革和发展，开辟了一条新路。[①] 乡镇企业的发展改变了农村产业结构，吸纳了大量农村剩余劳动力，改变了农村贫困人口的收入结构，成为中国农村经济的重要支柱。国家给予乡镇企业一定的政策优惠和扶持，在一定时期内对乡镇企业减轻一定比例的税收，运用信贷手段鼓励和支持乡镇企业的发展。为了解决乡镇企业发展中的资金困难，县级以上人民政府设立乡镇企业发展基金。国家还对乡镇企业提供人才扶持，鼓励广大科技人员到乡镇企业工作，提高乡镇企业经营管理水平。国家为乡镇企业提供科技扶持，鼓励乡镇企业同科研机构、国有企业等其他组织开展合作，增强乡镇企业的科技水平。到2000年，全国乡镇工业增加值占全国工业增加值的46.1%，完成出口交货值占全国出口交货值的40%左右。[②]

这一阶段的扶贫特点主要集中在以区域发展带动扶贫，通过促进区域经济增长带来的边际效应带动扶贫发展；开发式扶贫，挖掘贫困地区发展优势，注重提高群众的自生能力，充分利用开发贫困地区的物质资源与劳动力资源。从扶贫成果来看，1986～1993年贫困人口由1.25亿人减少到8000万人，每年平均减少约600万人，贫困发生率由14.8%下降到8.7%。[③] 这一时期虽然取得了一定的反贫困效果，但是与前一时期相比贫困人口下降速度减缓，剩余贫困人口脱贫难度大，返贫现象时有发生。

2. 1994～2000年时期的反贫困：以贫困村为基本单位的综合性扶贫攻坚

20世纪80年代中期以来，扶贫工作实现了从单纯生活救济向经济开发的根本转变，并相继采取了一些特殊政策和措施。但是仍然存在一些问题：温饱问题的解决依然不稳定、不平衡；贫困地区的生产力低下，落后面貌没彻底改变；贫困地区经济虽然有所增长，但是与全国发展水平差距依然很大。进入90年代，进一步明确扶贫目标，全国贫困地区在解决大多数群众温饱问题的基础上，转入以脱贫致富为主要目标的经济开发新阶段。1994年《国家实施八七扶贫攻坚计划》，进一步明确了扶贫指导思想，明确集中全国人力、物力、财力，用七年时间基本解决8000万农村贫困人口的温饱问题。扶贫对象由331个贫困县扩增至592个，由贫困县推进到贫困村、贫困户。1996年中央召开扶贫开发工作会议，做出了《关于尽快解决农村贫困人口温饱问题的决定》，总结了八七扶贫攻坚计

---

① 顾海良，李楠．中国共产党经济思想史（1978～2012）［M］．北京：经济科学出版社，2021：288.

② 顾海良，李楠．中国共产党经济思想史（1978～2012）［M］．北京：经济科学出版社，2021：290.

③ 国务院扶贫开发领导小组办公室．中国农村扶贫开发概要［M］．北京：中国财政经济出版社，2003：3.

划实施以来的经验，重申了中国政府解决贫困问题的决心。

明确扶贫指导思想。1994 年颁布的《国家八七扶贫攻坚计划（1994－2000年)》和 1996 年颁布的《关于尽快解决农村贫困人口温饱问题的决定》，这两个文件是政府颁布的具有代表性的指导反贫困活动的纲领性文件，两个文件的颁布实施，标志着中国农村反贫困行动体系的形成。1994 年 3 月国家扶贫办颁布《国家八七扶贫攻坚计划（1994－2000 年)》，明确提出集中人力、物力、财力，动员社会各界力量，用 7 年的时间，到 2000 年底基本解决 8000 万贫困人口的温饱问题。1996 年颁布的《关于尽快解决农村贫困人口温饱问题的决定》，进一步明确了农村扶贫的总原则是省对扶贫工作总负责，并具体制定了“四到省”的原则，即资金到省、权力到省、任务到省、责任到省。除此之外还包括加强基础设施建设和改变教育文化卫生的落后状态。在宏观经济政策方面提出了加快中西部地区的经济发展计划，建立东部沿海地区支持西部欠发达地区的扶贫协作机制。

完善扶贫瞄准对象。国家制定了贫困县扶贫标准，1986～1993 年有 331 个贫困县，1990 年在《关于九十年代进一步加强扶贫开发工作的请示》中，指出在稳定解决绝大多数贫困人口的温饱问题的同时，转向以脱贫致富为主要目标的经济开发阶段。1994 年《国家八七扶贫攻坚计划（1994－2000 年)》重新调整扶贫标准，扶贫对象由 331 个贫困县扩增至 592 个。在 1996 年中共中央、国务院联合颁布《关于尽快解决农村贫困人口温饱问题的决定》中指出，扶贫攻坚要坚持到村到户，必须把贫困乡、村作为扶贫攻坚的主战场，把贫困户作为扶持的对象。为了确保国家八七扶贫攻坚计划顺利完成，随即颁布了《关于进一步加强扶贫开发工作的决定》，以贫困村为基本单位，以贫困户为工作对象，使扶贫资金、干部帮扶和扶贫项目等各项措施真正落实到贫困村、贫困户。扶贫开发工作由扶持贫困地区向扶持贫困村、贫困户转变。将扶贫对象由贫困县具体到贫困村、贫困户，主要是因为单纯扶持贫困县，会遗漏非贫困县的贫困人口。根据 1995 年对 25 个省份的统计，1994 年以来已经确定扶贫攻坚重点乡 9399 个，占全国乡镇总数的 19.5%，确定的扶贫攻坚重点村 70333 个，占全国行政村总数的 8.8%。[①]

确立开发式扶贫方针。全国贫困地区要在解决大多数群众温饱问题的基础上，转入以脱贫致富为主要目标的经济开发新阶段。政府引导贫困地区以市场需求为导向，依靠科技进步，开发利用当地劳动力资源和自然资源，发展商品生产，增加农民收入，解决温饱进而脱贫致富。综合运用社会救济、生态移民、易地扶贫、产业化扶贫、劳动力转移培训等手段，拓宽扶贫方式，加大扶贫力度，

① 汪三贵．中国扶贫绩效与精准扶贫［EB/OL］. http：//www.71.cn/2020/0701/1097353_2.shtml.

增强贫困人口内生动力。

增加扶贫资金投入。国家八七扶贫攻坚计划中用于扶贫工作的资金投入主要有三大类：中央财政转移支付、财政优惠政策、扶贫贴息贷款。《国家八七扶贫攻坚计划（1994－2000年）》中提出对于“三西”专项建设和以工代赈计划资金规定期限内继续保持不变，再增加10亿元以工代赈资金，10亿元扶贫贴息贷款。每年的财政专项资金投入从1986年的19亿元增加到2000年的88.15亿元，累计投入的财政专项扶贫资金达到636.75亿元。[①] 为了切实加强对国家扶贫资金的管理，提高扶贫资金使用效益，国家扶贫办拟定了《国家扶贫资金管理办法》，对支援经济不发达地区发展资金、“三西”农业建设专项补助资金、新增财政扶贫资金、以工代赈资金和扶贫专项贷款进行了管理和规定。

三、经济高速增长的带动式扶贫阶段（2001～2012年）

政府在继承以往开发式扶贫政策和方式的基础上，将扶贫开发的重点从贫困县转向贫困村，这一时期扶贫工作主要以“一体两翼”（整村推进、劳动力转移培训、产业化扶贫）、各类农业支持保护政策和农村社会保障制度在内的综合性扶贫举措的实施为抓手，重点是全面推进整村推进、产业发展、劳动力转移等扶贫开发措施，进入扶贫开发政策与最低生活保障制度相衔接的“两轮驱动”阶段，救济式或保障式的反贫困与开发式的反贫困，开启了“低保维持生存、扶贫促进发展”的“两轮驱动”减贫时代。

（一）中国的贫困状态

贫富差距拉大。二元结构下的城乡差距一直是中国社会经济发展中难以克服的矛盾，这种差距仍然保持继续扩大的趋势。城乡差距首先表现在城乡居民收入上，进入21世纪，2002年、2003年扩大到3.1∶1和3.2∶1，[②] 农村居民收入差距进一步扩大。城乡居民在教育、医疗卫生等公共服务方面存在明显差距，2001年城镇居民人均卫生费用为784元，农村居民人均卫生费用为251元。[③] 贫富差距拉大，农村与城市居民收入水平差距拉大，农村人口内部基尼系数不断增加，部分地区贫困程度加深。

---

① 国务院扶贫开发领导小组办公室．中国农村扶贫开发概要［M］．北京：中国财政经济出版社，2003：8.

② 张磊．中国扶贫开发政策演变（1949－2005年）［M］．北京：中国财政经济出版社，2007：147.

③ 赵郁馨，万泉，高广颖，等．2001年中国卫生总费用测算与分析［J］．中国卫生经济，2003（3）：1－3.

农村贫困人口下降速度减缓。进入21世纪以后，农村人口由于经济、社会环境交织的脆弱性，导致其应对风险的能力较弱，加上政府主导的开发式扶贫模式在经过10多年的强势作用之后边际效应逐渐减弱。2001～2003年，农村绝对贫困人口的下降速度减缓，2001年为2970万人，2002年为2820万人，2003年为2900万人，贫困发生率也在3%上下浮动。2002年底，农村绝对贫困人口出现首次反弹。致贫因素多样，部分地区返贫人口增加，尤其是2003年农村绝对贫困人口比2002年底增加了80万人，贫困发生率上升了0.1个百分点。①

贫困人口的生活质量没有得到根本改善。贫困人口收入低，食品消费支出偏低，家庭支出恩格尔系数高，自给性消费比重大，家庭设备数量少，文化消费支出少，社会服务水平低，农业生产水平低，没有长期投资，儿童辍学风险大，少数民族贫困、残疾人贫困问题突出。贫困人口呈现“大分散、小集中”的分布特点，贫困地区集中分布在自然环境和社区环境较差的中西部地区。

（二）中国共产党领导的反贫困斗争

进入21世纪以来，中国经济持续高速增长，扶贫工作从面临区域性贫困转向群体性贫困，从单一性贫困转向多元化贫困，贫困人口从区域到点状分布。

第一，整村推进，参与式扶贫。

瞄准贫困对象。2001年国家出台《中国农村扶贫开发纲要（2001—2010年）》中指出，尽快解决少数贫困人口温饱问题，进一步改善贫困地区的基本生产生活条件，巩固温饱成果，逐步改变贫困地区经济、社会、文化落后状况，为达到小康水平创造条件。2001年确定了整村推进的扶贫思路，将14.8万个贫困村确定为“整村推进计划村”，通过实施农业产业化扶贫、农业实用技能培训、小范围移民搬迁扶贫等举措，重点解决村级贫困问题。同时将贫困地区水利、电力、交通、通信，以及科技、教育、文化、卫生等社会事业的发展，统一纳入了贫困治理工作。国家在全国中西部地区确定592个国家扶贫开发重点县，把贫困瞄准重心下移到村，全面推进以整村推进、产业发展、劳动力转移为重点的扶贫开发措施。2007年，全面实施农村最低生活保障制度，进入扶贫开发政策与最低生活保障制度衔接的“两轮驱动”阶段。

“一个瞄准、三个重点”。进入21世纪以来，新阶段扶贫工作的主要重点是“一个瞄准、三个重点”。“一个瞄准”是瞄准贫困人口和贫困地区，“三个重点”：一是以整村推进为切入点，改变农村的生产生活条件，既提升生产生活条

① 张磊．中国扶贫开发政策演变（1949－2005年）[M]．北京：中国财政经济出版社，2007：148.

件，也发展教育卫生医疗，提升整村发展能力。二是以贫困地区劳动力转移培训为切入点，提高贫困人口综合素质。国务院推出“雨露计划”，提高劳动力人口的素质，促进劳动力流动和转移。三是以产业化扶贫为切入点，带动贫困地区经济发展。整村推进政策的实施，因地制宜充分发挥当地的劳动力资源，促进劳动者自我发展自我积累的能力，激发劳动者脱贫致富的积极性。

第二，实施惠农政策，形成减贫保障。

针对广大农村贫困地区，为了缩小城乡差距，实施了一系列的惠农政策：农业生产性支持政策、环境恢复和保障政策、农村教育和人力资源开发政策、农村社会保障政策和基础设施建设政策。

农业生产性支持政策。2004 年开始连续出台关于农村发展的中央一号文件，在中央一号文件的指导下，制定了一系列支农政策、加大支农资金的投入。2000 年开始实行农村税费改革政策，提出“必须注意对农民多给予、少索取，整个国民收入分配要在较长的时间内向农民倾斜，并且要突出地抓好减轻农民负担工作，让农民得到更多的实惠”①。对农村税费改革做出了“三项取消”“两项调整”“一项改革”；2004 年政府决定取消农业特产税，5 年内取消农业税，2006 年全面取消农业税，提前 3 年完成。2004 年在全国推行粮食直补政策，使近 6 亿农民直接享受到国家政策带来的实惠，粮食产量和粮食播种面积提高，农民收入增加。除此之外还实行了良种补贴、农机购置补贴等。

促进农民持续增收。农民收入问题不仅关系农村的改革、发展和稳定，而且关系国民经济和社会发展的全局。胡锦涛在湖南考察工作时强调，要大力推进农业和农村经济结构的战略性调整，加大对农村基础设施的投入，扩展农村剩余劳动力转移的渠道，坚持不懈地抓好农村扶贫开发工作，加快农村各项社会事业发展，不断增加农民收入目标的实现。② 针对城乡收入差距不断扩大的趋势，提出“加大扶贫开发力度，因地制宜地实行整村推进的扶贫开发方式。对缺乏生存条件地区的贫困人口实行易地扶贫，对丧失劳动能力的贫困人口建立救助制度”③。

教育和人力资源开发政策。在义务教育政策方面，国家对接受义务教育的学生免收学费，设立助学金帮助贫困学生入学。2004 年国家在部分贫困地区实施“两免一补”政策，对贫困地区的学生免杂费、免书本费，补助寄宿生生活费。农村教育的“两免一补”政策，使中西部地区贫困家庭减轻了家庭经济负担，提

---

① 中共中央文献研究室．十五大以来重要文献选编（中）[M]．北京：人民出版社，2001：1145.

② 胡锦涛在湖南考察工作时强调，加强干部作风建设推进经济社会发展 [N]．人民日报，2003－10－05.

③ 中共中央文献研究室．十六大以来重要文献选编（中）[M]．北京：人民出版社，2006：1067.

高了中西部地区义务教育的入学率，对于提高当地人力资本具有重要意义。

农村社会保障政策。2001 年，国务院印发了《中国农村扶贫开发纲要（2001—2010 年）》，不仅要解决温饱，还要注重文化、社会和教育，生活质量和综合素质的提高。对于农村社会保障政策的实施，1994 年在农村初步建立与经济水平相适应的层次不同、标准有别的社会保障制度；2001 年底全国低保人数达 300 万人，农村社会保障网络进一步完善；2007 年，农村最低生活保障制度全面实施，进入了扶贫开发政策与最低生活保障制度衔接的“两轮驱动”阶段。2003 年国务院颁布农村新型合作医疗制度，按照“分级起付、按段计算、累加支付、上线封顶”的补助办法操作，新型农村合作医疗制度改善了农民就医状况、减轻贫困地区农民的医疗负担，对处于生计脆弱性边缘的贫困群体具有重要作用。

这一阶段实行的惠农政策在全国范围内形成了一系列减贫保障体系，减轻了农民负担，增加了农村的人力资本，增强农村人口生计能力，对于劳动力素质的提高和农村贫困人口脱贫内生动力有重要意义。

第三，推进协调发展，巩固温饱。

改革开放以后，经过二十多年的发展，我国沿海地区和内陆地区，无论是相对差距还是绝对差距都逐渐拉大，呈现日益扩大趋势，并有出现两极分化的可能。通过宏观经济发展产生的涓滴效应主要惠及东部沿海地区的贫困人口，中西部地区的贫困人口还相对较多。通过经济发展促进减贫的边际效应逐渐降低，贫困人口的下降速度放缓且减贫难度增大。从 21 世纪初，我国调整了宏观区域经济政策，将扶贫方向转向持续贫困的中西部地区和因结构转型而逐渐衰退的东北地区，实施了西部大开发和振兴东北老工业基地战略。这两项区域发展战略的实施，既缩小了东西部发展差距，也减少了贫困地区的贫困人口数量，为贫困地区人口提供了就业机会，提高了贫困人口的生活水平和贫困地区的发展能力。

西部大开发战略。1999 年，江泽民同志在中央扶贫开发工作会议上强调，从现在起必须不失时机地加快中西部地区发展，要把它作为党和国家一项重大战略任务，摆到更加突出的位置①。2000 年，国务院成立了西部地区开发领导小组，通过政策优惠、财政支持、加大基础设施投入、加大对地区环境保护的投入支持西部地区发展。针对农村地区和贫困人口的发展，提出了相应的扶持策略。加大对西部地区在农业、社会保障、教育、医疗等方面的转移支付力度，对于退耕还林还草、天然林保护、防沙治沙所需要的资金由中央进行补助；加大对西部地区义务教育的支持力度，实施东部学校对西部贫困地区对口支援工程；加强卫

① 中共中央文献研究室．十五大以来重要文献选编（中）［M］．北京：人民出版社，2001：317.

生文化建设，促进边疆地区和少数民族地区文化事业发展。西部大开发战略实施以来，国家对西部地区的扶贫资金累计投入4600亿元，中央财政转移支付累计5000亿元，[①] 基础设施建设和社会事业方面取得了很好的减贫效果，西部大开发战略对西部贫困人口的脱贫影响是深远持久的。

振兴东北战略。党的十六届三中全会后，振兴东北老工业基地成为国家区域发展的重要方向，中共中央、国务院颁布了《关于实施东北地区等老工业基地振兴战略的若干意见》中指出，振兴东北老工业基地要着力推进体制创新和机制创新，以市场为导向，推进产业结构优化升级。2003年国务院振兴东北地区等老工业基地领导小组成立，负责东北地区工业规划。在黑龙江、吉林两省全面取消农业税，扩大粮食补贴和种植范围、完善社会保障体系、对东北地区国有企业政策性关闭破产。振兴东北老工业战略的实施，中央对东北的财政转移支付投入达53.1亿元，[②] 调动了广大农民的生产积极性，缓解了农民的贫困状况。对于因产业结构调整而失业的下岗工人，战略的实施为其提供了就业岗位和发展机会，缓解了失业造成的贫困。

东西协作扶贫。东西协作扶贫是“八七扶贫攻坚计划”实施期间提出的一项措施，动员东部发达地区对口支援贫困地区的发展和贫困人口的脱贫。1996年12月，中共中央办公厅、国务院办公厅印发《关于进一步加强东西部扶贫协作工作的指导意见》，确定了9个东部省市和4个计划单列市与西部10个贫困省和自治区开展扶贫协作。具体帮扶方式主要有：无偿捐助资金用于卫生、教育等公共服务建设；捐赠生产和生活物资；经济技术协作；人员的双向交流。据国家统计局统计，东部13个省市向贫困地区累计捐赠钱物21.4亿多元，实际投资近40多亿元，从贫困地区输出劳动力51.7万人。[③] 除了东西协作扶贫外，国家还通过党政机关定点扶持，动员政府部门、国家的企事业单位参与扶贫工作。

第二节　改革开放和社会主义现代化建设时期反贫困的成就与特征

改革开放以来，中国共产党坚持解放思想、实事求是，以经济建设为中心，

① 温家宝．开拓创新　扎实工作　不断开创西部大开发的新局面［J］．国务院公报，2005（9）：11.

② 张磊．中国扶贫开发政策演变（1949－2005年）［M］．北京：中国财政经济出版社，2007：198.

③ 国务院扶贫开发领导小组办公室．中国农村扶贫开发概要［M］．北京：中国财政经济出版社，2003：13.

带领中国人民在经济社会发展方面取得了显著的成就，人民收入水平不断提高，基础设施建设不断完善，社会公共服务水平明显增强，贫困人口和贫困发生率不断下降。

一、改革开放和社会主义现代化建设时期反贫困的成就

改革开放初期，党和政府通过农村经济体制机制改革，释放农村经济活力；政府政策倾斜，提供政策保障；推进重点区域扶贫，瞄准贫困人口；扶持农村教育，提升了农村发展内生动力。在这一时期的减贫过程中取得了较好的效果，农村贫困人口明显减少，贫困率显著下降，农村居民人均收入增长，农村经济水平得到了较大发展。农村绝对贫困人口由改革开放初期的2.5亿人减少为1.25亿人，7年之内绝对贫困人口减少1/2，年均减少1700万人。贫困发生率由30.7%下降为14.8%，农村居民家庭人均收入由改革开放初期的160元增加到1985年的397.6元，扣除价格上涨因素，实际增长87.23%，年均增长率11.02%。[①] 1985年，全国粮食生产总量创历史新高，粮食总产量增加到37911万吨，比1978年增长24.39%。农村社会总产值由1978年的2017亿元增加到1985年的6340亿元。[②] 农林牧渔总产值由1978年的1397亿元增长到1985年的3619亿元，增长了1.6倍。[③] 1978～1985年，粮食总产量从30477万吨增至37911万吨，棉花从216.7万吨增至414.7万吨，油料从521.8万吨增至1578.4万吨。[④] 这说明农村经济体制的变革不仅使原有的粮食产量持续增加，而且因地制宜发展农业，促进了农业经营方式的多元化和多样性。

进入20世纪90年代以后，我国进入社会主义市场经济阶段，经济发展速度不断增快，经济发展带来的脱贫效益显著。到2000年底，农村贫困地区贫困人口由1993年的8000万人下降到3209万人，贫困发生率由1993年的8.7%下降到3.4%，贫困地区农民人均纯收入由1993年的483.7元增加到1321元。[⑤] 国家制定的八七扶贫攻坚计划基本实现，基本解决贫困人口的温饱问题。尽管温饱问

---

① 黄承伟．中国扶贫开发道路研究：评述与展望［J］．中国农业大学学报（社会科学版），2016（5）．

② 李实，沈扬扬．中国的减贫经验与展望［J］．农业经济问题，2021（5）：12－19．

③ 国家统计局国民经济综合统计司．新中国五十年统计资料汇编［M］．北京：中国统计出版社，1999：30．

④ 国家统计局国民经济综合统计司．新中国五十年统计资料汇编［M］．北京：中国统计出版社，1999：33．

⑤ 根据“国务院扶贫开发领导小组办公室．中国农村扶贫开发概要［M］．北京：中国财政经济出版社，2003：3．”和“张瑞敏．中国共产党反贫困实践研究（1978－2018）［M］．北京：人民出版社，2019：140．”整理。

题已经基本解决，但是从根本上改变贫困地区的贫困面貌、改善贫困地区经济落后状况还是一个长期而艰巨的任务。

改革开放至党的十八大前这段时期，我国通过政府主导、社会参与的形式，采取了一系列减贫扶贫措施，集人力、物力、财力，推动广大贫困地区的经济和扶贫事业的发展。扶贫政策从救济式扶贫到开发式扶贫再到救济式扶贫与开发式扶贫“两轮驱动”扶贫政策的转变，瞄准方式从区域性瞄准到贫困村、贫困户瞄准转变，反贫困工作取得了巨大进步。

一是农村贫困人口大幅度减少。农村贫困人口从1978年的2.5亿人，减少到1985年的1.25亿人，再到2010年的2688万人。贫困发生率从1978年的30.7%降到2010年的2.8%。[①]

二是区域性贫困逐步缓解。由于自然地理、历史等多因素影响，中国中西部地区贫困较为严重，进入21世纪东西部发展差距逐渐拉大。东北老工业基地由于结构转型造成的产业内衰落，也出现贫困问题。为了缓解区域贫困问题，国家实施了西部大开发战略、中部崛起战略以及东北振兴战略。2000年底，东部、中部、西部农村未解决温饱的绝对贫困人口分别占全国的5.43%、34%和60.57%。[②] 2010年我国西部地区贫困人口为1751万人，贫困发生率为6.1%，中部地区贫困人口为813万人，贫困发生率为2.5%。[③]

三是农村贫困人口收入快速增长。受国家惠农政策的影响，改革开放以来农村贫困人口收入随着经济发展不断增长。国家扶贫重点县农村居民人均纯收入2010年为3273元，比上年增加11.2%，增速比全国农村平均水平高0.3个百分点。[④] 农民人均生活消费支出为2662元，比上年增长12.4%，剔除价格上涨因素影响，实际增长8.5%，增速比全国农村平均水平高2.6个百分点。[⑤]

二、改革开放和社会主义现代化建设时期反贫困的特征

改革开放至党的十八大以前，这段时期主要通过经济发展带动和专项扶贫计

---

① 乔陆印，何琼峰．改革开放40年中国农村扶贫开发的实践道路与世界启示［J］．社会主义研究，2018（6）：67－75.

② 国务院扶贫开发领导小组办公室．中国农村扶贫开发概要［M］．北京：中国财政经济出版社，2003：21.

③ 2010年我国农村贫困人口2688万［EB/OL］．中国发展门户网，2011－04－13，http：//f. China. com. cn/2011－04/13/content_22350842. htm.

④ 2010年国家扶贫重点县农民人均纯收入增长11.2%［EB/OL］．中国发展门户网，2011－04－13. http：//f. China. com. cn/2011－04/13/content_22350820. htm.

⑤ 2010年国家扶贫重点县农民生活消费支出增长8.5%［EB/OL］．中国发展门户网，2011－04－13. http：//f. China. con. cn/2011－04/13/content_22350815. htm.

划开展扶贫减贫行动，这一历史时期反贫困主要有三个特征：大规模缓解贫困、开发式扶贫、“两轮驱动”反贫困。中国人民在减贫方面取得了巨大成就，从救济式到开发式再到开发与保障“双轮驱动”，由政府单项主导向政府主导与社会、市场共同参与的大扶贫格局转变，扶贫对象由贫困区域到贫困县再到贫困村、贫困户转变，形成了中国特色反贫困道路，中国共产党在反贫困方面积累了宝贵的经验，为未来反贫困事业提供指导借鉴。

特征一：大规模缓解贫困

广义的社会救济式扶贫是从新中国成立之初延续到20世纪80年代中期，通过中央政府向贫困地区调拨粮食、棉布等生活物资以及财政补贴，以维系贫困地区农村人口的最低生活保障。新中国成立初，通过社会制度改革和基本社会保障，有效地消除了极端贫困现象，为极端贫困人口提供了基本的生存保障。改革开放初，政府采取以经济发展带动扶贫减贫的措施，通过经济发展的涓滴效应带动贫困地区人民提升收入，实现贫困地区贫困人口脱贫致富。通过改革开放打破平均主义，解放农村生产力，解决普遍性贫困问题。推进整体性的制度变革和经济发展带来的溢出效应，促进广义的大规模扶贫；强化政策倾斜，逐步建立扶贫保障；依靠区域扶贫、提供专项资金，解决大多数贫困地区贫困人口的温饱问题。

国家以制度变革为依托，这一时期以胡椒面式的输血式扶贫为主，扶贫的过程中出现了基本公共服务缺位、贫困农民“等、靠、要”思想严重等问题。在人民公社时期，农民的基本医疗保障主要依靠农村的“五保制度”，在农村经济体制改革的过程中，农村的基本医疗和基本教育被摒弃，但是新的基本保障服务制度没有随之建立，出现了基本公共服务的短暂缺位；改革开放初期的扶贫还是相对粗放的“输血式”扶贫，国家通过发放扶贫物资以及扶贫资金的方式向贫困地区扶贫，不少地区缺乏主动脱贫的内生动力和自我“造血”动力，助长了“等、靠、要”的依赖心理；尽管农村改革带来了非常大的边际效益，但由于地理位置、自然条件、基础设施等因素的限制，很多贫困地区并不能直接受益于农村经济改革。

特征二：开发式扶贫

1984年，中共中央联合国务院颁布了《关于帮助贫困地区尽快改变面貌的通知》，提出还有几千万人口的地区仍未摆脱贫困，群众的温饱问题尚未完全解决。《国民经济和社会发展第七个五年计划》中，对老、少、边、穷地区的经济发展做出规划。政策表明国家将解决大多数贫困地区贫困人口的温饱问题作为这一时期的主要瞄准目标，瞄准贫困区域和贫困县，注重农业生产能力的提升，集中解决贫困人口的温饱问题。1986 年国家成立了专门的扶贫机构——国务院贫困地区经济开发领导小组，1993 年改为国务院扶贫开发领导小组，标志着我国反贫困进入制度化、规范化、专门化阶段，拉开了我国有计划、有组织大规模反贫困的序幕，确定了开发式扶贫方针，以政府为主导，市场为导向，发展商品经济，依靠科技进步，充分利用当地的资源优势，带动农村脱贫致富。

这一时期扶贫的基本思路是通过政策性扶持和资金投入，带动贫困地区扶贫。特点主要是将扶贫到户与促进中西部地区的经济发展的宏观政策相结合，扶贫开发工作由道义性扶贫向制度性扶贫转变，扶贫对象由贫困县落实到贫困乡、贫困村、贫困户，对缓解农村贫困有重要意义。

特征三："两轮驱动式"反贫困

这一阶段是以贫困村为主要扶贫瞄准对象的综合性扶贫阶段，综合性的贫困治理不仅体现在多部门的协作，还体现在政策交叉影响下的区域协调发展，发挥了叠加效应。

国家通过实施"一个瞄准、三个重点"，促进了贫困人口的参与能力和脱贫的内生动力；农村税费改革政策、粮食直补政策、义务教育政策的实施既提高了农村地区的物质生产能力，也改善了农村贫困人口的劳动力素质；西部大开发战略和振兴东北老工业基地战略的实施，缩小了东西部地区的发展差距，带动了欠发达地区区域发展，通过经济发展的溢出效应缓解了欠发达地区的贫困程度。到 2010 年底，贫困人口大幅减少，按照 2008 年贫困标准，农村贫困人口减少到 2688 万人，贫困发生率下降到 2.8%，特别是"十一五"时期，贫困人口五年减少 3443 万人，年均减少 748.6 万人。①

第三节　改革开放和社会主义现代化建设时期反贫困的历史经验

邓小平强调"社会主义的本质是解放生产力，发展生产力，消灭剥削，消除两极分化，最终达到共同富裕。""贫穷不是社会主义，社会主义要消灭贫穷"② 改革开放时期实现的大规模减贫为反贫困积累了中国经验。

---

① 黄承伟．中国扶贫开发道路研究：评述与展望［J］．中国农业大学学报（社会科学版），2016（10）：5－16.

② 邓小平文选（第3卷）［M］．北京：人民出版社，1993：63.

一、坚持加快经济建设与发展作为反贫困的根本遵循

我国改革开放以来实现的大规模减贫，其中最主要的因素和推动力就是经济的持续高速增长。

经济增长与经济发展与减贫的关系主要表现在两个方面：一方面是通过经济增长提高贫困人口就业机会，增加贫困人口收入；另一方面是提高经济发展质量和优化发展结构，通过收入分配调整，增加社会保障性投入缓解贫困。改革开放以来实行了家庭联产承包责任制、社会主义市场经济体制等体制机制改革，实行了西部大开发战略、东北老工业振兴战略、中部崛起战略，在促进区域经济发展的同时，带动了中西部贫困地区的发展。国家经济迅速发展，国民财富不断增加，国家有更多的财力、物力支持扶贫事业的发展。扶贫对象也由国家定点贫困县到贫困村再到贫困户，扶贫的深度和广度也逐步深入。改革开放以来经济增长带来的减贫效应是显著的，在农村脱贫方面最大的成就得益于国家经济实力的增强，主要体现在国内生产总值的提升。从统计数据来看，改革开放以来，我国的GDP一直处于持续增长之中，尤其是90年代呈现高速增长的突飞猛进趋势，1986~1993年，人均GDP由626.0元增加到1075.8元，增加了72%，平均年增长速度为8.04%，其中1992年、1993年和1994年人均GDP增长率均超过了12%，1994~2000年平均每年人均GDP增长速度达到7.56%。[①]

与此同时，改革开放以来我国的减贫事业在不同方面取得一定的成就，贫困人口和贫困程度得到较大程度的缓解。乡镇企业的异军突起带动了2亿多农村劳动力转移为非农劳动力，贫困人口的收入结构得到优化，非农收入成为农民收入的主要来源，其中工资性收入占比增加。全国农村乡镇企业个数从1983年的134.44万个发展到1985年的1222.45万个，增加了8倍，就业人数增加了3866.12万人。[②] 1987年全国乡镇企业产值在农村社会总产值中首次超过农业总产值。随着城市化进程的加速，农民进城务工规模不断扩大，农民从事第一产业的人员占比从1985年的81.9%下降到2005年的59.5%，农民收入结构中来自乡镇企业的比重由8.2%上升到46.4%，全国农业劳动力在农村劳动力中的比重与1980年相比2005年下降了34.1%。农民工资性收入在农民人均纯收入中占比

---

① 张磊．中国扶贫开发政策演变（1949-2005年）［M］．北京：中国财政经济出版社，2007：87.

② 张瑞敏．中国共产党反贫困实践研究（1978—2018）［M］．北京：人民出版社，2019：35.

59%。[①] 农村贫困人口由1978年的2.5亿人下降为2010年的2688万人。[②] 贫困发生率从1978年的30.7%降到2010年的2.8%。农村居民收入由1978年的100元增长到2010年的3273元。[③]

二、实施政府主导和社会参与相结合的大扶贫格局

从全球减贫经验来看，影响一个国家减贫效果的重要因素是这个国家的社会稳定程度，以及该国家能否从政治责任高度和发展战略高度建构减贫的政策框架和扶贫格局。我国自改革开放以来，在一个比较稳定高效的政治体制之下，逐渐构建了专项扶贫、行业扶贫、社会扶贫“三位一体”和政府、市场、社会协同推进的大扶贫开发格局，形成了党和政府主导型扶贫、市场导向型扶贫和社会参与式扶贫的三种类型、三方力量多元协同推进的扶贫框架。

党和政府主导型扶贫。中国共产党是中国特色社会主义事业的领导核心，是中国特色社会主义的本质力量。共同富裕是社会主义的本质要求，也是共产党不懈追求的目标。邓小平强调：“只有社会主义制度才能从根本上解决摆脱贫穷的问题”，“而要建设社会主义，没有共产党的领导是不可能的。”[④] 在反贫困的过程中，党和政府各级领导机构起到了核心、战略作用。我国政府始终高度重视扶贫工作，从中央到地方建立了扶贫开发领导小组，自上而下推进扶贫开发管理工作。国家把扶贫规划放到国民经济和社会发展中长期规划之中，建立专门的扶贫机构指导扶贫事业发展，统筹协调各项扶贫开发工作。颁布农村发展扶贫纲要，划定扶贫标准、对象、目标等，增加扶贫资金投入，调整扶贫标准。“八七扶贫攻坚计划”实施以来，国家的扶贫资金不断增长。1986年中央扶贫资金投入为42亿元，2000年增长到170多亿元。[⑤] 建立扶贫工作领导责任机制、扶贫领导干部建设，采取有效措施保障扶贫政策的贯彻落实。政府根据扶贫的需要，调整相关的政策或者制定必要的法规和制度，为扶贫工作的有序开展提供了制度保障。

市场导向型扶贫。市场是“看不见的手”，能够通过对资源的有效配置，实现区域经济发展，发挥经济发展的溢出效应，惠及贫困地区生产发展，贫困人口增收脱贫。鼓励支持民营企业参与扶贫，吸收贫困人口就业、支持农业产业发展

① 宋洪远．中国农村改革三十年［M］．北京：中国农业出版社，2008：257－269.

② 张磊．中国扶贫开发政策演变（1949－2005年）［M］．北京：中国财政经济出版社，2007：64.

③ 黄承伟．中国扶贫开发道路研究：评述与展望［J］．中国农业大学学报（社会科学版），2016（10）：5－16.

④ 邓小平文选（第3卷）［M］．北京：人民出版社，1993：63.

⑤ 国务院新闻办公室．中国农村扶贫开发白皮书［N］．人民日报，2001－10－16（05）.

和农村社会服务供给形成扶贫绩效考核。改革开放以来，农村实行家庭联产承包责任制，引入市场机制，改革农村流通机制、农产品购销机制以及农村劳务流动机制，促进了农村、农业、农民的生产发展、生活富裕、生态良好。市场机制的引入丰富了农产品的购销渠道，优化了农民的收入结构，打破了城乡二元壁垒，促进了农村劳动力向城市的转移。以市场需求为导向，依靠科技进步和组织创新，通过发展产业、转移就业、生态建设、扶贫搬迁、危房改造等多种途径，实现脱贫致富。

社会参与式扶贫。扶贫开发不仅仅是政府扶贫部门的责任，还是多个政府职能部门的一项系统工程；扶贫开发工作不仅仅是国家和政府的责任，还是企业组织、社会组织共同参与和支持的一项系统工程。除了政府主导扶贫的由上而下的被动式脱贫外，还需要社会参与扶贫，与政府形成扶贫合力，共同推进扶贫事业发展。改革开放以来，党和政府积极鼓励、动员社会各界力量参与到扶贫开发工作中来。《国家八七攻坚扶贫》计划中，动员大中型企业利用其资源优势、技术优势、市场优势等，通过经济合作、吸收劳务、技术培训等多种途径，发展与贫困地区的互利合作。对到贫困地区开办企业的给予适当的配套资金，联合开发。中共中央、国务院在《关于尽快解决农村贫困人口温饱问题的决定》中指出，对贫困县新办企业和发达地区到贫困地区兴办的企业，在3年内免征所得税。《农村扶贫发展纲要（2001－2010年）》中指出，继续开展党政机关定点帮扶，从中央到地方的各级党政机关及企事业单位，继续坚持定点联系、帮助贫困地区或贫困乡村，继续做好东部沿海发达地区对口帮扶西部贫困地区的东西部扶贫协作工作。

三、始终坚持以改善民生为中心，不断满足人民基本需求

摆脱贫困是中国共产党的初心和使命，中国共产党始终坚持以人民为中心，推动扶贫事业不断发展，把满足人民的基本需求、实现共同富裕作为最终目标，自中国共产党成立起，就把为人民谋幸福、实现中华民族伟大复兴作为自己的奋斗目标。中国共产党始终坚持扶贫力量来自人民、扶贫过程为了人民、扶贫成果归人民共享。改革开放以来，党和政府制定了一系列解决贫困人口温饱问题的基本目标，《国家八七扶贫攻坚计划》规定在7年内基本解决8000万人的温饱问题。中共中央、国务院在《关于尽快解决农村贫困人口温饱问题的决定》中指出，到本世纪末基本解决贫困人口的温饱问题，是广大人民群众的强烈愿望，要始终把解决温饱问题放在首位。《中国农村贫农开发纲要（2001－2010年）》中

确定接下来的奋斗目标是尽快解决少数贫困人口温饱问题，进一步改善贫困地区的基本生产生活条件，巩固温饱成果。扶贫目标的不断深化和精准体现了党和国家对人民群众民生问题的关注。

这一时期，扶贫方式由大规模的救济式扶贫到开发式的区域性扶贫，再到“两轮式”扶贫，扶贫对象由区域性扶贫到国定贫困县再到贫困村、贫困户，贫困对象不断精确，党和政府越来越注重贫困人口对美好生活的需求。

改革开放以来，我国根据贫困人口的实际生活水平，制定了不同的贫困标准：“1978 年标准”是按照 1978 年价格每人每年 100 元，是保障每人每天 2100 卡路里热量的低水平生存标准。2008 年标准是每人每年 1196 元，增加了非食物线；“2010 年标准”是按照 2010 年购买力平价计算，2010 年标准是每人每年 2300 元。中国贫困标准的调整远远高于居民消费价格上涨幅度，充分考虑到人民群众的基本生活需求。

四、推动体制机制改革，持续构筑有利于贫困人口发展的政策创新体系

改革开放以来，党中央和政府通过制度创新，实施了一系列减贫措施，形成了一套较为健全的政策框架体系，为大规模减贫提供了政策基础。有利于贫困人口的发展政策主要包括：土地政策、分配政策、农产品流通政策、金融政策、劳动力流动政策、农业支持政策和区域发展战略等。

（一）党和政府通过体制机制改革，推动农村人口减贫

改革开放的核心内容是围绕家庭联产承包责任制，给予农民分配土地，农民获得土地经营自主权，生产积极性提高，农业生产率大大提高。变革农产品购销制度和市场流通机制，提高粮食及其他农产品的收购价格，取消了对农产品长期的统购统派制度，改善了农村资源配置和产品结构。国家还实行了一系列的惠农政策，取消牧业税、生猪屠宰税和农林特产税，特别是取消了在中国存在 2000 多年的农业税，大大地减轻了农民的负担。全面实行种粮农民直接补贴、良种补贴、农机具购置补贴和农资综合补贴。农村劳动力向非农劳动力转移制度的改革，国家放松了对农村劳动力流动的限制，允许和鼓励农村劳动力的地区交流、城乡交流和贫困地区的劳务输出。国家对农村体制机制进行改革，包括农村经营体制的改革、农产品购销市场的改革、农村劳动力转移制度的变革，生产关系不断调整至适合生产力的发展，使农村生产关系不断适应乃

至促进生产力的发展，减轻了农村的负担，刺激了贫困地区经济发展，增加了贫困人口收入。

（二）国家重视减贫方略，将减贫规划列入到国家发展战略中

随着农村经济体制机制的不断改革，农村生产力得到了极大的发展，经济发展的溢出效应带动了农村贫困人口收入的增加和贫困人口的减少。减贫事业不断推进，国家成立专门的扶贫机构，制定专门的扶贫政策，《国民经济和社会发展第七个五年计划》中，对老、少、边、穷地区的经济发展做出规划，扶贫政策开始纳入国民经济发展规划中；《国家八七扶贫计划》的出台标志着我国专门性的减贫计划的实施；《关于尽快解决农村贫困人口温饱问题的决定》的制定解决了绝大多数贫困人口的温饱问题；《中国农村扶贫开发纲要（2001－2010年）》确定了10年的农村扶贫计划。扶贫政策的陆续出台及实施表明国家对扶贫的重视与日俱增，扶贫不断专业化、规模化和组织化，促使扶贫对象不断精确、扶贫资金不断增加以及扶贫方式不断完善。特别是进入21世纪，国家实行统筹城乡经济社会发展的方略，工业反哺农业、城市支持农村和“多予少取放活”的方针，促进了农村经济的发展，农村地区的贫困人口普遍受益。

（三）区域发展政策实施，惠及到贫困地区人口

改革开放以来，社会主义市场经济的确立，市场经济活力释放，尤其是沿海地区经济呈高速发展，东、西部发展差距不断拉大。东北地区工业产业衰落，地区经济发展面临转型的挑战。西部地区由于历史原因、自然原因等，发展相对滞后，贫困现象较为普遍。进入21世纪，国家实施东北工业振兴战略、中部崛起战略、西部大开发战略，加大资金投入和帮扶力度，实施东部沿海发达地区帮助西部落后地区的东西部协助帮扶制度，在促进西部地区经济发展的同时，带动贫困地区人口脱贫。

五、丰富开发式扶贫方式方法，处理好整体与局部的关系

我国幅员辽阔，由于地理、历史、自然等因素的影响，贫困发生的原因错综复杂，并且随着经济发展差距不断拉大，东、西部贫富差距也不断加大。面对复杂的致贫原因和贫困现状，必须坚持不同的扶贫开发政策，处理好整体与局部的关系，构筑大规模持续减贫的行动基础。这一时期我国始终坚持开发式的“输血式”扶贫方式，以政府为主导，引导贫困地区人民群众以市场为导向，调整经济

结构，开发当地资源，发展商品生产，激发人民群众内生动力，解决温饱，进而脱贫致富。开发式扶贫的核心是帮助贫困人口形成自我发展的条件，并以此为贫困人口脱贫致富的基础。在开发式扶贫中坚持专项扶贫、行业扶贫和社会扶贫，始终坚持激发活力，推广开放式扶贫方针，多途径激发贫困地区和贫困群众的内生动力。

（一）坚持专项扶贫，整合扶贫资源

专项扶贫主要是针对特定贫困地区贫困人口，以发展为导向，由专门机构通过专门的项目资金和项目实施而设计的开发性扶贫政策。20 世纪 80 年代末，我国通过实施专门的“三西”农业建设和以工代赈计划，安排专门的资金集中发展地区特色优势，在发展过程中形成了整村推进扶贫、劳动力培训转移扶贫、以工代赈扶贫等多种反贫困模式。

（二）坚持行业扶贫，形成扶贫合力

扶贫治理是一个全行业、全部门综合扶贫的模式，国家在扶贫的实践中，整合多行业、多部门力量，发挥行业部门优势，积极开展扶贫工作。坚持产业扶贫，增加贫困人口就业机会和提高收入水平；开展教育扶贫，改变“等、靠、要”等懒惰思想，激发扶贫内生动力；改善贫困地区交通条件、加强水利设施建设。不同行业、不同部门共同参与到扶贫治理中来，使扶贫工作更加全面深入，使反贫困事业保持着一个合理的节奏向前推进。

（三）坚持社会扶贫，动员社会力量

我国高度重视扶贫开发工作，充分发挥中国共产党的政治优势和社会主义制度优势，构建了政府主导、市场和社会参与的大扶贫格局，不断提升国家扶贫的社会动员能力。社会帮扶是扶贫工作中的重要组成部分，将社会参与扶贫纳入扶贫工作中来，积极组织动员社会力量参与到扶贫力量中来，运用好政府、社会、市场三种机制和资源，为脱贫攻坚凝聚巨大的合力。

改革开放以来，政府开始鼓励社会参与扶贫。国家在七五计划中开始动员社会力量、发达地区对口帮扶老少边穷地区。《国家八七扶贫攻坚计划》中积极鼓励中央和地方党政机关、各民主党派、各类民间扶贫团体，充分发挥其组织优势和资源优势，帮助贫困地区人口脱贫致富。鼓励东部沿海发达地区对口帮扶西部贫困地区一两个贫困省。原大中型企业，利用其技术、人才、市场、信息、物资等方面优势，通过经济合作、技术服务、吸收劳务、产品扩散、交流干部等多种

途径，发展与贫困地区在互惠互利的基础上的合作。《中国农村扶贫开发纲要(2001－2010年)》中指出，继续开展党政机关定点扶贫工作、继续做好沿海发达地区对口帮扶西部贫困地区的东西扶贫协作工作。动员和吸引社会力量、社会组织、国际组织参与扶贫开发的工作，推进社会扶贫进入政策化运行。

第五章

中国特色社会主义新时代反贫困斗争的历程与经验

党的十八大以来，中国特色社会主义进入新时代，以习近平同志为核心的党中央把扶贫开放放在治国理政的突出位置，在继承与发展马克思主义反贫困理论中，提出精准脱贫战略，做出一系列新部署和新要求，形成一系列新思想和新观点，解决了区域性整体贫困的脱贫攻坚目标，取得脱贫攻坚战的伟大胜利，为全球减贫事业提供中国智慧和中国方案。脱贫攻坚战的胜利不是终点，而是新起点、新阶段，在此基础上，做好与乡村振兴的有效衔接，进一步解决相对贫困的问题，在推进中华民族伟大复兴的进程中实现共同富裕。

中国共产党作为马克思主义政党，坚持马克思主义的指导，无产阶级政党的性质和宗旨决定了中国共产党为实现共产主义的最高理想而奋斗，以人民的立场作为根本政治立场。建党以来，中国共产党始终把人民群众的根本利益作为各项工作的出发点和落脚点，其中，最重要的表现就是把扶贫工作放在突出位置。新中国成立后，中国共产党在新民主主义社会时期、社会主义建设时期、改革开放时期、21 世纪继续发展过程中，经过长期不懈的努力，我国扶贫开发取得丰硕的成果、迈入新的阶段。党的十八大以来，中国共产党坚持以人为本的根本立场，把人民为中心作为价值取向，在推动经济社会发展中始终把增进人民的福祉、促进人的全面发展及朝着共同富裕方向稳步前进作为各项工作的出发点和落脚点，以此为基，结合脱贫工作所呈现出来的新特征，中国共产党动员全国全社会的力量，以精准扶贫为指导，在 2021 年解决绝对贫困问题，实现了脱贫攻坚战的胜利，为建设全面建成小康社会打下坚实的基础，为迈向中华民族的伟大复兴书写新篇章。

第一节　党的十八大以来我国反贫困的历程

党的十八大以来，面对艰巨繁重的改革发展稳定任务，我国经济社会发展取得了历史性成就，民生福祉稳步提升，但仍存在着发展不平衡、不充分问题，而解决问题的关键在于抓主要矛盾即贫困问题。

一、中国贫困现状

随着“三农”问题不断解决和扶贫开发有效推进，我国贫困人口的数量大幅减少直至完全消灭。2012 年末，我国农村贫困人口发生率为 10.2%；2019 年底，我国农村贫困发生率降到 0.6%（2010 年标准）[①]，贫困人口逐年下降，直到 2020 年底贫困人口全部脱贫。

（一）区域层面：贫困人口主要集中在中西部地区

我国贫困人口的区域分布主要集中在中部及西部地区，特别贫穷的地区，即 14 个集中连片特困地区的农民人均纯收入 2676 元，仅为全国平均水平的一半[②]，在特别贫困地区集中了全国相当部分贫困人口。在全国乡村人口分布中，中西部占 74%，而中西部贫困人口数占到全国贫困人口总数的 93.1%，东部地区贫困人口仅占 6.9%。[③] 因此，我国贫困人口的分布主要集中在中部和西部地区。而西部地区贫困人口的区域分布或贫困发生率排名前三的是在甘肃、贵州、西藏等省区。

（二）年龄层面：老年人贫困所占比重最大

全国范围内，截至 2011 年底，全国 60 岁以上老年人人口达到 1.8499 亿人，占总人口的 13.7%[④]；而到 2020 年底，全国 60 岁以上老年人人口达到 2.64018 亿人，占总人口的 18.74%[⑤]。我国乡村地区的年龄结构中老年人所占比重更大，

---

① 国家统计局.2020 中国统计年鉴［M］. 北京：中国统计出版社，2021：15.

② 黄俊毅. 十组数据读懂中国脱贫［N］. 经济日报，2020－12－30（05）.

③ 国务院扶贫办政策法规司，国务院扶贫办全国扶贫宣传教育中心. 脱贫攻坚干部培训十讲［M］. 北京：中国出版集团研究出版社，2019：26.

④ 陈郁. 积极行动应对人口老龄化［N］. 经济日报，2012－10－23（03）.

⑤ 数据来源：根据“国家统计局.2021 中国统计年鉴［M］. 北京：中国统计出版社，2021：54.”计算所得。

其中贫困人口中，老年人的贫困问题更加突出，因此为之后有针对性地开展扶贫工作提供了方向指引。

（三）教育层面：文盲和半文盲比例高

在我国农村贫穷落后地区，贫困和文盲有着不可分割的关系，贫困产生文盲，又由文盲又引发贫困，长此以往形成恶性循环，文盲率在农村地区增加，也直接影响农村地区脱贫问题的解决。中国 90% 的文盲分布在农村地区，其中一半文盲在西部地区。西藏、青海、贵州等 10 个省区的人口总数仅占全国的 15%，而文盲数却占到我国文盲总数的 50%。[①] 文盲、半文盲的农民，从生产生活层面上看，在参与农业生产中也难以理解和掌握新的技术理念以及新的生产和生活方式；从精神层面上讲，难以抵制封建迷信、歪理邪说的侵害；从宏观层面上讲，也难以把握应对全球化中的国际市场机遇与挑战，更难以享受现代文明带来的先进成果。扶贫先扶志，扶贫必扶智，脱贫攻坚之所以到了决胜时期，也到了前所未有的困难时期，其中扶贫对象受教育程度低是主要原因。

（四）人力资源层面：贫困地区劳动力缺失

我国贫困地区人力资源不足也是主要的特征之一，其中人力资源不足主要体现在体力劳动及脑力劳动不足两个方面。在 8000 多万的贫困人口中，约有 3000 万户的贫困家庭中，缺乏有效劳动能力的占 34%，失去劳动能力的占 6.6%。[②] 换言之，在贫困地区有占 40% 左右的贫困人口是没有劳动能力，[③] 因此，在劳动能力不足的地区依靠产业扶贫实现脱贫具有较大的难度。其中，在脑力劳动层面，具有技术的劳动者短缺，在贫困地区有劳动能力大部分是普通劳动力，这也是扶贫对象存在的问题。

我国贫困地区的贫困原因复杂多元，其中最主要的是因病致贫，其中在东部因病致贫占 58%、中部占 51.6%、西部仅占 28.9%，[④] 还有资金、技术、劳动力的短缺导致贫困地区自身发展动力不足。因此如何有针对性地解决贫困问题是我们党在此阶段解决贫困问题的关键。基于以上我国贫困的状况，中国共产党做出建档立卡的重要举措，在扶贫的推动过程中采取精准扶贫。“当前脱贫攻坚既面

---

① 史艳芳．民族地区贫困与反贫困问题研究［J］．经济研究导刊，2013（28）：103－105.

② 中华人民共和国国务院新闻办公室．人类减贫的中国实践［M］．北京：人民出版社，2021：15.

③ 国务院扶贫办政策法规司，国务院扶贫办全国扶贫宣传教育中心．脱贫攻坚干部培训十讲［M］．北京：中国出版集团研究出版社，2019：26.

④ 国务院扶贫办政策法规司，国务院扶贫办全国扶贫宣传教育中心．脱贫攻坚干部培训十讲［M］．北京：中国出版集团研究出版社，2019：27.

临一些多年未解决的深层次矛盾和问题，也面临不少新情况新挑战。脱贫攻坚已经到了啃硬骨头、攻坚拔寨的冲刺阶段，所面对的都是贫中之贫、困中之困，采用常规思路和办法、按部就班推进难以完成任务，必须以更大的决心、更明确的思路、更精准的举措、超常规的力度，众志成城实现脱贫攻坚目标。换言之，针对我国不同的贫困区域，政策不能千篇一律，要有针对性地进行脱贫，在脱贫重要的阶段首先要找到致贫的原因，对症下药。"①

二、党的十八大以来我国反贫困的历程

改革开放以来，我国农村居民收入消费进入快速增长期，到2012年我国农村居民人均收入和消费水平分别比1978年实际增长了11.5倍和9.3倍②。2012年末我国农村贫困人口9899万人，比1985年末减少5.6亿多人，下降了85.0%；农村贫困发生率下降到10.2%，比1985年末下降了68.1个百分点。③随着2012年后我国经济发展进入新常态，经济增长速度由之前的高速增长转为中高速增长，在宏观经济增速下滑背景下，经济增长减贫效应明显衰弱，贫困人口分布呈现出集中连片特征，以往贫困瞄准以及与之配套的扶贫模式已经难以适应新时期的减贫需求，开发式扶贫迫切需要实现全方位"升级"。

（一）一系列开发式扶贫的主要政策文件出台

党的十八大以来，中央层面出台实施了有关开发式扶贫的一系列政策文件，为开发式扶贫实现全方位"升级"保驾护航。《关于创新机制扎实推进农村扶贫开发工作的意见》以改革创新为动力，着力消除扶贫开发体制机制障碍。《关于建立统一的城乡居民基本养老保险制度的意见》提出了2020年前全面建成公平统一规范的城乡居民养老保险制度的目标，确保人人享受基本生活保障消除绝对贫困现象。2015年《关于打赢脱贫攻坚战的决定》吹响了把精准扶贫、精准脱贫作为基本方略的坚决打赢脱贫攻坚战的号角。《关于推进"万企帮万村"精准扶贫行动的实施意见》，引导各类企业积极履行社会责任、承担公益使命助力受援地区打赢脱贫攻坚战。《关于支持深度贫困地区脱贫攻坚的实施意见》，重点支持"三区三州"自然条件差、经济基础弱、贫困程度深等脱贫攻坚中的硬骨头，补齐决胜脱贫攻坚战的短板。2018年《关于打赢脱贫攻坚战三年行动的指导意

---

① 习近平扶贫论述摘编［M］．北京：中央文献出版社，2018：16.

②③ 国家统计局住户办．扶贫开发持续强力推进　脱贫攻坚取得历史性重大成就——新中国成立70周年经济社会发展成就系列报告之十五［N］．中国信息报，2019-08-13（01）.

见》为确保2020年贫困地区和贫困群众同全国一道进入全面小康社会作出全面部署。《关于实现巩固拓展脱贫攻坚成果同乡村振兴有效衔接的意见》对巩固拓展脱贫攻坚成果同乡村振兴有效衔接作出了重大部署和安排。

（二）贫困标准由单维到多维

国务院扶贫办在2011年正式提出了较2008年标准提高一倍有余的新的贫困标准：收入标准是2010年价格每人每年2300元，非收入标准是“两不愁、三保障”，即“不愁吃、不愁穿，保障其义务教育、基本医疗和住房”[①]。新的贫困标准不仅有经济上收入单维贫困指标，而且增加了包括经济、教育、医疗和住房多维内涵的非收入标准的贫困指标，从侧重满足贫困人口物质需求转向同时满足其物质和社会服务基本需求，是贫困标准理论的新发展。

（三）贫困识别转为精准识别

2013年11月习近平同志在湖南湘西考察时提出“精准扶贫”新理念，随之成为国家扶贫战略和反贫困的指导方针。精准识别经历了2014年“自上而下”式的识别，即贫困人口总规模从省到村逐级向下分解预估出各村贫困人口规模，根据贫困人口识别程序再由村确定本村贫困人口；在2015年8月至2016年6月精准识别“回头看”中经历了“自下而上”的识别，即严格按照识别程序由村级确定本村贫困人口然后逐级上报。这次精准识别剔除了前期识别不准的929万人，补录了807万贫困人口[②]。

（四）组织机构全方位强化

一是由位居中央政治局常委的国务院副总理担任国务院扶贫开发领导小组组长，省委书记担任省扶贫开发领导小组组长，五级书记一起抓扶贫并签署脱贫攻坚责任书，强化了中省扶贫机构的配置和责任。二是实施扶贫绩效考核制度、问责制度，共选派25.5万个驻村工作队、300多万名第一书记和驻村干部，[③] 强化了基层扶贫组织和责任。三是从中央到地方各级政府部门都制定精准扶贫计划或方案，东部地区制定扶贫协作规划，强化了部门、行业及东部地区的作用和责任。

---

① 中国农村扶贫开发纲要（2011—2020年）［M］. 北京：人民出版社，2011：15.
② 吴国宝，等. 中国减贫与发展1978－2018［M］. 北京：社会科学文献出版社，2018：86.
③ 习近平. 在全国脱贫攻坚总结表彰大会上的讲话［N］. 人民日报，2021－02－26（02）.

（五）扶贫方式精准施策

进入精准扶贫阶段，在实施方式上贯穿“扶持对象精准、项目安排精准、资金使用精准、措施到户精准、因村派人精准、脱贫成效精准”[①] 的内容，瞄准深度贫困地区实施交通攻坚、农村电网攻坚、饮水安全工程、人居环境提升工程等补齐基础设施建设短板。实施产业扶贫、教育扶贫、健康扶贫、就业扶贫、保障扶贫等精准策略，深入推动易地扶贫搬迁，“十三五”期间完成约1000万建档立卡贫困人口的易地扶贫搬迁脱贫任务[②]。

（六）扶贫动员体系辐射至全社会

党的十八大以来，中国建立了前所未有的全方位扶贫社会动员体系。强化东西扶贫协作，全覆盖全国所有民族自治州、所有贫困县，并将脱贫任务完成情况纳入东部协作地区党政考核；“万企帮万村”鼓励和引导民营企业、民主党派和社会组织承担定点扶贫任务、参与精准扶贫；动员专业人才和技术资源投向精准扶贫；还有医院、高校等对贫困县定点帮扶，构成了全社会扶贫动员体系。

（七）贫困退出与考核体系建立

2016年4月《关于建立贫困退出机制的意见》的出台，标志着我国正式建立了贫困县、贫困村和贫困户的脱贫退出机制，及相应的第三方评估、专项评估检查、脱贫攻坚考核监督评估、脱贫攻坚巡查和普查制度，建立起了一整套脱贫攻坚责任体系及与之相应的考核评估体系。达到“两不愁、三保障”的贫困户建档立卡销号退出，贫困发生率原则上降至2%以下（西部地区降至3%以下）的贫困村、贫困县退出。[③]

总之，党的十八大以来，随着精准扶贫方略的提出和脱贫攻坚战的实施，开发式扶贫全方位升级，在贫困标准、贫困识别、组织机构、扶贫方式、动员体系、贫困退出考核等方面都发生了新变化，为全面打赢脱贫攻坚战做出了重大贡献。

---

① 习近平．论三农工作［M］．北京：中央文献出版社，2022：178.

② 国家发展和改革委员会．人类减贫史上伟大壮举——“十三五”千万贫困人口易地扶贫搬迁纪实［M］．北京：人民出版社，2021：24.

③ 中共中央办公厅、国务院办公厅印发了《关于建立贫困退出机制的意见》［EB/OL］．中华人民共和国中央人民政府网站，2016－04－28. https：//www. gov. cn/zhengce/2016－04/28/content_5068878. htm.

三、党的十八大以来反贫困的新特征

党的十八大以来，以习近平同志为核心的党中央，基于我国经济社会所取得成就做出新的布局，我国扶贫也进入新的阶段，呈现一系列新的特征。

特征一：提出新要求

在“十三五”时期我国国民经济的发展主要任务是实现全面建成小康社会的目标，其中最主要的任务就是补齐短板，而贫困问题是全面建成小康社会最重要的标志。在2016年11月国务院印发的《“十三五”脱贫攻坚计划》中把扶贫开发列入五年规划，把扶贫开发工作摆在治国理政的突出位置，把脱贫攻坚上升为国家意志，明确脱贫攻坚作为全面建成小康社会的底线任务是必须解决的问题。百年来，一代代共产党人为消灭贫困这一共同目标而不懈奋斗，抛洒热血，将摆脱贫困作为中国共产党的历史使命不断推进。

特征二：明确新目标

新的要求对应新的目标，即在党的十八届五中全会中，明确指出到2020年我国农村贫困地区实现全部脱贫，解决区域性整体贫困。再次确定了新的战略部署，在2015年颁布实施的《中共中央、国务院关于打赢脱贫攻坚战的决定》中，详细部署了脱贫攻坚的目标、任务、方略、框架等，并把扶贫开发纳入“五位一体”总体布局，把扶贫开发定位到新的战略高度。在2018年《中共中央 国务院关于打赢脱贫攻坚战三年行动的指导意见》中，把脱贫攻坚工作纳入“五位一体”总体布局和“四个全面”战略布局，并作为实现第一个百年奋斗目标的重点任务作出一系列重大部署和安排，以前所未有的力度推进脱贫攻坚。

特征三：举措更精准

党的十八大以来，中国反贫困的突出特点是政策措施的精准化。从2014年1月出台的《关于创新机制扎实推进农村扶贫开发工作的意见》明确提出“建立精准扶贫工作机制等要求，到2016年至2020年把精准识别、精准帮扶作为考核省级党委和政府扶贫开发工作成效的主要内容，保证资金使用精准、安全、高效等，始终坚持“六个精准”分类施策，将扶贫扶到点上、扶到根上。

第二节 党的十八大以来中国共产党精准扶贫的丰富内涵

党的十八大以来，基于我国脱贫工作的现状，以习近平同志为核心的党中央做出打赢脱贫攻坚战的战略部署，脱贫攻坚战的胜利是全面建成小康社会的底线任务和标志性指标。

一、党的十八大以来精准扶贫原则

2013 年 11 月，习近平总书记到湖南湘西考察时做出了“实事求是、因地制宜、分类指导、精准扶贫”[①] 的重要指示，首次提出“精准扶贫”重要论述。2014 年 1 月，中共中央办公厅详细规制了精准扶贫工作模式的顶层设计，推动了“精准扶贫”思想落地。

（一）坚持党的领导并不断加强党的领导原则

一百多年来，中国人民从翻身解放成为国家主人，到温饱问题的解决再到全面建成小康社会为人类反贫困做出重要贡献，其中主要原因就在于中国共产党的领导，在脱贫攻坚进程中不断加强党的领导。习近平总书记指出，“越是进行脱贫攻坚战，越是要加强和改善党的领导。脱贫攻坚战考验着我们的精神状态、干事能力、工作作风，既要运筹帷幄，也要冲锋陷阵。各级党委和政府必须坚定信心、勇于担当，把脱贫职责扛在肩上，把脱贫任务抓在手上，拿出‘敢教日月换新天’的气概，鼓起‘不破楼兰终不还’的劲头，攻坚克难，乘势前进。”[②]

（二）坚持以人民为中心的原则

习近平总书记在十九届中央政治局第六次集体学习时指出，“‘国以民为本，社稷亦为民而立。’加强党的政治建设，要紧扣民心这个最大的政治，把赢得民心民意、汇集民智民力作为重要着力点。要站稳人民立场，贯彻党的群众路线，同人民想在一起、干在一起，坚决反对‘四风’特别是形式主义、官僚主义，始终保持党同人民群众的血肉联系。”[③] 中国共产党自成立以来，坚持执政初心、不忘初心、奋力前进，无论是在革命阶段还是在建设阶段，始终与人民群众保持密切联系，坚持一切从实际出发、实事求是的思想，在与时俱进中推进中国特色社会主义现代化进程。进入党的十八大以来，我国面临全面建成小康社会目标的实现，全面小康社会的建设，是全体中国人民的小康，是没有人掉队的小康社会，全体中国人民都要实现贫困标准线的跨越，只有这样的小康才是全面建成的

---

① 习近平的扶贫故事［N］. 人民日报，2020－05－20（01）.
② 习近平扶贫论述摘编［M］. 北京：中央文献出版社，2018：16.
③ 习近平．增强推进党的政治建设的自觉性和坚定性［J］. 共产党员，2019（8）：5.

小康，基于此，全面建成小康社会的关键就在于补齐补好扶贫开发工作的短板。党的十八大以来，扶贫开发工作逐步上升到国家意志，摆在治国理政的重要位置，上升到关系全面建成小康社会、实现第一个百年奋斗目标的战略高度，因此，脱贫攻坚战的胜利关系全面建成小康社会的进程，也是我们党对全体人民的庄严承诺。

（三）坚持实事求是、问题导向的原则

2013 年 11 月，习近平同志在湖南考察时提出了"精准扶贫"，认为扶贫要坚持实事求是的原则，"直面问题是勇气，解决问题是水平，脱贫攻坚必须坚持问题导向，以改革为动力，以构建科学的体制机制为突破口，充分调动各方面积极因素，用心、用情、用力开展工作"。[①] 精准扶贫过程中要脚踏实地，切忌空喊口号，制定好高骛远、不切实际的目标，基于贫困类型和原因的不同，只有以问题为导向的原则，因贫困地区原因施策，才能精准扶贫、对症下药。

（四）坚持具体问题具体分析、因地制宜的原则

2015 年 6 月 18 日，习近平在贵州召开部分省区市党委主要负责同志座谈会上的讲话中指出"切实做到精准扶贫。各地都要在扶持对象精准、项目安排精准、资金使用精准、措施到户精准、因村派人（第一书记）精准、脱贫成效精准上想办法、出实招、见真效。要坚持因人因地施策，因贫困原因施策，因贫困类型施策，区别不同情况，做到对症下药、精准滴灌、靶向治疗，不搞大水漫灌、走马观花、大而化之。"[②] 贫困问题的多样性和复杂性的特征，表明了贫困问题形成具有差异性和多元性，中国要立足国情，发现贫困发生的自身特点和客观规律，不断调整创新脱贫的方法和战略，有效制定针对性的政策工具，提高贫困治理水平和效能。

（五）坚持发挥贫困群众主体作用，激发社会各方力量原则

作为脱贫致富的主体，贫困群众要积极发挥主体作用，激发贫困群众的内生动力，在成为脱贫进程中的受益者的同时，要成为发展的贡献力量，在减贫脱贫的路程中，提高贫困群众的参与度、共享水平及自主发展的能力。人民作为历史的创造者、推动者，需要尊重人民的首创精神和主体地位，在脱贫进程中激发群众自力更生、艰苦奋斗的动力，攻克贫困这一难题。习近平同志指出，"脱贫致

---

① 中共中央文献研究室．十八大以来主要文献选编（下）［M］．北京：中央文献出版社，2018：38.
② 习近平谈扶贫［N］．人民日报（海外版），2016－09－01.

富不仅仅是贫困地区的事，也是全社会的事。要更加广泛、更加有效地动员和凝聚各方面力量。要强化东西部扶贫协作。东部地区不仅要帮钱帮物，更要推动产业层面合作，推动东部地区人才、资金、技术向贫困地区流动，实现双方共赢。”[①] 扶贫作为复杂的庞大工程，需要积极调动社会各方力量，参与我国脱贫攻坚战的进程，在中国共产党的领导下，广泛动员凝聚社会各方力量，打造政府—社会—市场同步推进的模式，构建专项扶贫—社会扶贫—行业扶贫格局，形成多元的社会扶贫有效体系，其中，各民主党派、无党派人士和工商联充分发挥各自优势，为脱贫攻坚战的胜利建言献策，贡献各自的力量，各行各业充分发挥行业专业优势，开展产业扶贫，实现互利共赢、共同发展。

二、精准扶贫方略的路径和措施

精准扶贫“贵在精准，重在精准，成败之举在于精准”[②]。

（一）精准扶贫方略的路径

扶贫必先识贫。“精准识别贫困人口是精准施策的前提，只有扶贫对象清楚了，才能因户施策、因人施策。”[③] 作为贫困人口大规模的国家，如何精准判断贫困人口，在扶贫过程中扶真贫是首要难题。而脱贫攻坚战取胜的关键在于精准。“建档立卡在一定程度上摸清了贫困人口底数，但这项工作要进一步做实做细，确保把真正的贫困人口弄清楚。只有这样，才能做到扶真贫、真扶贫。要提高统计数据质量，既不要遗漏真正的贫困人口，也不要把非贫困人口纳入扶贫对象。要把贫困人口、贫困程度、致贫原因等搞清楚，以便做到因户施策、因人施策。做到一户一本台账、一户一个脱贫计划、一户一套帮扶措施，倒排工期，不落一人。这样的探索符合精准扶贫要求，应该积极提倡。”[④] 贫困户的识别基于农户的收入为重要的考量指标，结合住房、教育及健康状况等因素，通过农户申请—民主评议—公告公示—逐步逐级审核考察的程序对贫困人口进行有效识别，保证精准扶贫的对象准确。对于贫困村的考察，则是基于贫困发生率、村民的人均纯收入及集体经济收入状况，依照村委会申请—乡政府作审核、公示—县级审定并公告来确保对贫困村的考察。

---

① 中共中央党史和文献研究院．习近平扶贫论述摘编［M］．北京：中央文献出版社，2018：100.
② 中共中央党史和文献研究院．习近平扶贫论述摘编［M］．北京：中央文献出版社，2018：58.
③ 中共中央党史和文献研究院．习近平扶贫论述摘编［M］．北京：中央文献出版社，2018：61.
④ 中共中央党史和文献研究院．习近平扶贫论述摘编［M］．北京：中央文献出版社，2018：63.

扶贫必扶智，治贫先治愚。建立扶贫与扶志扶智相互结合的模式，脱贫攻坚战不只是要把贫困人口的物质短缺问题解决，更重要的是在精神层面的富裕及在技术层面的富裕。习近平同志指出，“扶贫必扶智，让贫困地区的孩子们接受良好教育，是扶贫开发的重要任务，也是阻断贫困代际传递的重要途径。我们正在采取一系列措施，让贫困地区每一个孩子都能接受良好教育，让他们同其他孩子站在同一条起跑线上，向着美好生活奋力奔跑”[①]，授之以鱼不如授之以渔，既要让脱贫群众有致富的想法又要让他们有致富的路径和手段，扶贫要和扶志扶智相结合，加强对贫困地区人民的培训，提升其受教育的程度，并改善贫困群众发展生产的有效途径，建立正向激励，改进扶贫方式和方法，让贫困地区群众依靠劳动和技术创造幸福、用双手改变落后贫困的面貌。

（二）精准扶贫方略的措施

构建脱贫攻坚监督考核体系。脱贫攻坚战的进程中涉及问题多元、要素种类较多、责任重大，因此，需要加强党的领导、强化组织队伍的建设。充分发挥党的政治优势，建立健全党中央统筹全局、协调各方的体制机制，省级负总责，市县紧抓落实脱贫攻坚系列政策，建立以片为重点、脱贫攻坚工作落实到村级、扶贫到户的机制模式，各级党委发挥相应的作用、承担各自责任。脱贫攻坚期间，有脱贫任务的地区，强力推进工期，保证施工的速度和效率。尤其脱贫攻坚任务重的地区，要把脱贫攻坚作为统揽经济社会发展的全局，把脱贫攻坚作为一切事务的第一要事，作为第一民生工程积极开展。建立最为严格的考评机制和监督检查机制，开展组织脱贫攻坚的专项巡查工作，并对扶贫领域所涉及的腐败问题、作风问题进行专项的整治，除此之外，加强脱贫攻坚的监察和督导，保证扶贫工作有效进行、脱贫过程有效务实、脱贫结果扎实且真实，能够经得起时间、实践的检验，为人民交上一份满意的答卷。建立健全干部担当作为的有效激励和保护机制，树立正确的用人观念和正确导向，有效促进广大干部在脱贫攻坚战中尽职尽责、奋发向上，加强基层扶贫队伍的建设，按照因村派人的原则，选派政治素质好、作风扎实、工作能力强的党员干部扎根一线、驻村扶贫，牢记使命、不负重托，帮助贫困群众早脱贫、谋发展。

构建脱贫攻坚责任体系。脱贫攻坚战是一场时间紧且涉及多元主体的战役，在脱贫攻坚战的路程中要建立并完善责任体系，形成全方位、全领域的党员及社会高度动员，其中脱贫攻坚体系的构建集中表现为中央统筹、省负总责、市县抓

---

① 习近平．携手消除贫困　促进共同发展——在2015减贫与发展高层论坛的主旨演讲［N］．人民日报，2015－10－17（02）．

落实的管理体制机制、五级书记一起抓扶贫的责任制、全社会共同参与的帮扶体制。在脱贫攻坚责任体系的建设中，中央一级负责在宏观层面上制定大政方针、出台相应的重大决策、完善体制机制、规划实施重大项目、协调全局等，省级党委和政府对本地区脱贫攻坚工作负总责，做好动员和监督考核工作，保证责任制的有效落实。脱贫攻坚战需要从根本上解决两大难题，首先是扶贫开发政策要针对性和有效性地开展，其次要界定扶贫工作中中央和地方的事权，在合理有效的安排中提高各个层级参与主体的主动性和积极性，发挥中央和地方的积极性，实现高效协同的体制机制。省、市、县、乡、村五级书记一起抓扶贫指的是加强领导，发挥各级党委协调各方、总揽全局的作用，提供坚强的政治保证。五级书记抓扶贫促脱贫的模式是打赢脱贫攻坚战的关键点之一，前期主要做好充实一线扶贫工作队伍、培养锻炼干部，并在实践中发挥干部的积极性，对驻村干部、农村基层干部、第一书记进行有效帮扶，帮助他们解决实际问题。

（三）中国特色脱贫攻坚体系的形成

针对贫困地区贫困发生原因的不同，针对不同的情况分类实施政策，主要表现为实施“五个一批”的精准扶贫。

一是发展生产一批。发展生产是从贫困的源头中解决贫困，是帮助贫困地区脱贫致富直接且最为有效的方式，有助于增强贫困地区的韧性，从长远角度帮助贫困地区群众脱贫，引导贫困地区根据本地区发展的特色发展，走出适合自己的发展模式。在扶贫过程中鼓励支持电商、光伏、旅游等产业扶贫，帮助困难群众解决就业难题。除此之外，对劳动密集型产业进行转移，提升贫困地区发展的内生驱动力，形成初具规模的特色产业优势，形成以特色农产品品牌、龙头企业等扶贫主导产业，在此基础上，扎实推进产业帮扶、科技扶贫，推广先进技术，建立完善创业致富带头人带头机制，鼓励贫困群众发展产业实现财富增收。

二是易地搬迁一批。结合贫困地区所处的环境，对于自然环境恶劣、自然灾害频繁发生的地区实施易地扶贫搬迁，对于外部生存环境条件极差的地区难以实现就地脱贫，在易地扶贫搬迁的过程中，要尊重群众意愿，加强思想引领，坚持自愿的原则，有计划地稳步开展实施搬迁计划，确定合理的搬迁规模。搬迁后的旧宅进行复垦复绿，改善迁出地区的生态环境，对迁入地制造更多的就业机会，加强迁入地区景点配套设施等建设，保障迁入人口维持稳定收入，确保逐步致富。

三是生态补偿一批。把生态文明建设理念融入贫困地区产业发展中，避免经济发展所带来的生态环境破坏，践行“两山论”的理念，在此基础上要加大对贫困地区生态环境修复、保护的力度，增加重点生态功能区的转移支付，贫困群众在保护环境中发挥主观能动性，提高其参与国土绿化、退耕还林还草等生态工程的建设，在保护生态前提下发展经济林种植、生态旅游产业，既拓宽了群众收入的渠道，也能够改善和保护贫困地区生态环境，实现脱贫路上的“双赢”。

四是发展教育脱贫一批。教育扶贫，坚持“再穷不能穷教育，再穷不能穷孩子”的理念，努力让每个孩子都有学习知识的机会，基于此，持续提升贫困地区对教育的保障能力，从学校、师资、资助角度出发，有针对性且有效地解决贫困家庭辍学问题，保障适龄少年儿童的义务教育，提高贫困家庭学生接受高等教育的机会，实施定向招生等倾斜政策，拓展学生纵向流动渠道。

五是社会保障兜底一批。对于特殊贫困群体，实施兜底保障政策，是特殊的、有针对性的扶贫脱贫路径，兜底是通过保障让贫困地区人口达到脱贫标准的要求，而在达到脱贫标准要求后需要通过自身努力实现收入持续增加，除此之外加大其他形式的社会救助，加强农村地区最低生活保障。综上所述，“五个一批”的实施体现了以习近平同志为核心的领导集体在脱贫攻坚战中做出的精准判断，为精准脱贫提供有效路径。

三、党的十八大以来中国共产党精准扶贫成就

在中国共产党的领导下，脱贫攻坚战的胜利如期实现，贫困地区面貌发生深刻的变化，人民生活水平得到显著提高，进一步拉近党群距离，“历史和现实都告诉我们，只要毫不动摇坚持和加强党的全面领导，不断增强党的政治领导力、思想引领力、群众组织力、社会号召力，永远保持党同人民群众的血肉联系，我们就一定能够形成强大合力，从容应对各种复杂局面和风险挑战”①。根据国家统计局统计，现行贫困标准②下，从 2012 年党的十八大召开到 2020 年，我国农村贫困人口累计减少 9899 万人（见图 5－1），年均减贫 1237 万人，贫困发生率年均下降 1.3 个百分点，贫困群众生活水平得到显著改善。从农村居民人均可支配收入年收入看，贫困地区年均实际增长 9.2%，超过全国范围农村居民人均可支配收入 2.2 个百分点③。2021 年 2 月 25 日，国家脱贫攻坚普查领导小组办公室和国家统计局发布的“国家脱贫攻坚普查公报”显示，贫困地区的通硬化路、通

---

① 习近平在全国抗击新冠肺炎疫情表彰大会上的讲话［N］. 人民日报，2020－09－08（01）.

② 现行农村贫困标准是指农村居民每人每年生活水平在 2300 元以下（2010 年不变价）。

③ 脱贫攻坚战取得全面胜利　脱贫地区农民生活持续改善——党的十八大以来经济社会发展成就系列报告之二十［N］. 中国信息报，2022－10－26（01）.

动力电以及通信信号覆盖行政村比例分别为99.6%、99.3%和99.9%。[①] 我国人民在美好生活的创造上迈出了坚实的一步，在新生活、新奋斗的起点上继续向乡村振兴、共同富裕大踏步地前进。

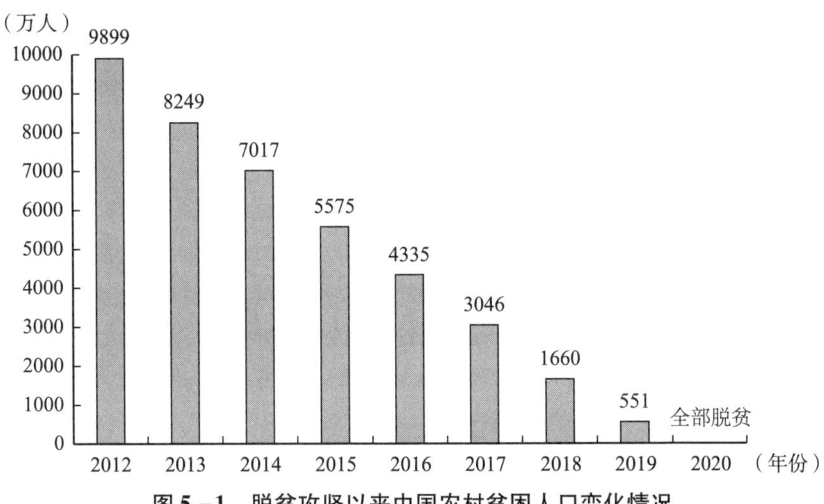

图5－1 脱贫攻坚以来中国农村贫困人口变化情况

资料来源：中华人民共和国国务院新闻办公室．《人类减贫的中国实践》白皮书［M］．北京：人民出版社，2021：14.

（一）贫困地区面貌发生历史性巨变

贫困地区人民群众生活水平显著提升。脱贫攻坚战的胜利，贫困地区经济持续快速的发展，极大推动贫困地区潜力的释放，增加了贫困人口的收入、提升了人民群众的福利水平。其中贫困地区人口人均可支配收入，由2013年的6079元增长到2020年的12588元（见图5－2），年均增长11.6%，增速高于全国农村地区2.3个百分点[②]，贫困地区人口的自主收入稳步提升，在少数民族地区成效更为显著。住房、医疗、教育、饮水、居住环境等条件显著改善，满足人民基本需要的同时，为接续发展奠定坚实基础，改变了贫困群众的生活面貌。

① 国家统计局国家脱贫攻坚普查领导小组办公室．国家脱贫攻坚普查公报（第四号）：国家贫困县基础设施和基本公共服务情况［J］．中国统计，2021（2）：10.

② 中华人民共和国国务院新闻办公室．《人类减贫的中国实践》白皮书［M］．北京：人民出版社，2021：15.

图5-2 贫困地区农村居民人均可支配收入

资料来源：中华人民共和国国务院新闻办公室.《人类减贫的中国实践》白皮书［M］.北京：人民出版社，2021：16.

贫困地区“两不愁、三保障”全面实现。在贫困地区全面实现不愁吃、不愁穿，吃得饱而且吃得好，贫困地区人口受教育机会明显增多，贫困家庭受教育程度得到显著改善，其中贫困家庭子女接受义务教育，在义务教育阶段辍学问题得到解决、动态清零。习近平总书记指出：“永远保持同人民群众的血肉联系，始终同人民想在一起、干在一起，风雨同舟、同甘共苦，继续为实现人民对美好生活的向往不懈努力，努力为党和人民争取更大光荣。”① 密切联系人民群众作为我们党最大的政治优势，中国共产党始终同人民休戚与共，处理好党和人民群众的关系、与人民建立深刻的联系，不容许把党和人民分割开来。在医疗卫生保障方面，完善县乡村医疗卫生服务体系，解决看病难、看病贵的难题，对贫困地区的危房进行改造，保障贫困人口的住房安全，巩固提升农村饮用水安全及工程的建设，提高贫困地区自来水的普及率。不断完善贫困地区的网络通信基础设施，借助一根网线使特色农产品飞出大山，优质教育、医疗等资源走进农村，以“网络覆盖”“农村电商”“网络扶智”“信息服务”“网络公益”五大工程为主要内容的“网络扶贫行动计划”的实施，给越来越多的贫困群众插上了脱贫致富的翅膀。图5-3为网络扶贫大数据。

① 习近平.在庆祝中国共产党成立100周年大会上的讲话［N］.人民日报，2021-07-16（01）.

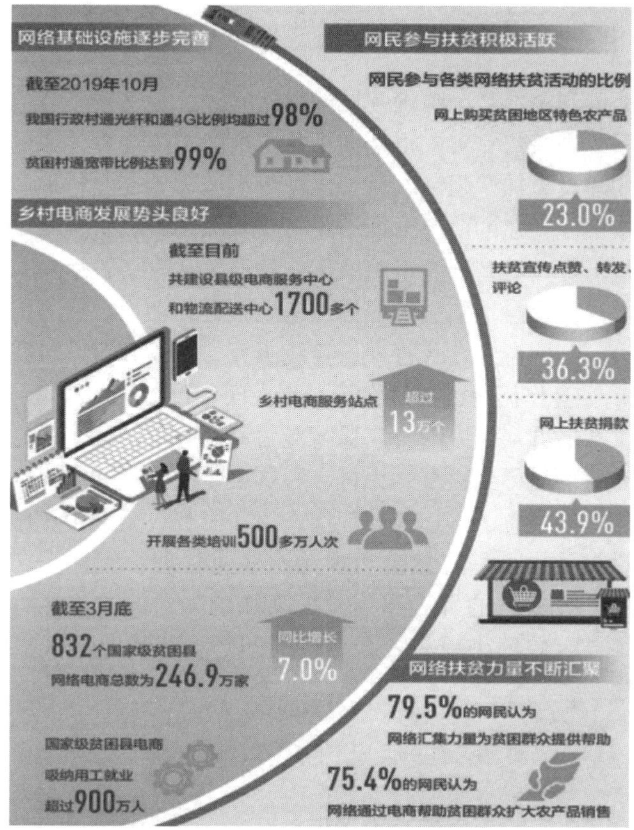

图 5－3　网络扶贫大数据

资料来源：顾仲阳，常钦．插上网络翅膀　汇聚扶贫力量（决战决胜脱贫攻坚·大数据观察）[N]．人民日报，2020－06－10（07）．

脱贫地区群众的精神面貌焕然一新。脱贫攻坚战的胜利，不仅是物质层面的胜利，而且是一场深刻的思想斗争，不仅提高了贫困地区人民群众的生活水平、当地的基础设施建设，也唤醒了贫困群众精神层面的建设，在精神层面的脱贫攻坚也取得胜利，得到充实和升华，脱贫地区人民群众的变化是由内而外，振奋和重塑着人民群众自力更生、勤劳奋斗、创优争先的精神品格。除此之外，贫困地区文明新风得到广泛弘扬，主要体现在生活层面上简朴节约、讲究卫生，建设层面的绿色环保、扶危济困、救弱助残，对特殊困难群体采取特殊政策，加大对他们的帮扶力度，保障生存权利、提高发展机会，逐步形成新时代乡村文明新风气。

（二）贫困地区基层治理能力显著提升

脱贫攻坚战胜利是在贫困治理领域的成功实践，脱贫攻坚战的胜利促进了国家贫困治理体系的进一步完善，也推动了贫困地区基层治理体系的完善。农村地区基层党组织的建设更加坚强，农村基层党组织作为党在农村地区工作和战斗力的基础，在严格把控党建的前提下推动脱贫攻坚战的胜利，选派第一书记深入贫困地区，形成一批优良的基层党组织队伍，党群关系密切，使党在农村的执政基础更加牢靠。基层群众自治基层治理更加有效且更具活力，有力推动贫困地区基层民主政治建设，贫困群众自我管理、自我服务、自我教育、自我监督水平不断提升，村（居）委会作用得到更好发挥，重大问题进行民主决策解决，脱贫攻坚战的胜利提高了基层群众组织的自我保障能力和服务贫困群众的意识水平。贫困地区社会治理能力明显得到提升，为打赢脱贫攻坚战，党和政府为贫困地区带来了人才、先进的发展理念、科学的管理模式，在脱贫攻坚战中实施行之有效的制度体系和方法措施，推动基层社会治理的网络化管理、信息化支撑和精细化服务，开辟了新的开放共享的发展路径，提高社会治理的法治化、智能化、社会化、专业化水平，有效解决预防社会矛盾的问题，使贫困地区整体社会环境和谐、稳定且有序。

（三）为全球贫困治理贡献中国智慧

党的十八大以来，在贫困地区实施精准扶贫、精准脱贫政策，形成具有中国特色的减贫道路，既为全球减贫进程做出重要贡献，也为世界减贫贡献中国方案和中国智慧。中国特色的减贫道路，是在中国共产党的领导下，结合全球化背景下以及中国社会主义现代化建设进程，以经济发展带动、提升扶贫对象自我发展能力作为根本途径，把政府主导、社会帮扶和农民主体作用融合在一起，动员全体社会的力量，开展普惠性政策和特惠性方案相结合，实施专项扶贫、行业扶贫和社会脱贫有效联动，并在完成脱贫攻坚战的基础上，做好与乡村振兴的有效衔接。中国在完成脱贫攻坚任务的同时，积极开展国际合作。改革开放以来，我国减贫合作实现了从“引进来”到“再走出去”的转变，消除贫困作为人类命运共同体建设的重要目标和中国特色扶贫道路的正确验证，有效推动中国和世界其他国家开展国际减贫合作。在深入开展减贫合作的过程中，中国提供各项减贫援助、加强经验分享、积极参与全球贫困治理，并在 2015 年后发展议程国际研讨会上，强调“将消除贫困和实现共同发展作为中心任务”。

第三节　精准扶贫对马克思反贫困思想的继承与发展

贫困问题作为世界的核心议题，是各国政府和国际组织都在关注的话题，但是不同的国家对贫困的理解和界定有较大的差异，应对贫困乃至解决贫困问题，是与政府的治理能力和治理水平密切相关，对贫困的认识、贫困政策的制定和如何激发群众内在驱动力是摆脱贫困的关键。在中国共产党带领下，中国各族人民汇聚社会各方面力量齐心协力同贫困做长期艰苦卓绝的斗争，走出了一条具有中国特色的扶贫之路，为全面建成小康社会，奋进社会主义现代化建设的新征程打下坚实基础。在《联合国千年宣言》和《2030 年可持续发展议程》下，中国和世界人民一起，携手推进国际减贫进程，并为世界减贫贡献中国方案和中国智慧，致力于推动人类命运共同体的构建。

一、中国特色反贫困理论是对马克思主义反贫困理论的继承与发展

党的十八大以来所实施的精准扶贫方略，是对中国特色反贫困理论的丰富和发展，更是对马克思主义反贫困中国化进程的接续奋进。马克思在《〈《黑格尔法哲学批判》〉导言》中说："哲学把无产阶级当作自己的物质武器，同样，无产阶级也把哲学当作自己的精神武器。"[①] 马克思主义作为无产阶级革命实践中的科学理论，始终代表广大人民群众的根本利益，具有鲜明的阶级性和科学性。习近平同志在纪念马克思诞辰 200 周年大会上的讲话中指出，"社会上占统治地位的理论大都是为了维护统治阶级的利益，更好地服务于统治阶级对人民的剥削和压迫。马克思第一次站在人民的立场探求人类解放的道路，以科学的理论为最终建立一个没有压迫、没有剥削、人人平等、人人自由的理想社会指明了方向。"[②] 马克思反贫困理论是基于资本主义对工人阶级剥削制度分析的前提下，探讨工人阶级贫困根源，并为工人阶级摆脱贫困指明了方向，即消灭资本主义剥削制度。马克思反贫困理论是从无产阶级和广大人民群众的利益出发，站在人的全面自由发展的立场上提出的，指出只有在无产阶级带领下推翻资本主义社会，进而建立共产主义社会，才能从自在阶级成长为自为阶级，自觉地组织起来改变被剥削的现状，改变全人类的命运，最终摆脱贫困。中国在中国共产党的领导下

---

① 马克思恩格斯选集（第 1 卷）[M]. 北京：人民出版社，1972：15.

② 习近平. 在纪念马克思诞辰 200 周年大会上的讲话 [N]. 人民日报，2018 - 05 - 05（02）.

实现脱贫攻坚战的胜利是对马克思反贫困理论的最好论证。

二、坚持走社会主义的反贫困道路

马克思主义反贫困理论认为制度是导致无产阶级贫困的根源，只有建立与资本主义剥削制度及建立在这一制度上的生产方式相区别的社会主义制度，才能有效地消除贫困、改善民生。

新中国成立之初，以毛泽东同志为主要代表的中国共产党人立足中国实际，坚定不移地走社会主义道路，并在社会主义“三大改造”完成后确立了社会主义制度。改革开放时期，以邓小平同志为核心的第二代中央领导集体，从我国社会实践和社会建设的实际出发，指出“只有社会主义才能有凝聚力，才能解决大家的困难，才能避免两极分化，逐步实现共同富裕。”[①] 进入 21 世纪以来，以江泽民同志为代表的第三代中央领导集体和以胡锦涛同志为总书记的党中央，坚持“三个代表”、科学发展观重要思想，继续推进我国经济健康持续发展，为我国脱贫事业做出重要贡献。党的十八大以来，以习近平同志为核心的党中央，坚持改善民生并把实现共同富裕作为我国经济社会发展的出发点和落脚点，提出精准扶贫开发的重要国家战略并做出重要的战略部署。党的历代领导集体在反贫困的伟大实践中，坚持初心，牢记使命，把消除贫困作为重要工作和发展目标，是对马克思主义反贫困理论在社会主义社会中的生动实践，是对反贫困实践的不断发展和深化。

贫困的产生和存在与生产力发展程度密切相关。社会主义制度的建立为消除贫困提供了前提条件，但是社会主义制度的建立并不意味着贫困问题的消失，马克思主义反贫困理论中除了对制度变革的深刻阐述外，还有对消除贫困路径的表达。马克思和恩格斯在《德意志意识形态》中指出，“只有在现实的世界中并使用现实的手段才能实现真正的解放；没有蒸汽机和珍妮走锭精纺机就不能消灭奴隶制；没有改良的农业就不能消灭农奴制；当人们还不能使自己的吃喝住穿在质和量方面得到充分保证的时候，人们就根本不能获得解放。”[②] 即通过发展生产力消除贫困，并为人的全面自由发展奠定重要基础，正如邓小平指出，“落后国家建设社会主义在开始的一段时间内生产力水平不如发达的资本主义国家，不可能完全消灭贫穷。所以，社会主义必须大力发展生产力，逐步消灭贫穷，不断

① 邓小平文选（第 3 卷）[M]. 北京：人民出版社，1993：357.
② 马克思恩格斯文集（第 1 卷）[M]. 北京：人民出版社，2009：527.

提高人民的生活水平。”① 邓小平同志不断进行总结，进而有了社会主义的本质的正确认识，即解放生产力，发展生产力，消灭剥削、消除两极分化，最终实现共同富裕。随着中国进入新时代，提出高质量发展的战略，在此基础上改善民生，实现共同富裕，提出质和量的共同发展。

习近平同志指出，“我们要勇于全面深化改革，自觉通过调整生产关系激发社会生产力发展活力，自觉通过完善上层建筑适应经济基础发展要求，让中国特色社会主义更加符合规律地向前发展。”② 马克思反贫困理论体现了对生产力发展的要求，党的十八大以来新发展理念和供给侧结构性改革的提出，体现出对生产力高质量发展的高度重视。中国共产党是马克思主义的政党，代表着人民群众的根本利益，代表着先进生产力的发展要求，以习近平同志为核心的中央领导集体，从贫困地区面临的实际问题出发，坚持问题导向，提出精准扶贫的重大战略，并把精准扶贫作为贫困治理的重要举措，开启了大范围、大规模的扶贫工作，解决了区域性的整体贫困，做到了脱真贫、真脱贫。精准扶贫理论是对马克思主义反贫困理论的继承与发展，是中国共产党反贫困进程中的重要理论成果，具有实践性、科学性和时代性。

---

① 邓小平文选（第3卷）［M］. 北京：人民出版社，1993：10.

② 习近平. 在纪念马克思诞辰200周年大会上的讲话［N］. 人民日报，2018-05-05（02）.

第六章

中国共产党领导反贫困斗争的基本经验

中国共产党自成立之日起，努力探索适合中国实际的反贫困斗争理论与实践，一百多年来，中国共产党所领导的反贫困斗争取得了历史性成就，完成了脱贫攻坚、全面建成小康社会的历史任务，实现了第一个百年奋斗目标，在实践中形成了极具特色的成功案例，彰显出中国共产党所领导反贫困斗争的创新及其蕴含的时代价值，凝练形成了中国共产党领导反贫困斗争的基本经验。

第一节　中国共产党领导反贫困斗争的成功案例

中国共产党领导的反贫困斗争，把扶贫开发摆到治国理政的重要位置，上升到事关全面建成小康社会、实现第一个“百年”奋斗目标的新高度。在反贫困伟大实践中，中国共产党发挥了坚强的核心领导作用，推动我国脱贫攻坚战取得了全面胜利，完成了消除绝对贫困的艰巨任务。在波澜壮阔的脱贫攻坚伟大实践中，涌现出一批政治坚定、表现突出、贡献重大、精神感人的杰出典型，奋战在乡村振兴新战场，形成了丰富且成功的案例，大致可分为党组织领导扶贫、教育扶贫、产业扶贫、生态扶贫等成功案例，这些生动典型的成功案例，感人至深、催人奋进，彰显出中国共产党的领导和社会主义制度集中力量办大事的显著政治优势。他们是我们新时代的“英雄”，是我国脱贫攻坚战场上最忘我的战士，历史终将铭记他们以及全国300多万名驻村干部、第一书记和数百万扶贫工作者的无私付出和奉献。

一、党组织领导扶贫案例①

党的领导是开展反贫困斗争的组织和领导力量。中国共产党所领导的反贫困斗争中，无数基层党组织和党员干部始终发挥先锋模范带头作用，处处体现出党的强大组织力，推动反贫困斗争不断向前发展。中国共产党领导反贫困斗争发挥基层党支书的带头作用，展现出强大的组织力和动员力。

（一）党员干部带领群众脱贫致富的探索和实践

在脱贫攻坚战中，党员干部各展其能，勇担重任，带领乡亲们进行脱贫致富的探索和实践。他们用真情、实干、担当的精神，以自己的行动和贡献诠释了“初心不改、使命必达”的价值追求。为此，党中央、国务院决定授予毛相林等10名同志，河北省塞罕坝机械林场等10个集体“全国脱贫攻坚楷模”荣誉称号，他们是全国各地专职扶贫干部和贫困地区脱贫的杰出代表，也是脱贫攻坚战中最可爱的人。

毛相林是一位充满担当的村党支部书记，勇于挑起改变村庄贫困状态的重任。他带领下庄村乡亲们以“愚公移山”的精神，历经多年艰辛，在绝壁上凿出了一条8000米长的“绝壁天路”，并带头引路，帮助村民大胆探索。他还发展了柑橘、桃、西瓜等水果产业，培育出特色产业和乡村旅游，深入推进移风易俗，提振信心士气。毛相林不忘初心和使命，真抓实干，用生动火热的实践铸就了感人至深、催人奋进的“下庄精神”。

刘虎是新疆喀什地区伽师县水利局党组副书记和局长，他一直坚持以人民为中心的发展思想，致力于解决当地民众的用水问题，满足他们的需求和期待。他的工作目标是确保贫困人口的饮水安全，解决因水致病、因病致贫的问题。在伽师县城乡安全工程一线，他身患肺癌仍带领团队坚守岗位，不断奋斗，直至2020年5月，这项涵盖47万各族群众的饮水工程全面通水并正式启用。这项工程为群众带来了“安全水”，让过去需要饮用苦咸水的日子一去不复返。

张小娟主动放弃在北京的工作，毅然决定回到甘肃省甘南藏族自治州舟曲县贫困的家乡。被誉为“藏乡好女儿”“群众知心人”的她深知家乡贫困的现状，遍访了舟曲县全部208个村的贫困户，了解群众的需求并帮助他们解决困难，将年仅34岁的生命定格在了下乡扶贫途中。截至2018年底，舟曲县的贫困发生率

---

① 国务院扶贫开发领导小组办公室．关于全国脱贫攻坚总结表彰党中央、国务院荣誉称号拟表彰对象的公示［EB/OL］. 2021－02－12，https：//www. ccdl. gov. cn/toutiao/202102/t20210213_235946. html.

已从2015年底的18.24%下降至6.31%。

姜仕坤在担任贵州省晴隆县委书记6年多的时间里，他痴迷于探索晴隆的精准脱贫之路，带领该县干部群众以山地经济为引领，积极发展特色产业并培育出“晴隆羊”等具有自主知识产权的新品种。他还推动当地山地旅游的发展，实现了从无到有的突破。在2012年到2015年期间，晴隆共减少贫困人口8.28万人，贫困发生率下降27.1个百分点，而农村居民人均可支配收入在2010年基础上翻了一番。

黄文秀是新时代优秀青年的代表，北京师范大学研究生毕业后她毅然放弃有机会在大城市工作赚高薪的机会，义无反顾地回到家乡广西百色并担任驻村第一书记。她以实际行动回报家乡、心系故里，展现了扶贫路上的担当精神和为民情怀。她勇敢地挑起了全村脱贫的重任，带领村民通过跑项目、找资金、请专家等方式，大力发展产业，最终实现了全村整体脱贫。而年仅30岁的她却在扶贫途中遭遇山洪因公殉职。她的事迹让人们铭记，展现了巾帼不让须眉的精神。

（二）党建引领扶贫开发的生动实践案例

习近平总书记《在中央扶贫会议上的讲话》中指出，“抓好党建促脱贫攻坚，是贫困地区脱贫致富的重要经验”“帮钱帮物，不如帮助建个好支部”[①] 在脱贫攻坚战中发挥战斗堡垒作用。

中共福建省寿宁县下党乡委员会。20世纪80年代，下党乡的生产生活条件十分困苦，人均年收入不足200元。但是，在脱贫攻坚战中，下党乡党委坚持以党建引领、因地制宜、精准扶贫、依靠群众等方针，感恩奋进、埋头苦干，走出了一条具有闽东特色的乡村振兴之路。他们创新扶贫定制茶园，帮助茶农户均年增收8000元以上。同时，他们还创建了“下乡的味道”农产品公共品牌，建立了“公司+合作社+农户”的共建共享机制。到2020年，全乡人均可支配收入提升到17289元，10个行政村村集体经济收入均达到10万元以上。此外，中共福建省寿宁县下党乡委员会还开展美丽乡村建设和中国传统村落保护，并发展了民宿等旅游业态，涵盖了56家，吸引游客和学员20多万人次，实现旅游综合收入超过2600万元。

江西省瑞金市叶坪乡。叶坪乡是共有7个贫困村的江西省的一个乡镇，其中建档立卡的贫困人口达2308户、8908人。自脱贫攻坚战打响以来，叶坪乡始终坚持以脱贫攻坚为主线来统筹经济社会发展全局。他们秉承红色基因和苏区干部

---

① 中共中央党史和文献研究院．习近平扶贫论述摘编［M］．北京：中央文献出版社，2018：42.

优良作风，勇担实干重任，全力以赴，不遗余力。叶坪乡推行“党建＋精准扶贫”模式，全乡创办并领导致富带富项目124个，建立了16个党员创业基地，帮助780户贫困户实现了就业。在精准扶贫方面，他们创新了“五个一”管理模式，实现了“识别精准、管理精准、帮扶精准”，是精准扶贫的佳例。在健康扶贫方面，他们率先探索出贫困人口商业补充医疗保险，筑起了健康扶贫“第四道保障线”，保障了健康扶贫工作的顺利进行。在产业扶贫方面，他们实施了“五个一”计划，在万亩蔬菜、万亩脐橙、万亩白莲、十万生猪和百万蛋鸡等方面实现了“五个万”大规模产业扶贫。

湖南省花垣县双龙镇十八洞村。习近平总书记2013年在十八洞村首倡开展“精准扶贫”之后，该村两委班子坚持一户一策、精准帮扶，在就业扶贫、产业发展、兜底保障、互帮互助等方面精准发力，于2016年成为湖南省第一批摘帽的贫困村。同时，十八洞村坚持党建引领、筑牢根基，探索了“党建引领、互助五兴”农村基层治理新模式。他们因地制宜、壮大产业，先后形成种养、苗绣、劳务、旅游、山泉水五大产业体系；他们坚持开放交流、互学互鉴，成为中国精准扶贫对外交流的窗口。2013～2020年，该村的村民人均纯收入从1668元增长到18369元，而村集体经济的收入也从零到突破200万元。

宁夏回族自治区永宁县闽宁镇。自1997年4月闽宁两省区负责同志共同商定，将西海固不宜生存地区的贫困群众吊庄搬迁到银川河套平原待开发的地区并命名为“闽宁村”的23年来，闽宁两省区干部群众引企业、育产业、惠民生，形成了特色种植、特色养殖、光伏产业、劳务产业、旅游产业等特色产业格局，让干沙滩变成了金沙滩和移民示范镇，移民年人均可支配收入由搬迁之初的500元跃升到2020年的14960元，村集体经济收入超过了600万元，走出了一条东西协作的脱贫之路、产业支撑的致富之路、生态优先的发展之路、民族团结的和谐之路。

二、教育扶贫案例

教育扶贫是彻底稳定脱贫的重要推手。普及教育是彻底稳定脱贫的关键推动力，其通过在农村广泛普及教育，让农民有机会获得他们所需的教育，从而提高思想道德意识和获得先进的科技文化知识，以获得更加高质量的生活。2013年7月教育部等7部门联合印发了《关于实施教育扶贫工程的意见》，把教育扶贫作为扶贫攻坚的优先任务，要求在集中连片特困地区着力加强基础教育、职业教育、高等教育、学生资助、教育信息化建设等工作，全方面、多元化落实“治贫先治愚”工作方针；2015 年 11 月中共中央、国务院发布文件《关于打赢脱贫攻坚战的决定》，提出将教育扶贫作为“阻断贫困代际传递”的重要手段，进一步明确了教育扶贫的重要地位；此后我国陆续发布多个要求教育资源向贫困区倾斜的文件。根据国家脱贫攻坚普查公报的数据显示，我国教育扶贫事业取得了显著成效，义务教育方面，有小学的乡镇比重 98.5%，有小学（教学点）的行政村比重 47.7%；所有的县均有初中，有初中的乡镇比重 70.3%。① 此外，从 2015 年到 2020 年 11 月 30 日，全国义务教育阶段辍学学生由约 60 万人降至 831 人，其中 20 万建档立卡辍学学生实现动态清零。② 我国贫困地区义务教育薄弱学校基本办学条件取得巨大改善，“全面改薄”工程自 2013 年 12 月启动实施以来，规划新建、改扩建校舍约 2.2 亿平方米，购置教育仪器设备约 1066 亿元，惠及全国 2600 多个县的近 22 万所义务教育学校。还有每年约 3700 万农村学生享受营养补助。③

教育扶贫的目的是为了改善和保护自然环境，同时也是为了提高人们的素质以实现脱贫，营造出扶贫、扶志、扶智的环境，解决人们素质问题，从而转变一些贫困群众的“等、靠、要”想法，引导穷困的农民家庭主动发展致富。

张桂梅扎根边疆教育一线 40 余年，推动创建了我国第一所公办免费女子高中，12 年共帮助 1800 多名女孩通过学习走出山区、实现大学梦想。尽管身患绝症，她仍拖着病体坚守在三尺讲台，形成了“党建统领教学，革命传统立校，红色文化育人”的特色教学模式，把革命精神、爱国情操、红色基因融入孩子们的血液，代代相传。④

夏森非常关注贫困地区的教育事业，作为中国社会科学院原外事局研究员的她省吃俭用，一直过着艰苦朴素的生活，却用积攒下来的全部 203.2 万元资金改善贫困乡村学校的教学条件，其中包括设立 100 万元的“夏森助学金”，目前她已经资助了 182 名贫困大学生实现了他们的“大学梦想”。⑤

毕节试验区采用多种方式，如扶贫和扶志相结合、授人以鱼和授人以渔相结合，以及物质援助和精神鼓励相结合等，从根本上解决了贫困人口对于“等、靠、要”的依赖心理，引导他们树立“宁愿努力干、不愿受苦熬”的态度，通过自己的努力改变命运。其通过建立“新时代农民讲习所”在全国率先探索，打通了教室与现场、老师与学生、理论与技术、思想和实践之间的界限，增强了党

① 国家统计局，国家脱贫攻坚普查领导小组办公室．国家脱贫攻坚普查公报（第二号）［N］．人民日报，2021-02-26（05）.

② 陈锡文，韩俊．中国脱贫攻坚的实践与经验［M］．北京：人民出版社，2021：294.

③ 教育部课题组．深入学习习近平关于教育的重要论述［M］．北京：人民出版社，2019：98.

④⑤ 全国脱贫攻坚楷模名单（10 名个人）［N］．新京报，2021-02-26（A04）.

组织的号召力和影响力。此外，该试验区注重发挥先进典型的引领作用，涌现出一大批为改变家乡贫困面貌、推动脱贫攻坚的好干部。这些人锤炼了“坚定信念、艰苦创业、求实进取、无私奉献”的试验区精神，展示了自强不息、自力更生的气质和志向。在这种底气、骨气和志气的支持下，毕节试验区由原来“不适宜人类居住”的地方，华丽地转变为与全国同步小康的地区。①

此外，还有贵州省湾寨县开展的“爱心助学”活动、中央政府实施的“农村义务教育经费保障机制”、在中国各地推广的“四好农村路”计划、中央和地方政府共同实施的“免费午餐计划”、“中国扶贫基金会”发起的“阳光行动”手把手帮扶计划等等，在帮助贫困地区解决物质困难的同时，更注重提供精神方面的支持和帮助，帮助孩子们克服贫困带来的心理障碍，让他们更加自信和勇敢面对未来。

三、产业扶贫案例②

产业扶贫是一种具有内生发展机制的策略，是指以市场为导向、以经济效益为核心、以产业发展为支点的扶贫开发过程。旨在通过促进贫困个体（家庭）与贫困区域的协同发展，根植发展基因，激活发展动力，从根本上阻断贫困发生的动因。实施产业扶贫是促进贫困地区发展、提高贫困农户收入的有效途径，也是扶贫开发的战略重点和主要任务，是推进反贫困事业的重要手段。

白晶莹积极推进蒙古族刺绣非物质文化遗产的传承保护和创新发展，筹划建立了国内最大的蒙古族刺绣扶贫工场等。她无偿地设计制作出 1072 件刺绣产品和 7000 余张刺绣图案，免费提供给广大绣工及返乡就业大学生使用；她构建了“企业 + 协会 + 基地 + 农牧户”的产业运营模式，逐步完善了蒙古族刺绣产业的组织结构；她带动了科尔沁右翼中旗 2. 6 万名妇女加入蒙古族刺绣产业，帮助贫困地区的农牧民妇女开辟出一条致富之路。③

安徽省金寨县花石乡大湾村是大别山革命老区的一座重点贫困村，2014 年该村的贫困发生率高达 29. 12%。自脱贫攻坚战开展以来，大湾村依托于“山上种茶、家中迎客”的特色产业，探索出了一条适合大别山革命老区的脱贫致富之路。到 2018 年，大湾村已经高质量成功脱贫摘帽。人均可支配收入由 2015 年的

① 贵州省国家治理现代化地方实践智库课题组．贫困地区脱贫攻坚的生动典型［N］．光明日报，2022 - 07 - 20（06）．

② 全国脱贫攻坚楷模名单（10 个集体）［N］．新京报，2021 - 02 - 26（A06）．

③ 全国脱贫攻坚楷模名单（10 名个人）［N］．新京报，2021 - 02 - 26（04）．

7120元增长到2019年的14236元。大湾村易地扶贫搬迁让村民们住进了新房子，共建成了4个安置点，为129户439人提供了居所，其中62户201人是贫困群众；借助茶叶资源的独特优势，大湾村种植了50.8亩的有机茶园，让村民做起了采茶工，带动当地32人就业，户均年收入增加7000元以上；开发民宿旅游、十里漂流等项目，大湾村让本地村民真正吃上了“旅游饭”，村里环境越来越美、日子越来越好。

四川省凉山彝族自治州昭觉县三岔河乡三河村位于大凉山腹地，曾经深受贫困之苦，主要依靠玉米、土豆种植为生，贫困发生率高达46.47%。为了脱贫致富，三河村在脱贫攻坚战中积极开展种养业和文旅产业发展。全村共种植3300亩土豆，使贫困户户均增收2500元以上；种植1500亩花椒，户均增收15000元以上。为了进一步提高贫困户的收入，三河村采取了发放产业扶持周转金等帮助贫困户养殖家禽、能繁乌金母猪、西门塔尔牛等措施，依靠传统优势积极发展养蜂业，现已形成5000箱规模；瞄准核桃、云木香等特色产业进行发展，建立起旅游合作社，为乡村振兴奠定了坚实基础。

陕西省绥德县郝家桥2014年有236户、548人被建档立卡认定为贫困人口，贫困发生率高达30.7%。但是，在脱贫攻坚战的推进下，郝家桥村积极适应时代发展，努力拓展新的经济增长点，努力成为“排头兵”。村庄建设了2000亩山地苹果生态果园、20座日光温室大棚和40座拱棚、3000只湖羊养殖场和2300头生猪养殖场，以及总规模达到500千瓦的光伏产业，同时还建立了包括小学幼儿园、互助幸福院、村服务中心和村卫生室等村服务体系，积极发展红色旅游和乡村旅游，形成了一个集现代农业、光伏发电和乡村旅游为一体的产业体系，为贫困群众提供了多种帮助，实现了多渠道增收。截至2020年底，全村贫困人口全部脱贫，人均可支配收入达到11543元。

国网西藏电力有限公司农电工作部成功完成了西藏青藏、川藏、藏中3条“电力天路”的建设，为世界屋脊区域提供了一个可靠的“民生网”“幸福网”“光明网”。阿里联网工程的完成，彻底结束了阿里地区孤网运行的历史，为西藏进入统一电网新时代奠定了基础。他们完成了833个易地搬迁扶贫点和4807个扶贫产业项目的配套电网建设任务，保障了1.98万人的安全稳定用电；他们派出驻村工作队，共计1222人组成的189支队伍前往41个贫困村进行帮扶工作；他们投入1100万元帮扶资金，大幅改善当地基础设施和公共服务条件，带动了4383名群众脱贫。他们不仅发挥了行业作用，还积极履行社会责任。

青海省班彦村在2015年底时全村人均纯收入仅为2600元，村集体经济甚至为零。但自脱贫攻坚战开启以来，班彦村紧紧围绕脱贫致富的总体目标，积极探索符合自身实际的产业发展之路，并将发展生产与促进就业、完善基本公共服务等方面相结合，同时注重保护民族区域文化特色风貌。2017 年 3 月，班彦村完成了整体搬迁，年底实现整村脱贫。在多年的发展中，班彦村形成了乡村旅游为主线引领，同时盘绣制作、酩馏酒酿造、光伏发电、特色养殖等多个致富产业融合、不断推广发展的良好局面。如今，在村民们的共同努力下，班彦村已经真正实现了“搬得出、稳得住、有事干、能致富”的总体目标。截至 2020 年底，全村人均收入已经达到了 11419 元，村集体经济收入也达到了 106.9 万元。

四、生态扶贫案例

生态扶贫是一种综合利用生态保护和扶贫开发相结合的扶贫模式。该模式通过实施重大生态工程建设、加大生态补偿力度、积极开展生态产业发展并创新生态扶贫方式等手段，不断增强对贫困地区和贫困人口的支持力度，帮助贫困地区在扶贫开发和生态保护之间实现良性互动，使贫困地区脱贫致富与可持续发展相协调，推动脱贫攻坚与生态文明建设两手抓、两促进，最终实现双赢局面。

河北省塞罕坝机械林场位于浑善达克沙地南缘，有着世界上面积最大的人工林场，取得了举世瞩目的生态建设成就。自建场以来，几代人响应党和国家号召，在荒漠沙地上艰苦奋斗、甘于奉献，把塞外荒原变成万顷林海，生动诠释了绿水青山就是金山银山的理念。他们大力推进荒山造林绿化，开展困难立地攻坚造林“啃硬骨头”工程，将全场近 10 万亩石质荒山全部绿化，平均造林保存率高达 95% 以上，林场森林湿地资源资产总价值达 231.2 亿元，林场主营业收入达 26.4 亿元。林场助推区域发展，带动周边 4 万多百姓受益、2.2 万名贫困人口实现脱贫。他们带领周边区域乡村游、农家乐、土特产品加工等产业逐步形成规模，每年实现社会总收入 6 亿多元；带动周边发展生态苗木基地 10 余万亩，为当地 4000 多群众提供就业机会，人均年收入达 1.5 万元。他们建成了郁郁葱葱的塞罕坝林海，成为周边群众致富的“绿色银行”，用心血、汗水和生命铸就了牢记使命、艰苦创业、绿色发展的塞罕坝精神。①

---

① 安长明．林业发展助力乡村振兴的探索与实践——以河北省塞罕坝机械林场为例［J］．河北农业大学学报（社会科学版），2022（6）：52－54.

五、科技扶贫案例

科技扶贫的目标是帮助贫困地区克服生产技术滞后和缺乏科技人才的问题，旨在加速农业脱贫进程。它代表了从单纯的救济式扶贫向依赖科学技术开发式扶贫的转变。科技扶贫的核心理念是应用适用的科学技术改革贫困地区封闭的小农经济模式，提高农民的科学文化素质和经济资源开发水平，促进商品经济的发展，推动农民脱贫致富。

中国工程院院士、菌物学家、小木耳大产业的领路人李玉，是国内食用菌产业发展战略的首倡者，创新改进了全日光栽培黑木耳等 8 项关键技术。他提出了“南菇北移”“北耳南扩”等理念。通过“科技专家 + 示范基地 + 农业技术员 + 科技示范户 + 辐射带动农户”的食用菌科技扶贫模式，探索了一条有效的脱贫之路。自 2012 年以来，李玉与团队到全国 40 多个深度贫困地区，每年超过 280 天奔波于河北、山西、安徽、贵州、云南、陕西等地区传授种植技术，并推动建立了 31 个食用菌技术推广基地，扶持了 22 个食用菌龙头企业，帮助 800 余个村庄和 3.5 万余贫困户实现彻底脱贫，年产值达 350 多亿元。①

赵亚夫是一位致力于科技兴农事业长达 40 年的专家，他提出了“水田保粮、岗坡致富”的工作思路，积极推行高效农业。2001 年退休后，他毅然来到茅山老区戴庄村，以志愿者身份带领当地农民干，引导他们向现代农业发展，不收取指导费用、不参与技术入股、不当技术顾问。在他的带领下，戴庄村人均收入从 2003 年的 2800 元增长到 2020 年的 34000 元。自 2013 年起，他和团队积极参与东西部扶贫协作计划，前往陕西、贵州、新疆等地帮助农民脱贫致富。2018 年 5 月，赵亚夫的团队工作室挂牌成立，成功培养了 1200 名农村科技人才。②

农业、科研、教育融合的科技扶贫，以科技为引领，在指导贫困地区合理开发资源的同时，将其转化为经济优势，推广科学技术普及，促进技术普及和科学传播，使资源优势得到更好的利用，大大提高了贫困地区的经济实力。

---

① 党代表风采丨把“小木耳”做成乡村振兴“大产业”——记中国工程院院士、吉林农业大学教授李玉［N］. 吉林农村报，2022－05－29.

② 全国脱贫攻坚楷模名单（10 名个人）［N］. 新京报，2021－02－26（04）.

第二节　中国共产党领导反贫困斗争的创新及时代价值

马克思反贫困理论的形成与发展，与他所处资本主义社会特定的历史文化特征和时代背景是紧密关联的。因而，与我国经济社会的快速进步相适应，需要对马克思主义反贫困理论加以创新和发展，从而更好地实现其在当代中国的理论指导作用。

一、中国共产党领导反贫困斗争的创新

社会主义公有制消灭了贫困产生的制度根源，但社会主义初级阶段的生产力水平和基本矛盾决定了我国仍然存在贫困现象。在贫困人口数量多、贫困区域分布广、贫困程度依然深的中国如何彻底解决贫困问题，如何打赢脱贫攻坚战，实现贫困人口全部脱贫、贫困县全部摘帽、解决区域性整体贫困的目标，马克思主义反贫困理论并没有给出直接借鉴的具体路径和现成经验。习近平总书记结合中国发展实际，针对“扶持谁、谁来扶、怎么扶、如何退”等问题提出了“加强领导是根本、把握精准是要义、增加投入是保障、各方参与是合力、群众参与是基础”[①] 的符合中国国情的扶贫开发战略。

（一）中国共产党领导反贫困斗争的理论创新

2021 年我国脱贫攻坚战取得全面胜利，现行标准下 9899 万农村贫困人口全部脱贫，832 个贫困县全部摘帽，12. 8 万个贫困村全部出列，区域性整体贫困得到解决，完成了消除绝对贫困的艰巨任务[②]。中国脱贫攻坚的伟大实践开拓了马克思主义反贫困理论中国化的新境界，丰富与发展了马克思主义反贫困理论。

1. 将马克思主义反贫困理论提升到社会主义本质高度

贫困产生的根源是资本主义制度，摆脱贫困只能走社会主义道路。早在 2012 年 12 月习近平总书记在河北省阜平县考察扶贫开发工作时就指出：“消除贫困、改善民生、实现共同富裕，是社会主义的本质要求。”[③] 在 2015 年 11 月召开的中

---

① 庄严的承诺　历史的跨越（砥砺奋进的五年）——党的十八大以来以习近平同志为核心的党中央引领脱贫攻坚纪实［N］. 人民日报，2017 - 05 - 22（01）.

② 习近平 . 在全国脱贫攻坚总结表彰大会上的讲话［N］. 人民日报，2021 - 02 - 26（02）.

③ 习近平谈治国理政［M］. 北京：外文出版社，2014：189.

央扶贫开发工作会议上，习近平总书记又重申了这一要求，明确提出要把消除贫困实现贫困人口不愁吃、不愁穿作为扶贫工作的首要任务，把改善民生保障贫困人口义务教育、基本医疗、住房安全等作为基本目的，把实现共同富裕使贫困人口人均可支配收入增长幅度高于全国平均水平、基本公共服务主要领域指标接近全国平均水平作为根本方向，将扶贫开发事业上升到“是社会主义的本质要求，是我们党的重要使命”① 和国家总体发展战略的高度、治国理政的重要位置，深化和发展了马克思主义反贫困理论。

2. 充实发展了马克思主义反贫困理论的内涵

习近平总书记关于扶贫开发的重要论述，科学、系统地阐释了中国反贫困的目标、标准、路径、方略等，进一步丰富了马克思主义反贫困理论内涵。

第一，在制度层面上，根据生产力决定生产关系、生产关系反作用于生产力的原理，社会主义只有大力发展生产力打赢脱贫攻坚战实现全面小康，才能彰显社会主义制度的优势，最终战胜资本主义。发展生产力是贫困治理的根本手段。“每一历史时代主要的经济生产方式和交换方式以及必然由此产生的社会结构，是该时代政治的和精神的历史所赖以确立的基础，并且只有从这一基础出发，这一历史才能得到说明”②。在马克思主义看来，任何社会的发展都是以经济为基础的。资产阶级就是利用较之封建社会更发达的生产力，创造出了庞大的财富，同时造成了无产阶级的赤贫。因此，无产阶级要摆脱贫困化的命运，也必须抓住生产力这个推动社会变革的根本力量，建立与生产力水平相适应的生产关系，在更高级的社会形态——共产主义社会里实现人人享有自由全面发展的条件。

第二，我国解决贫困问题甚至所有问题都离不开生产力发展，我们党领导人民发展生产扶贫，让户户有增收项目、人人有脱贫门路，“巩固了我们党的执政基础，巩固了中国特色社会主义制度”③，我国减贫的成就“向世界证明中国共产党领导和中国特色社会主义制度的优越性”④，深化认识了反贫困之源是巩固生产资料公有制的社会主义制度。

第三，在手段、方法上，我们党提出了切合中国实际的精准扶贫、精准脱贫战略，要求坚持大扶贫格局，扶真贫、真扶贫，将扶贫同扶志、扶智相结合，因户施策、因人施策，使“扶持对象精准、项目安排精准、资金使用精准、措施到

① 习近平谈治国理政（第2卷）[M]. 北京：外文出版社，2017：83.

② 马克思恩格斯文集（第2卷）[M]. 北京：人民出版社，2009：14.

③ 中共中央党史和文献研究院，中央“不忘初心、牢记使命”主题教育领导小组办公室. 习近平关于“不忘初心、牢记使命”论述摘编 [M]. 北京：中央文献出版社，党建读物出版社，2019：136.

④ 习近平谈治国理政（第2卷）[M]. 北京：外文出版社，2017：84.

户精准、因村派人（第一书记）精准、脱贫成效精准"①，东西部扶贫协作对口支援，建立信息库，"做到一户一本台账、一户一个脱贫计划、一户一套帮扶措施，"② 逐户销号，脱贫到人，最终实现剩余贫困人口全部脱贫，为消除贫困提供了更广阔更具操作性的方法手段。

第四，在脱贫路径上，习近平总书记指出要不断解放和发展社会生产力，"紧紧扭住发展这个促使贫困地区脱贫致富的第一要务"③，要以脱贫攻坚统揽贫困地区经济社会发展全局，"既要扶智也要扶志，既要输血更要造血，建立造血机制，增强致富内生动力"④，竭力解决贫困群众的生产生活困难。习近平总书记的论述紧紧抓住了发展生产力这一根本，制定了发展生产、易地搬迁、生态补偿、发展教育和社会保障兜底等脱贫路径，大幅减少了我国贫困人口，改善了贫困地区群众生活水平，在中国成功实践了马克思反贫困思想。

第五，在脱贫主体上，以习近平同志为核心的党中央注重扶贫的可持续性，在脱贫攻坚战略中提出了"内源性扶贫"策略，使扶贫与扶志、扶智、扶能相结合、"富口袋"与"富脑袋"相结合、授人以鱼与授人以渔相结合，强调要以创新驱动培育贫困地区发展新动能，建设现代化特色农业产业体系以依靠贫困地区自身产业发展实现持续脱贫，要帮助贫困群众掌握更多谋生手段技能以提升贫困人口的内生动力，从而具备消除贫困的自我"造血"能力实现真正有效脱贫。这些论述深化了马克思关于无产阶级要想真正摆脱贫困必须靠自身全面发展的思想，走出了一条实现可持续稳定脱贫的中国特色之路。

第六，在实现目标上，习近平总书记提出了要不断促进人的全面发展和全体人民的共同富裕，"明确到二〇二〇年我国现行标准下农村贫困人口实现脱贫、贫困县全部摘帽、解决区域性整体贫困"的目标任务⑤，多次强调坚定不移走共同富裕的道路，摆脱贫困、实现共同发展是我们对子孙后代承担的责任，充分体现了坚持以人民为中心的发展思想和实现共同富裕的价值遵循，为贫困人口和贫困地区同全国一道进入全面小康社会、首次整体消除中华民族几千年历史发展中绝对贫困现象作出伟大贡献。

---

① 中共中央党史和文献研究院．习近平扶贫论述摘编［M］．北京：中央文献出版社，2018：58.
② 中共中央党史和文献研究院．习近平扶贫论述摘编［M］．北京：中央文献出版社，2018：63.
③ 习近平．做焦裕禄式的县委书记［M］．北京：中央文献出版社，2015：29.
④ 习近平．在决战决胜脱贫攻坚座谈会上的讲话［N］．人民日报，2020-03-07（02）.
⑤ 中共中央党史和文献研究院．习近平扶贫论述摘编［M］．北京：中央文献出版社，2018：11-12.

（二）中国共产党领导反贫困斗争的实践创新

实践是马克思主义的基本观点之一。在实践中，人们根据实际需要、投入实践活动、解决实际问题，通过艰苦奋斗和真抓实干来实现既定目标。中国共产党一直认识到反贫困斗争的重要性，并在实践探索中进行了许多创新。习近平总书记坚持以马克思主义为指导，以自我革新的创造精神，从全局角度对新时期我国贫困问题的新特征和反贫困中存在的深层次矛盾问题进行了深入思考，立足新时代中国特色社会主义的新实践，创新扶贫开发管理体制机制、责任体系、投入体系、帮扶工作体系、督查巡查民主监督体系和考核评估体系，开辟了符合国情、区情、省情的中国反贫困道路。党的十八大以来，平均每年1000多万人脱贫，相当于一个中等国家的人口，脱贫贫困人口收入水平显著提高，全部实现“两不愁、三保障”，脱贫群众不愁吃、不愁穿，义务教育、基本医疗、住房安全有保障①。在全球发展中国家中最早实现千年发展目标中的减贫目标，为第三世界国家、正在开展脱贫攻坚的国家和人民提供了切实可行的治理贫困的中国方案，是对马克思主义反贫困理论、中国特色扶贫开发理论和全球减贫事业的新贡献。

1. 中国共产党领导反贫困斗争的制度创新

中国共产党领导反贫困斗争的工作是治国理政中的一项重大任务。基于中国特色社会主义道路，中国共产党开创了独具特色的扶贫开发道路，通过精准扶贫、就业扶贫、教育扶贫等多种制度创新，实现了对贫困地区和贫困人口的有力帮扶。这些制度创新体现出中国政治体制优势和社会主义制度优势，中国共产党在领导反贫困斗争方面表现出极强的领导力、组织力和执行力，为全国脱贫攻坚作出了巨大贡献。同时，这些制度创新也展示了中国共产党的调适扶贫战略和制度优势的能力。

第一，管理机制创新。

坚持党的领导，强化组织保证和政治基础。习近平总书记把解决贫困问题摆在治国理政的重要位置，认为“越是进行脱贫攻坚战，越是要加强和改善党的领导”②“我们共产党人对人民群众的疾苦更要有这样的情怀，要有仁爱之心、关爱之心，更多关注困难群众，不断提高全体人民生活水平。”③ 加强党的领导是解决深度贫困问题的组织保证和政治基础，坚持党的领导是打赢脱贫攻坚战的实现途径，抓好党建是贫困地区脱贫致富的重要经验，各级党委和政府坚决落实党

---

① 习近平．在全国脱贫攻坚总结表彰大会上的讲话［N］．人民日报，2021-02-26（02）．
② 习近平谈治国理政（第2卷）［M］．北京：外文出版社，2017：85．
③ 习近平谈治国理政（第1卷）［M］．北京：外文出版社，2014：189．

中央脱贫攻坚的决策部署，党政一把手当好扶贫开发工作第一责任人，把脱贫攻坚作为第一民生工程统筹安排好人、财、物、项目等工作。

建立中央统筹、省负总责、市县抓落实的扶贫开发工作管理体制和全党动员促攻坚的工作机制。在这一体制机制中明确各个层级在脱贫攻坚中的责任，促进中央和地方两个积极性的发挥。其中，中央负责制定脱贫攻坚的大政方针，进行顶层设计，规划重大工程项目、协调全局性重大问题和全国性共性问题、指导各地脱贫规划和年度计划；省级党委和政府对本地区脱贫攻坚工作负总责，主要抓好目标确定、项目下达、资金投放、组织动员、监督考核等工作，并向中央签署脱贫攻坚责任书，每年向中央报告脱贫攻坚工作进展；市级党委和政府主要负责贫困县如期摘帽、上下衔接、域内协调、督促检查等工作；县级党委和政府承担主体责任，主要负责脱贫攻坚进度安排、项目落地、资金使用等。

五级书记抓扶贫、选派驻村第一书记和工作队制度，为脱贫攻坚提供坚强政治保证。贫困县党委和政府承担脱贫攻坚主体责任，分工明确、责任清晰、任务到人、考核到位。省、市、县、乡、村五级书记立下军令状一起抓脱贫攻坚的扶贫工作格局，落实一把手责任负责制，有利于在脱贫攻坚过程中统筹全局、协调各方，有利于资源和人力的调度与合理使用，有利于增强各级党委和政府的政治担当和责任担当，为赢得脱贫攻坚战的胜利奠定了政治基础和组织基础。从省市县机关优秀干部、年轻干部，国有企业、事业单位优秀人员和以往因年龄原因从领导岗位上调整下来、尚未退休的干部中选派有农村工作经验或涉农方面专业技术特长的政治素质好、责任感强的党员作为驻村第一书记和驻村工作队，将组织力量直接充实到脱贫攻坚一线，确保2020年深度贫困地区完成了脱贫任务，为全面推进乡村振兴、巩固拓展脱贫攻坚成果服务。

从脱贫攻坚的顶层制度设计到全党动员促攻坚，党的领导始终是根本。决胜全面小康是党对人民的承诺，只有消除绝对贫困如期完成全部贫困人口脱贫的底线任务，才能打赢脱贫攻坚这场大规模反贫困斗争的胜利全面决胜小康，而这一切都必须坚持党的绝对领导才能实现。“农村要发展，农民要致富，关键靠支部”①。在中国共产党的领导下，全国上下统一思想、统一认识、统一步伐、统一标准构建了脱贫攻坚大格局，全国累计选派255万个驻村工作队、300多万名第一书记和驻村干部，同近200万名乡镇干部和数百万名村干部一道奋战在扶贫第一线，鲜红的党旗始终飘扬在脱贫攻坚主战场上高高飘扬。② 中国特色社会主义制度优势充分发挥提高了扶贫成效，创新了马克思主义贫困治理理论，为全面

① 习近平谈治国理政（第1卷）［M］. 北京：外文出版社，2014：189－190.

② 习近平．在全国脱贫攻坚总结表彰大会上的讲话［N］. 人民日报，2021－02－26（02）.

小康打下了坚实基础，为世界反贫困实践提供了中国方案。

第二，制度体系创新。

马克思主义反贫困理论是以推翻资本主义制度为反贫困的基本条件，而习近平关于扶贫的重要论述是以社会主义体制自我革新、创造标本兼治的反贫困的体制机制为我国扶贫开发的基本思路。以习近平同志为核心的党中央从全面建成小康社会大局出发，把扶贫开发工作纳入“五位一体”总体布局和“四个全面”战略布局，纳入乡村振兴战略，出台一系列重要文件，创新性地建立了扶贫开发长短结合、标本兼治的体制机制。

扶贫开发制度创新。中国共产党在推进扶贫工作中，优化了资源配置和协调机制，建立了“三个一批”（一批优先、一批重点、一批支持）和“五个一批”（一批示范、一批整合、一批启动、一批培育、一批推广）等多层次的扶贫开发支持机制，形成了工作重心下移、机制创新、政策创新、财政创新等，有效推动了全国扶贫事业发展。中央财政紧紧围绕精准扶贫、精准脱贫进行，将脱贫攻坚作为财政支出优先保障的重点和政府重要的强力扶贫政策手段，不断投放金融资源到深度贫困地区，不断加大对建档立卡贫困户和扶贫产业项目、基础设施建设、基本公共服务等重点领域的支持力度，为贫困问题的解决和打赢脱贫攻坚提供重要的支撑和保障。我国国土资源部门创新土地使用管理政策，在新增建设用地指标中优先保障扶贫开发用地需要，利用总体规划与设计管理调整完善土地，专项安排国家扶贫开发重点县年度新增建设用地指标，土地整治项目及资金补贴向贫困地区倾斜，允许贫困地区将城乡建设用地增减挂钩指标在省域范围内使用，拓展城乡建设用地增减挂钩政策，有力保障脱贫攻坚实施过程中基础设施、易地搬迁、保障民生等对土地的投入和使用。中国政府还给予农民更多的土地使用权，并鼓励农民将土地流转出去，进行规模化种植和养殖，提高收益，增加就业机会。

扶贫长效机制创新。在我国扶贫工作中，一直存在着责任落实不到位、资金投入不足、贫困人口底数识别不准具体情况不明、贫困群体主观能动性不高和扶贫合力未形成等问题。为解决这些问题，在反贫困实践中，我国积极借鉴国际上的反贫困经验，紧密结合我国的具体实际，创造性地提出并实施了精准扶贫方略，建立健全稳定脱贫长效机制。做到扶持对象、项目安排、资金使用、措施到户、因村派人、脱贫成效“六个精准”，实施“发展生产脱贫一批、易地搬迁脱贫一批、生态补偿脱贫一批、发展教育脱贫一批、社会保障兜底一批”① “五个

① 习近平．在全国脱贫攻坚总结表彰大会上的讲话［N］．人民日报，2021-02-26（02）．

一批”工程，采用“就业扶贫、健康扶贫、资产收益扶贫等”多种途径；建立纪检监察、审察等多部门合作的扶贫开发督查巡查、民主监督体系，实行省际交叉考核、第三方评估、财政扶贫资金绩效评价和媒体暗访等最严格的考核评估体系，奠定反贫困的长效机制。

教育扶贫制度创新。教育扶贫是中国共产党反贫困斗争的重要方面。实施教育扶贫精准资助政策，要优化教育资源配置，逐步缩小区域、城乡、校际差距，特别是要加大对革命老区、民族地区、边远地区、贫困地区基础教育的投入力度，保障贫困地区办学经费，健全家庭困难学生资助体系。习近平总书记强调“要推进教育精准脱贫，重点帮助贫困人口子女接受教育，阻断贫困代际传递，让每一个孩子都对自己有信心、对未来有希望。”① 精准资助建档立卡家庭学生是脱贫攻坚、扶贫扶智扶志、阻断贫困代际传递的治本之策，是全面贯彻落实党的教育方针，资助育人、立德树人的重要举措，是促进教育公平、保证寒门学子公平接受教育的一件大事。为此，国家出台了一系列教育扶贫政策和措施，包括学费减免、助学金、农村义务教育经费保障机制等，为广大贫困家庭提供更多上学机会，从根本上解决贫困人口因教育水平低下带来的问题。

扶贫支持制度创新。建立中央、省、市县扶贫资金“三三制”投入体系，扶贫小额信贷和扶贫再贷款，支持保险扶贫、资本市场扶贫等确保打赢脱贫攻坚战扶贫投入需求；建立干部驻村“万企帮万村”帮扶制度，实施“百县万村”精准扶贫行动解决扶贫“最后一公里”难题，加大农村基础设施建设，修建公路、铁路等提高农村地区的交通运输能力，促进了农村经济的发展和贫困地区的脱贫致富；建立全国扶贫开发信息系统工作体系，开展贫困人口识别和建档立卡工作，精准识别、动态管理；建立劳务输出制度，鼓励农村劳动力到城市就业，通过劳务输出增加农民收入实现脱贫致富；建立需求导向逐村逐户制订帮扶计划的扶贫行动机制，专项扶贫措施与精准识别结果和贫困人口发展需求相衔接，有效对接扶贫脱贫帮扶体系。

扶贫协作制度创新。党的十九大报告提出要“深入实施东西部扶贫协作”，并把这项工作放在打赢脱贫攻坚战突出的位置。2020 年在决战决胜脱贫攻坚座谈会上，习近平对东西部扶贫协作进一步作出长远谋划：“要立足国家区域发展总体战略，深化区域合作，推进东部产业向西部梯度转移，实现产业互补、人员互动、技术互学、观念互通、作风互鉴，共同发展。”② 东西部扶贫协作作为中

---

① 习近平. 全面贯彻落实党的教育方针　努力把我国基础教育越办越好［N］. 人民日报，2016-09-10（01）.

② 习近平. 在决战决胜脱贫攻坚座谈会上的讲话［N］. 人民日报，2020-03-07（02）.

国特色脱贫攻坚制度体系的重要内容，是东部沿海较发达地区与西部欠发达地区结成对子，围绕西部扶贫开发开展合作，以缩小东西部发展差距，实现东西部共同发展、共同富裕的制度。随着制度的实施和帮扶的结对关系的不断调整，东部和西部对口支援，逐步形成了政府援助、企业合作、社会帮扶、人才支持等主要协作方式，涌现出了闽宁协作、沪滇合作、两广协作等各具特色的帮扶模式，不断激发西部欠发达地区的内生动力，推动区域协调发展。

此外，还实施贫困地区“一县一产”计划。中国共产党通过实施贫困地区“一县一产”计划，鼓励每个贫困县发展其特有的优势产业，培育龙头企业，提高当地经济发展能力，创造就业机会，让贫困地区的人们脱贫致富。

中国共产党领导反贫困斗争的制度创新是基于不断科技创新和管理创新，不断提高工作效率和工作质量，积极推动全国贫困地区脱贫攻坚，有效地带动了贫困地区的经济发展和民生改善，为中国扶贫事业的成功作出了重要贡献。

2. 中国共产党领导反贫困斗争的模式、方式创新

科学性强调实事求是、理性务实，注重遵循规律解决问题，是认识和解决问题的基础。中国共产党根据贫困地区和贫困人口的实际情况，长期探索和实践反贫困的方式方法，不断丰富和深化扶贫开发思想，从强调救济扶贫到扶贫开发、从强调经济增长到注重统筹发展、从强调政府主导到注重群众参与等方面进行了转变，创新了扶贫模式，探索了多种扶贫方式，逐步形成了符合国情、具有中国特色的扶贫模式，为全球扶贫事业提供了有益的经验。

由救济式扶贫到开发式扶贫再到精准扶贫。我国的扶贫工作在习近平总书记“实事求是、因地制宜、分类指导、精准扶贫”① 的重要指示下，中共中央办公厅详细规制了精准扶贫工作模式的顶层设计，“精准扶贫”思想在中国大地落地生根发芽。扶贫开发重在精准，只有坚持精准扶贫，才能彻底阻止贫困现象的代际传递。必须在“扶持谁、谁来扶、怎么扶、如何退”的全过程上精准，在扶贫对象、措施到户、项目安排、资金使用、因村派人（第一书记）和脱贫成效上精准，在“精准施策上出实招、在精准推进上下实功、在精准落地上见实效”②，按照脱贫攻坚设定的时间表发展生产脱贫一批、易地搬迁脱贫一批、生态补偿脱贫一批、发展教育脱贫一批、社会保障兜底一批，以实现贫困的“有序退出”的扶贫攻坚行动计划。精准扶贫要坚持因贫困原因施策、因贫困类型施策和因人因地施策，有效解决扶贫开发工作中目标不准、思路不清、效果不佳等问题，在真

---

① 中共中央宣传部．习近平总书记系列重要讲话读本［M］．北京：学习出版社，人民出版社，2016：220.

② 习近平．关于全面建成小康社会论述摘编［M］．北京：中央文献出版社，2016：156.

扶贫、扶真贫、真脱贫中精准识别、精准扶持、精准管理和精准考核，在不断提升扶贫开发"精准度"中切实提高扶贫工作实效力度。"精准扶贫"将扶贫对象从"贫困户"转化为"贫困人口"，实施多种方式的精准扶贫，搭建大数据平台智能化技术，推动电子商务、物流快递、农产品加工等行业发展，推进政府主导、多元参与的扶贫模式，发挥政府作用同时吸引社会资本参与，多方合作，实现了广覆盖、深覆盖、全面覆盖的扶贫目标，是全面建成小康社会、实现中华民族伟大复兴中国梦的重要保障，是马克思主义反贫困理论在中国的具体实践，对我国取得扶贫脱贫攻坚实效、打赢脱贫攻坚战最后胜利和全面建成小康社会目标的实现具有重大的理论意义和现实意义。

实施产业扶贫、社会扶贫、金融扶贫等多种扶贫方式。很多贫困户长期接受帮扶，但始终脱不了贫，究其原因主要和扶贫的方式和手段有很大的关系。从"授人以鱼"送钱送物给予经济上的支持，到"授人以渔"让贫困人口掌握一定的知识技能，自己通过辛勤劳动获得收入实现脱贫致富，不少地方探索出不少成功经验。在抓好搬迁移民和劳动力转移培训的同时，创新产业扶贫方式，改变过去一个村建设十几个产业、几十个产业的传统生产模式，选择一个适合本地发展的、优势高效的好产业，比如经济效益比较高的经济作物和特色养殖业，着力提高产业化和专业化生产水平，走"一村一品"的专业化发展道路，增强产业扶贫功能和作用，较大幅度增加农民收入，减少贫困人口。推进"政府主导、多元参与"的扶贫模式，发挥政府作用，吸引社会资本参与，多方合作。作为现代化治理体系重要构成的社会组织是扶贫开发的重要力量，自全国工商联开展"万企帮万村"精准扶贫行动以来，参与扶贫的社会组织数量及其扶贫行动明显增加，既有直接扶贫也有间接扶贫，既有物质形式的扶贫也有非物质形式的扶贫，社会组织扶贫领域主要涉及就业、教育、医疗等方面，参与扶贫的主要活动形式为开展对口扶贫、产业扶贫、智力扶贫、科技扶贫、教育扶贫、医疗扶贫、志愿扶贫等，扶贫方式主要包括政府购买服务、慈善募捐、义拍义卖、教育培训、搭建平台等。开展"金融扶贫富民工程"，由传统的"输血式"扶贫方式向"杠杆式"金融扶贫模式转变，以财政扶贫资金扶持为主导，以信贷资金市场化运作为基础，通过农村政策性项目扶贫贷款资金、小额信贷资金、各地开发性专项资金和国际援助及合作项目资金等专项政策性信贷资金，加大农林牧畜业产业化龙头企业的支持力度，带动产业链上下游农民脱贫致富。

此外，中国共产党还推动"打赢脱贫攻坚战"的制度创新，通过实施"民主测评＋微信公开"制度增加人民在脱贫攻坚中的发言权和决策权，以减少关于贫困数据的造假情况。同时，通过推广农业科技、新型农村社区建设等方式，提高贫困地区人们的技能水平，提高生产效率，增加收入来源，促进科技扶贫。

3. 中国共产党领导反贫困斗争的目标创新

马克思面对当时资本主义的剥削，提出解放全人类、实现人的自由全面发展，让劳动者真正成为社会的主人。以习近平同志为核心的党中央将马克思主义理论应用于中国实践，把脱贫攻坚作为全面建成小康社会的底线任务和标志性指标，明确提出2020年实现现行标准下的农村贫困人口全部脱贫、贫困县全部摘帽、区域性整体贫困问题全部解决的目标。

坚持一切以人民为中心的立场。中国共产党在中国执政就是要为民造福，党的路线方针政策就是要给亿万人民带来好处，不断实现好、维护好、发展好最广大人民的根本利益。“消除贫困、改善民生、逐步实现共同富裕，是社会主义的本质要求，是我们党的重要使命”① “让贫困人口和贫困地区同全国一道进入全面小康社会是我们党的庄严承诺”②。习近平总书记告诫我们，全面建成小康社会时若还有几千万人口的生活水平处在扶贫标准线以下，既会“影响人民群众对全面建成小康社会的满意度，也影响国际社会对我国全面建成小康社会的认可度”③。他强调，扶贫开发要真抓实干，“要把帮助困难群众特别是革命老区、贫困地区的困难群众脱贫致富摆在更加突出位置上”④，决不能让困难地区和困难群众掉队。我们党是全心全意为人民服务的党，在扶贫的路上，我们不能落下一个贫困家庭，不能丢下一个贫困群众，我们党领导人民脱贫困、奔小康，就是要让乡亲们日子越过越好。习近平总书记关于扶贫的重要论述，深刻回答了发展为了人民、发展依靠人民、发展成果由人民共享的根本问题，体现了我们党对全心全意为人民服务根本宗旨和为人民谋幸福、为民族谋复兴的初心和使命的坚定奉行，体现了“让老百姓过上好日子是我们一切工作的出发点和落脚点”的价值追求，是对马克思主义反贫困理论中国化运用的新高度。

践行共同富裕的价值追求。共同富裕是马克思主义的一个基本目标，坚持以人民为中心的共享发展理念是实现共同富裕目标要求的体现，也是社会主义初级阶段反贫困的必然之路。改革开放40多年我国社会主义建设取得了巨大的成就，但仍处在社会主义初级阶段；脱贫攻坚取得明显成效，但仍有生活在扶贫标准以

---

① 中共中央党史和文献研究院，中央“不忘初心、牢记使命”主题教育领导小组办公室．习近平关于“不忘初心、牢记使命”论述摘编［M］．北京：中央文献出版社，党建读物出版社，2019：195.

② 习近平．决胜全面建成小康社会 夺取新时代中国特色社会主义伟大胜利——在中国共产党第十九次全国代表大会上的报告［M］．北京：人民出版社，2017：47.

③ 中共中央宣传部．习近平总书记系列重要讲话读本［M］．北京：学习出版社，人民出版社，2016：60.

④ 习近平谈治国理政［M］．北京：外文出版社，2014：190.

下的贫困人口存在。因此，没有农村的小康，没有农村贫困人口的脱贫，就没有全面建成小康社会的最终胜利。践行共享发展理念，改善民生，只有加大帮扶贫困人口困难群众的力度，坚决打赢脱贫攻坚战，才能让我们国家人人都能共享国家经济、政治、文化、社会、生态各方面的建设成果，才能让人民群众有更多获得感、幸福感。习近平总书记宣布，中国截至2015年已有6亿多人口摆脱了贫困，使“联合国千年发展目标在中国基本实现”①。为保障中央确定的“到2020年稳定实现扶贫对象不愁吃、不愁穿，保障其义务教育、基本医疗、住房”的扶贫工作目标的如期实现，他还特别强调要实现东西部产业互补、人员互动、技术互学、观念互通、作风互鉴，实现共同发展、共享发展，解决好入村入户等“最后一公里”问题。社会主义的根本价值追求和共产党人的奋斗理想自始至终贯穿在我国扶贫开发工作全过程，促进全体人民共同富裕始终摆在全面建设社会主义现代化国家新征程的重要位置。习近平总书记关于扶贫工作重要论述，坚持、践行和发展了马克思主义反贫困理论的价值追求，为打赢脱贫攻坚战、为解决困扰中华民族几千年的绝对贫困问题提供了科学指引。

总之，中国共产党始终坚持全面、整体、一体化推进扶贫攻坚工作，通过大力推进产业发展、教育事业、社会保障等领域的改革和发展，打通脱贫致富和全面小康之间的“最后一公里”，最终推动贫困地区和贫困人口全面脱贫，实现全面小康社会和共同富裕的目标。中国共产党领导反贫困斗争的理论创新为中国的扶贫事业提供了坚实的理论基础和实践指南，中国共产党领导反贫困斗争的实践创新为实现全面建设社会主义现代化强国的目标、为全球扶贫事业作出了积极贡献。

二、中国共产党领导反贫困斗争的时代价值

党的十八大以来，党中央带领全国各族人民突出保障和改善民生，集中力量打赢了人类历史上规模最为宏大、最为艰苦的脱贫攻坚战，按时完成了全面建成小康社会的历史任务，实现了第一个百年奋斗目标，开始着力向着第二个百年奋斗目标迈进。消除贫困不仅是人类的共同使命，也是实现人的全面发展的必要行动。中国反贫困斗争不仅挽救了亿万贫困人民的命运、增强了民族凝聚力、推动了中国经济发展、提升了国际地位，而且集中体现了中国共产党执政理念和治理绩效，彰显了中国特色社会主义制度的优越和先进程度，不仅是中国特色社会主

① 习近平．携手消除贫困　促进共同发展：在2015减贫与发展高层论坛的主旨演讲［M］．北京：人民出版社，2015：4.

义新时代的重要标志，也体现了中国人民为追求自身幸福和国家繁荣而不懈奋斗的精神。

（一）铸就脱贫攻坚精神，增强文化自信为反贫困提供精神力量

经过中国共产党和中国人民的不懈努力，我国脱贫攻坚战取得了全面胜利，创造了人类反贫困史上的奇迹。在脱贫攻坚的实践过程中，我们一直重视以百姓群众利益为核心，采取系列惠民措施，让人民群众感受到实实在在的收获，但是这种收获不单纯是物质上的，还汇聚起万众一心的磅礴力量，铸就了“上下同心、尽锐出战、精准务实、开拓创新、攻坚克难、不负人民”的脱贫攻坚精神，极大地提高了人民群众的爱国主义情怀、集体主义和社会主义思维、中华民族精神的认知，增强了中国文化自信的磅礴力量。

“上下同心”，全国各族人民团结一致，全党全社会携手共进，政府、市场、社区通力合作，形成了一种普遍参加、协同合作的社会动员体制，推动贫困地区发生了翻天覆地的变化，汇聚起了共同抗击贫困、共同谱写美好未来的强大力量。

“尽锐出战”，选出优秀的干部并集合全社会精锐的骨干力量分配到脱贫攻坚的主战场开展帮扶工作，25.5 万个驻村小组、300 多万名第一书记和驻村党员干部，以及近 200 多万名乡级党员干部和几百万村党员干部奋战在脱贫攻坚任务第一线，集中兵力打胜仗，全力以赴地帮助深度贫困地区夺取脱贫攻坚的成功，达到消除绝对贫困的良好效果。

“精准务实”，通过实事求是分析致穷因素，采取因地制宜的精准施策、分类指导科学扶贫，以实现认真的帮扶、脱贫和发展。求真务实、追求真理的精神和品格，让脱贫攻坚的工作一步一个脚印落到实处，使脱贫攻坚的成果能够经受住人民的检验。

“开拓创新”，是中华民族永续发展的根本动力，中国共产党领导的反贫困斗争史就是一部不断创新的历史，从革命扶贫、救济式扶贫、体制式扶贫、开发式扶贫到攻坚式扶贫各个阶段，我们立足国情改革和创新反贫困制度，改变帮扶路径和方式，开辟新领域和新技术，坚定走中国特色的反贫困道路。

“攻坚克难”，深刻展示了中华民族发扬奋进、勇于担当的精神。面对脱贫攻坚事业的困难和挑战，中国共产党带领人民以担当精神为指引，勇敢地迎接各种艰难考验，最终成功解决“贫中之贫、困中之困”，帮扶困难民众脱离思维贫穷，如期地完成了脱贫攻坚目标的全部胜利。

“不负人民”，是以人民为中心，致力于改变人民生活的中国共产党的基本政

治立场，是不忘初心使命，坚持人民至上，让人民群众一起迈向小康社会的庄严承诺。全力以赴满足困难民众的基本需求，努力让全国人民群众过上更加美好的生活，是人民群众是否满意、评价脱贫攻坚战成果的主要标准。

脱贫攻坚精神是中国共产党的性质宗旨、中国人的意志品格和中华民族的担当精神的全面展现，是民族爱国主义精神、社会价值和国家能力的完美展示。脱贫攻坚，脱的不仅是物质上的“贫”，更是精神上的“贫”。脱贫攻坚精神为增强文化自信树立了精神旗帜，为实现共同富裕奠定了坚实基础，为全球贫困治理提供了中国经验。

（二）发挥和彰显中国之制的制度优势为反贫困提供强大动能

中国共产党领导反贫困斗争发挥和彰显中国之制的制度优势，为中国成功消除贫困提供了强大的动力和支持。

首先，中国共产党坚持“人民当家作主”的制度优势，充分发扬人民的创造力和积极性，鼓励人民群众广泛参与到反贫困工作中来。通过建立贫困家庭档案、实行精准扶贫、开展扶贫资金专项审计等措施，使得反贫困斗争具有了更加科学精准的方向和方法。这种制度优势能够充分利用社会资源和全社会的智慧，为反贫困工作提供了稳定的政治基础和广泛的社会支持。

其次，中国共产党强调“以人民为中心”的思想体系，始终把贫困人口的利益放在心中，并采取了一系列具体行动来帮助解决他们的实际问题。例如，通过实施产业扶贫、教育扶贫、健康扶贫等一系列政策，使得贫困人口可以通过自己的努力走上致富之路，减轻了其生活负担，提高了生活质量。这种人民至上的制度优势为反贫困斗争提供了坚实的政治基础和社会支持。

再次，中国共产党强调勇于开放和创新，积极与国际社会进行合作，吸收和学习先进的国际经验和技术，并结合本国情况创造性地提出并推行一系列有针对性的措施，从而有效地解决了贫困问题。这种开放包容的制度优势，使得国内外各种资源得到更好的整合和利用，为反贫困斗争提供了实质性的支持。

最后，中国共产党实行全面深化改革，不断推进制度创新和体制机制改革，有效解决了贫困根源性问题。通过建立社会保障制度，提供基本保障，提高失能、无儿女等特殊群体的生活保障水平等，中国共产党科学规划和有序推进反贫困斗争进程。例如，实行精准扶贫，通过大数据技术等手段，精准识别贫困人口，制定针对性政策。同时，也注重推进乡村振兴，发挥城市对农村的带动和支撑作用。中国共产党反贫困斗争建立了全面覆盖的扶贫机制，特别是通过建立扶贫协作机制，实现政府、企业、社会组织、个人等各方面资源的有效整合，推动扶贫工作向纵深发展。中国共产党反贫困斗争秉承高效的执行力和强有力的监督体系，如设立中央扶贫开发领导小组，加强中央对扶贫工作的统筹和协调，同时建立了基层监督机制，推动扶贫工作制度化、规范化和科学化。

综上所述，中国共产党反贫困斗争，通过秉持人民至上、开放创新、科学精准等制度原则成功地消除了绝对贫困，展示了中国制度的优越性和带头作用，也为全球反贫困斗争提供了宝贵的经验和启示。

（三）始终不渝实践探索为反贫困斗争提供中国方案

中国共产党自成立以来一直致力于消除贫困。在新中国成立初期，在党的领导下，中国进行了一系列政策和措施逐渐消除了贫困。然而，经济发展和社会变迁使得新的贫困问题不断出现。为了消除贫困，中国共产党提出“精准扶贫”的战略，政府加大财政投入，建立了一系列扶贫项目和机构，构建了专项扶贫、行业扶贫、社会扶贫“三位一体”的大扶贫格局，形成社会共同参与的扶贫体系，让村干部一道奋斗在扶贫一线，使贫困人口逐步脱贫。到2020年，中国已经全部消除绝对贫困人口，十几亿中国人民共同迈入了全面小康。在如此短的时间内完成如此巨大规模的脱贫任务，古今中外都没有先例。中国成功的秘诀是什么？中国独特的制度优势、中国共产党对扶贫工作的全面指导、社会各方力量的全面参与、五级书记抓扶贫的层层落实、始终把发展作为总钥匙、科学精准扶贫……这些适合自身、富有成效的减贫道路值得整个世界特别是对于渴望推进经济和社会发展的地区借鉴，中国特色的减贫道路必将得到越来越多的关注，赢得越来越广泛的认同，对全球减贫事业产生积极的“溢出效应”。

（四）为全面建成社会主义现代化国家的百年奋斗目标提供有力支撑

全面建成小康社会被视为中国特色社会主义事业中的重要里程碑，是实现全面建成社会主义现代化国家的百年奋斗目标的有力支撑。在全面建成小康社会的过程中，中国共产党吸取历史经验和教训，坚持以人民为中心的发展思想，紧密结合中国国情，制定了一系列扶贫、建设、改革等政策和措施，包括深入贫困地区调研、推进精准扶贫、实施生态扶贫、加强基础设施建设、扩大内需、促进就业等。在这样的努力下，中国已经成功消除绝对贫困，并实现了良好的经济发展、社会稳定和人民幸福生活水平的提升，为实现全面建成社会主义现代化国家奠定了坚实基础。同时，在全面建成小康社会的过程中，中国也积累了宝贵的经验和智慧，为未来继续推进实现全面建设社会主义现代化国家提供了重要启示。

第三节　中国共产党领导反贫困斗争的基本经验

建党 100 多年来，中国共产党领导的反贫困斗争创造了中国减贫的世界奇迹和中国经验，实现了全部贫困人口脱贫。其成功得益于中国的反贫困始终坚持在中国共产党的领导下走中国特色社会主义扶贫开发道路，始终坚持以人民为中心和共同富裕的价值遵循，始终坚持政府主导、多元主体参与的扶贫格局和扶贫模式创新，始终坚持精准与综合，政府与市场、社会、个人相结合，内源扶贫和外源扶贫相统一的扶贫战略。

一、坚持中国共产党领导，为反贫困提供坚强的政治和组织保障

中国共产党把马克思反贫困理论与中国实际相结合，从土地改革到精准扶贫，始终坚持把党的领导作为反贫困斗争最大的政治优势，总揽全局、协调各方，为反贫困斗争胜利提供了政治和组织保障。

（一）坚持党总揽全局、协调各方的领导机制为反贫困提供政治保障

中国共产党成立后就带领劳苦大众进行翻身解放建立美好新生活的实践，统筹制定反贫困大政方针，出台政策举措，围绕不同主题部署协调减贫工作。

1986 年成立的“国务院扶贫开发领导小组”开启了共产党有组织、有计划地领导、协调、监督、检查扶贫开发工作机制。1994 年颁布实施的《国家八七扶贫攻坚计划》具体规定了扶贫开发的基本途径、主要形式等。《“十三五”脱贫攻坚规划》《中国农村扶贫开发纲要（2011—2020 年）》等明确了反贫困的要求、目标、任务、措施。中共中央通过顶层设计统筹推进领导全国反贫困进程。以习近平同志为核心的党中央更是将扶贫开发纳入“五位一体”总体布局、“四个全面”战略布局，把贫困人口全部脱贫作为全面建成小康社会的底线任务和实现第一个百年奋斗目标的重点任务。通过《中共中央　国务院关于打赢脱贫攻坚战的决定》《建立精准扶贫工作机制实施方案》《乡村振兴战略规划（2018—2022 年）》等一系列政策制度，部署、安排中国的反贫困斗争。

从顶层设计谋篇布局，到瞄准真问题拿出实方案，党总揽全局、协调各方的领导机制处处彰显共产党人打赢脱贫攻坚战的领导力和行动力，为反贫困提供了坚强的政治保障。

（二）坚持五级书记抓扶贫、层层落实的工作机制，为反贫困提供组织保障

一分部署，九分落实。中国共产党领导反贫困斗争不仅中央统筹总揽全局做好部署，并且建立了五级书记抓落实的工作机制，扎实推进反贫困进程。

中西部22个省区市党政主要负责同志，在2015年11月召开的中央扶贫开发工作会议上向党中央签署了脱贫攻坚责任书，省、市、县、乡、村在此基础上层层压实责任签订脱贫攻坚责任书，形成五级书记抓扶贫、全党动员促攻坚的工作局面。省市两级党委书记履行本地区脱贫攻坚主体责任，牵头制定扶贫措施，组织落实贫困县考核机制、约束机制、退出机制；县委书记在脱贫攻坚指挥第一线，及时研究解决脱贫攻坚重大问题，安排监督乡、村落实精准扶贫精准脱贫指导意见的实施；乡镇党委书记发挥关键作用，集中精力抓扶贫重点任务和关键问题的落实；村党组织书记立足当地实际，推动扶贫举措在本村落地。

从党中央最高指挥部到基层“最后一公里”，五级书记层层履职尽责筑牢基层扶贫堡垒，真抓实干助力贫困地区摆脱贫困，打好脱贫攻坚战。

（三）坚持干部驻村制度，带领群众走上脱贫致富路

群众要想富，得有好支部。共有300多万名第一书记和驻村干部带领贫困群众脱贫致富。

选拔优秀干部到贫困村和软弱涣散村担任第一书记的干部驻村帮扶制度，强化了贫困村和软弱涣散村基层党建工作，提高了基层党组织精准帮扶的本领和解决扶贫“最后一公里”难题的能力。资金跟着项目走、贫困群众跟着致富能人走，驻村第一书记脱贫攻坚冲在前，带领贫困村谋划项目、筹集资金、开拓市场、探索扶贫路子。“驻”进老乡们心窝里的全国脱贫攻坚楷模黄文秀等1800多名同志，将生命定格在了脱贫攻坚征程上。宁夏固原市西吉县马建乡庞湾村第一书记高士平，创办“廉情诊所”多方位“治疗”全村群众生活中的“疑难杂症”，促进民风村风转变，从思想上提升老百姓脱贫致富发展动力。藏族村寨的脱贫“贴心人”甘肃省甘南藏族自治州舟曲县果耶镇勒阿村第一书记张金利，跑遍勒阿村的沟沟岔岔帮助村民摆脱贫困争取项目资金，因地制宜改善基础设施、提升村容村貌、开展合作种植、大力发展山野菜等特色产业，帮助村民增收致富。

驻村第一书记和驻村干部植根泥土一心为民，生动诠释了共产党人的初心使命，巩固了党在农村的执政基础，将党建优势转化为扶贫优势，将鲜红的党旗始

终高扬在脱贫攻坚主战场上。

二、坚持以人民为中心立场，为反贫困提供价值目标导向

一百多年来，中国共产党始终代表人民的利益，为劳苦大众谋幸福，奉行全心全意为人民服务的宗旨，践行发展为了人民、发展依靠人民、发展成果由人民共享的以人民为中心反贫困价值目标导向。

（一）以人民美好生活需要为反贫困出发点和落脚点

从井冈山根据地创建到全面建设社会主义现代化国家，中国共产党始终把解放和发展生产力、让老百姓过上好日子作为反贫困的出发点和落脚点。

面对不同时期不同的矛盾，中国共产党集中力量把解决社会基本矛盾，把改善民生、保障贫困人口义务教育、基本医疗、住房安全等作为基本目的，坚定不移地发展生产力以满足人民美好生活需要。坚持以人民为中心加快发展，未解决温饱的我国农村贫困人口由“2012 年底的 9899 万人减到 2019 年底的 551 万人”①，在 2020 年彻底实现了绝对贫困人口的全部脱贫。

（二）坚持共同富裕目标，让贫困群众共享发展成果

中国共产党团结带领人民自力更生、发愤图强促发展，在发展中让人民群众共同享有公平的教育、公平的基本公共服务和改革发展的成果，在消除贫困中实现共同富裕目标。

共享发展是中国特色社会主义的本质要求，实现共同富裕是反贫困的根本目标方向。通过互助组、初级和高级农业生产合作社，农民们走上了社会主义集体化道路，享受集体劳动成果；通过五保供养制度、农村合作医疗制度、救济救灾为核心的农村社会保障政策体系，保证每个人基本生活，减缓多维贫困现象；通过把扶贫开发纳入国家总体发展战略，开展大规模专项扶贫行动，针对特定人群统筹规划整村推进弱势群体共同脱贫；通过完善基本公共服务制度和返贫兜底保障机制“应扶尽扶”“应保尽保”，为防止大病大灾致贫或返贫建立安全屏障；通过精准扶贫、精准脱贫，建档立卡、精准滴灌、靶向治疗，确保发展成果更多更公平惠及所有贫困群众。

扶贫扶到点上、扶到根上，共产党带领人民攻克了一个又一个贫中之贫、坚

---

① 习近平．在决战决胜脱贫攻坚座谈会上的讲话［N］．人民日报，2020－03－07（01）．

中之坚，总体实现“两不愁、三保障”，确保了反贫困价值目标的实现。

（三）坚持全面小康，脱贫路上一个不能少

为了让中国人民翻身得解放、走上小康幸福路，中国共产党人明确提出了贫困人口全部脱贫的目标任务。

实现全面小康目标任务的关键是贫困老乡的全部脱贫。中央一号文件已连续20年聚焦“三农”，致力于加强乡村公共基础设施建设，提升农村基本公共服务水平，补齐消除绝对贫困农村领域突出短板，开启了实施农业农村现代化的征程。党的十八大以来，农村改建公路、新增铁路、光纤通信、搬新家、通动力电，脱贫攻坚的阳光照耀到了中国大地的每一个角落。我国脱贫攻坚在遭遇新冠疫情影响下仍攻克了农村最后的贫困堡垒，仍如期实现了摆脱绝对贫困的目标，使共同富裕路上一个人、一个群体、一个民族都没有掉队。

“平均每年1000多万人脱贫，相当于一个中等国家的人口脱贫。”[①] 中国共产党创造了人类减贫史上亘古未有的伟大奇迹，践行了让贫困人口和贫困地区同全国一道进入全面小康社会的庄严承诺。

三、坚持中国特色社会主义制度，为反贫困提供制度基础和自信底气

从吃不饱穿不暖到生活富裕全面小康，中国共产党人始终把马克思主义与中国实际相结合，坚持社会主义制度，集中力量办大事，为消除贫困提供了坚强的制度基础和自信底气。

（一）铲除剥削制度，消除贫困产生的制度根源

马克思认为，工人阶级贫困的根源在于资本主义制度下的雇佣劳动制，无产阶级摆脱贫困唯一的出路就是彻底消灭资本主义剥削制度。

中国共产党自成立起就带领劳苦大众反帝反封建，致力于铲除剥削制度。新民主主义革命时期，中国共产党带领广大农民“打土豪、分田地”，通过土地革命和“没收封建阶级的土地归农民所有和没收官僚资本归新民主主义国家所有，保护民族工商业”的三大经济纲领，废除了地主阶级封建剥削的土地所有制，建立了土地农民所有和“以国家所有制和合作社集体所有制”为主的新民主主义基

---

① 习近平．在全国脱贫攻坚总结表彰大会上的讲话［N］．人民日报，2021－02－26（02）．

本经济制度，使农民实现了“耕者有其田”“平均地权”的梦想，实现了封建的和资本主义的生产关系的变革，建立了社会主义新中国，为反贫困奠定了制度基础。

（二）建立社会主义基本经济制度，为反贫困提供物质基础

以生产关系和所有制关系的社会主义变革为途径，我国建立了社会主义基本经济制度，为消除贫困奠定了物质基础。

中国共产党确立了社会主义公有制为主体的生产资料所有制结构，逐步开始经济建设提高人民生活水平。从计划经济到计划经济为主、市场经济为辅，到有计划的商品经济、建立和完善社会主义市场经济体制，再到完善和发展中国特色社会主义制度，中国共产党带领全国人民成功地将公有制和市场经济相结合，建立了中国特色社会主义基本经济制度，不断完善了社会主义生产关系，解放和发展了生产力，深刻改变了我国的经济面貌，造就了世所罕见的经济快速发展奇迹和社会长期稳定奇迹，为反贫困提供了坚强的物质基础。

一百年来，中国共产党领导中国人民在社会主义道路上奋勇前进，把一穷二白的中国变成了世界第二大经济体，保障了脱贫攻坚的最后胜利。

（三）发挥社会主义制度政治优势，为反贫困提供坚强的制度自信

中国共产党发挥自身制度优势，聚力攻坚克难，为消除贫困提供了坚强的制度基础和自信底气。

中国共产党坚定走中国特色社会主义道路，带领全国各族人民和社会各方面力量合力打赢脱贫攻坚战，构建了政府、市场、社会与个人多元主体参与的专项扶贫、行业扶贫、社会扶贫“三位一体”大扶贫格局，形成了政府有形之手与市场无形之手、群众勤劳之手的大合力，有力有序有效协同地完成了脱贫任务。东部与西部结对扶贫协作，推动区域协调发展、互利双赢；党政机关、企事业单位结对帮扶，“万企帮万村”有效对接帮扶对象与帮扶资源；军队、武警部队参与扶贫，军地优势互补建设互动互享新格局；企业与社会各界参与扶贫，搭平台开渠道提供就业机会；社会组织与志愿服务参与脱贫攻坚，实现易地搬迁、产业、就业等专项扶贫、行业扶贫。中国共产党广泛动员社会力量扶危济困，助力脱贫攻坚。

全国各族人民在党的领导下共同谱写脱贫攻坚华美乐章，彰显了社会主义制度集中力量办大事的政治优势，增强了制度自信的底气。

四、坚持内源与外源统一、扶贫与扶智结合，为反贫困提供动力机制

中国共产党领导的反贫困斗争，不仅有政府的外部政策支持，而且注重从内因出发激发内生动力，建立“对症下药”和“除根治本”的反贫困动力机制。

（一）坚持反物质贫困与反精神贫困相结合

中国共产党领导的反贫困斗争，既扶物质贫困又扶精神贫困，激发了摆脱贫困的内生动力，实现了脱贫的可持续性。

中国共产党在救济性扶贫、开发性扶贫时侧重给予贫困人群物质上的帮助，而在开放式综合扶贫、精准扶贫时既注重物质扶贫又注重精神扶贫，充分调动贫困群众的积极性、主动性和创造性。“人穷志不能短，扶贫必先扶志”①，通过教育扶贫，帮助贫困户树立自强自立自尊意识和脱贫致富加快发展的坚定信心；通过政策扶贫，使劳动者在参与扶贫项目、参与农业创新实践中改变“等、靠、要”的思维惯性；通过精准扶贫，分类教育指导贫困户明确发展思路找准脱贫方向，在辛勤劳动中自己“挣”幸福实现脱贫。在物质支持脱贫时加大智力支持，“财智双扶”拔除贫困之“根”，增强了脱贫的可持续性，激发了脱贫的内生动力。

（二）坚持内源扶贫与外源扶贫相统一

中国共产党领导的反贫困，不仅输入物质资源构建致富基础，也提升人力资源激发内生动力，走出了一条中国式内源扶贫与外源扶贫相统一的道路。

中央财政通过政策与资源倾斜，对贫困地区、革命老区、民族地区、边疆地区进行财政专项资金支持（见图6-1），促进生产生活条件改善；完善了区域减贫社会支持体系，推动新型城镇化建设与扶贫开发深度融合，加快了农村人口户籍城镇化进程；建立健全了资助体系，救济帮扶贫困地区和贫困人群，为反贫困提供外部政策动力保障。实行社会主义市场经济，鼓励勤劳守法致富，提高贫困者摆脱贫困的积极性；实施国家贫困地区义务教育工程，改善教育条件，有效利用教育资源提高贫困人口文化素质；实施脱贫攻坚规划，提高教育水平，用教育利剑斩断贫困基因；实施乡村振兴战略，发展培育品牌农业、智慧农业、生态旅游农业，提高贫困地区自我造血功能。既治贫又治愚，既富口袋更富脑袋，脱贫

① 习近平关于社会主义经济建设论述摘编［M］. 北京：中央文献出版社，2017：229.

攻坚“两手抓”实现美好生活。

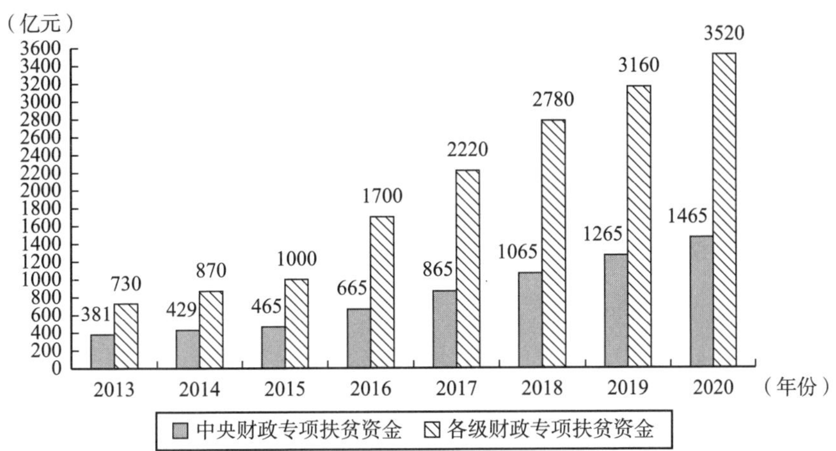

图 6－1 脱贫攻坚以来财政专项扶贫资金投入情况

资料来源：中华人民共和国国务院新闻办公室.《人类减贫的中国实践》白皮书［M］. 北京：人民出版社，2021：51.

（三）坚持扶贫与扶技相结合

中国共产党领导的反贫困斗争，既扶志提升贫困主体精神动力，又注重扶技提升贫困主体脱贫能力。

科技是第一生产力，人才是第一资源。中国共产党在反贫困中努力补齐科技和人才突出短板，强化技能培训提升贫困人口文化素质、身体素质、就业能力和创造能力。通过“百千万”科技扶贫工程对症“穷根”下药，建设“一百个”贫困地区科技园区等平台载体加大科技培训和科学普及力度，提高贫困群众科学素养；实施“一千个”高校、院所、园区、企业结对的科技精准帮扶，为贫困地区培养、输送科技创新人才；实行“一万个”贫困村科技特派员全覆盖的科技特派员制度，带领贫困群众提升科技致富本领和自我发展能力，实现由单纯救济式扶贫向依靠科学技术开发式精准扶贫转变。掌握一技之能，依靠自身本领实现脱贫，实现了扶贫由“输血”向“造血”的转变。

五、坚持精准扶贫模式创新，为反贫困提供科学路径

在中国共产党成立 100 周年之际，中华大地上全面建成了小康社会，而全面

建成小康社会的关键，则在于脱贫攻坚取得了全面胜利，而打赢脱贫攻坚战的制胜法宝，则在于精准扶贫方略的实施。针对不同贫困群体区域、农户经济状况和集约资源需求供给，运用科学有效决策程序，对我国农村产业扶贫体系建设实施精确识别、有效政策帮扶、集约资源管理，这是高效治贫决策的科学方式。

（一）精准扶贫，要义是“精准”

脱贫攻坚，贵在精准，重在精准。2013 年 11 月 3 日，习近平总书记在湘西十八洞村调研时提出，解决贫困问题要“实事求是、因地制宜、分类指导、精准扶贫”[①]；要帮助每一个贫困县、每一个贫困户都摸索出一条适合自己的脱贫致富的道路。在中共中央办公厅、国务院办公厅印发的《关于创新机制扎实推进农村扶贫开发工作意见》中提出了建立精准扶贫工作机制的要求；在国务院扶贫办印发的《扶贫开发建档立卡工作方案》中具体提出了通过建档立卡工作搞清楚扶贫对象，为扶贫方式转变到“精准”上提供了指导。在脱贫攻坚战中，我们围绕扶持谁、谁来扶、怎么扶、如何退等问题，提出了“扶贫对象精准、项目安排精准、资金使用精准、措施到位精准、因村派人精准、脱贫成效精准”“六个精准”的基本要求；我们始终坚持对扶贫对象实行精细化管理、对扶贫资源实行精确化配置、对扶贫对象实行精准化扶持，确保扶贫资源真正用在扶贫对象上、真正用在贫困地区；我们“不搞大水漫灌，不搞‘手榴弹炸跳蚤’，因村因户因人施策，对症下药、精准滴灌、靶向治疗，扶贫扶到点上扶到根上”[②] 扶到家庭，努力做到精准扶贫。

（二）精准脱贫，成败是“精准”

精准扶贫方略包含精准脱贫的内容，精准脱贫是随着“实施脱贫攻坚工程”而提出。在《中共中央关于制定国民经济和社会发展第十三个五年规划的建议》中将“扶贫攻坚”改成了“脱贫攻坚”。习近平总书记指出：“精准扶贫是为了精准脱贫，目的和手段关系要弄清楚。”[③] 实施精准脱贫，核心是脱真贫、真脱贫。我们把农村贫困人口脱贫作为全面建成小康社会的基本标志，以更大决心、更精准思路、更有力措施实施脱贫攻坚工程，确保了我国现行标准下农村贫困人口实现脱贫、贫困县全部摘帽、解决区域性整体贫困；我们建立全国建档立卡信

---

① 习近平的扶贫故事［N］. 人民日报，2020－05－20（01）.

② 中共中央党史和文献研究院．十九大以来重要文献选编（上）［M］. 北京：中央文献出版社，2019：225.

③ 中共中央党史和文献研究院．十八大以来重要文献选编（下）［M］. 北京：中央文献出版社，2018：44.

息系统，因村因户因人、因贫困原因贫困类型施策，按照设定的时间表实行严格评估，做到逐户销号、脱贫到人；我们加大力度推进深度贫困地区脱贫攻坚，着力解决“两不愁、三保障”突出问题，有计划、有资金、有目标、有措施、有检查地帮助困难群众脱贫；我们始终把发展作为甩掉贫困帽子的总办法，实实在在地帮助乡亲们寻找脱贫致富的好路，科学确定种什么、养什么，促进贫困地区转变发展方式；我们科学规划、因地制宜，实行精细化管理，提高精准性、有效性、持续性，打好政策组合拳，以提高扶贫对象生活水平作为衡量政绩的主要考核指标，真正拔掉穷根，打好脱贫攻坚战。

（三）精准施策，方法是“精准”

2017 年 12 月召开的中央农村工作会议强调，必须坚持精准施策，这是可持续脱贫的根本之策。精准施策是精准识别贫困人口进行因户施策、因人施策的前提，是打赢脱贫攻坚战的重要方法。我们“聚焦特殊贫困人口精准发力，加快织密筑牢民生保障安全网，把没有劳动能力的老弱病残等特殊贫困人口的基本生活兜起来，强化保障性扶贫”①；我们扎实做好产业扶贫、易地扶贫搬迁、就业扶贫、危房改造、教育扶贫、健康扶贫、生态扶贫等精准扶贫重点工作，帮助有劳动能力的贫困人口摆脱贫困；基础设施建设统筹规划，有的整村推进，有的整乡整县推进，有的整流域整片区推进；我们解决“怎么扶”问题，开对药方，实施“五个一批”工程，通过扶持发展特色产业实现就地脱贫，通过科学安置贫困群众创造就业机会，通过修复生态环境退耕还林还草让有劳动能力的人转成生态保护人员，通过发展教育让贫困者拥有一技之长阻断贫困的代际传递，通过低保线兜底作用及时救助贫困群众；我们解决“如何退”问题，设定具体时间表，根据贫困程度留出缓冲期，扶上马送一程，按照摘帽标准逐户销号、有序退出。

从结合本地实情摆脱贫困到精准扶贫，从精准扶贫到精准脱贫，从精准扶贫、精准脱贫到精准施策，充分证明了“精准扶贫是打赢脱贫攻坚战的制胜法宝，开发式扶贫方针是中国特色减贫道路的鲜明特征。”② 坚持反贫困的开拓创新，为最终消除绝对贫困提供了跨越性动力。

---

① 中共中央党史和文献研究院．十九大以来重要文献选编（上）［M］．北京：中央文献出版社，2019：230.

② 习近平．在全国脱贫攻坚总结表彰大会上的讲话［N］．人民日报，2021－02－26（02）．

第七章

全面建成小康社会后中国减贫治理

2021 年 7 月 1 日，习近平总书记在庆祝中国共产党成立 100 周年大会上庄严宣告“经过全党全国各族人民持续奋斗，我们实现了第一个百年奋斗目标，在中华大地上全面建成了小康社会，历史性地解决了绝对贫困问题”。① 全面建成小康社会，历史性消除绝对贫困是中国反贫困取得的阶段性胜利，并不是最终胜利。全面建成小康社会后我国的贫困会发生什么变化？我国又将采用什么样的减贫治理？如何守住脱贫攻坚胜利成果以实现“三农”工作重心的历史性转移？如何全面推进乡村振兴以实现全面建设社会主义现代化国家目标任务？这些都是摆在我们面前亟待探讨和解决的问题。

第一节　全面建成小康社会后中国贫困的主要特征

贫困是人类社会发展中长期存在的现象，在不同的时期和区域有不同的内涵和特点。我国全面建成小康社会，历史性消除了绝对贫困，反贫困事业进入到一个新的发展阶段，这个新的阶段就是以实现共同富裕为目标的相对贫困治理阶段。

一、相对贫困的内涵

相对贫困与绝对贫困是随客观标准和主观认知产生变化的相对存在的概念，正确认识相对贫困的内涵是有效治理相对贫困的前提。

---

① 习近平．在庆祝中国共产党成立 100 周年大会上的讲话［N］．人民日报，2021－07－16（01）．

绝对贫困是指社会成员无法维持基本生存需求的一种状态，是以基本生存需求来界定的，它的衡量标准是根据收入、消费、基本生活状况制定的稳定数值，其中经济是贫困的基础性维度。相对贫困是相对绝对贫困而言的一种通过比较得出的状态判断，指的是社会成员虽然能维持基本生存需求，但所拥有的资源不能达到社会家庭或个人所平均支配的资源水平，以及由此带来的“相对剥夺感”，其中，经济结构性相对贫困是后扶贫时代的相对贫困最直观、最基础的维度，主要是由于自然环境相对恶劣、突发性意外事件、未享受到有效的学习培训、主体发展能力相对不足、城乡差异导致的公共服务不均等、收入分配结构不合理等因素造成经济收入较低、不足以满足一个动态变化的相对贫困群体的经济需求。它不仅包含满足生存的经济维度，还包含保障权利的治理维度、满足发展的社会维度。

二、全面小康后中国贫困的主要特点

全面建成小康社会后中国进入相对贫困治理阶段，在这个阶段，我国的贫困形态、贫困性质、贫困群体及分布发生了重大变化，呈现出以下几个主要特征。

（一）贫困形态从绝对贫困转变为相对贫困

习近平总书记指出，“脱贫摘帽不是终点，而是新生活、新奋斗的起点。”[①]绝对贫困的消除并不意味着贫困的消除和贫困治理的终结。

随着人们对贫困认识的深入，逐渐了解贫困具有绝对贫困和相对贫困两种形态。全面建成小康社会只是消除了绝对贫困，解决了人们的吃、穿、住等基本生存需求，我们的脱贫攻坚成果还不稳固，脱贫水平还不高，返贫风险还较大，不平衡不充分的发展、区域差距、城乡差距、群体差距还将长期存在，相对落后、相对差距也依然存在，这些相对差距就是相对贫困。因此，全面建成小康社会后，贫困并没有彻底消除，相对贫困日益凸显并成为制约我国高质量发展和实现共同富裕的突出问题，我国的贫困形态从绝对贫困转变为相对贫困。相应地，相对贫困成为消除绝对贫困后贫困的主要表现形态和我国贫困治理的目标，并将伴随着我国社会主义初级阶段长期存在，缓解相对贫困是一项长期而艰巨的任务。

（二）贫困性质从生存贫困转变为发展贫困

全面建成小康社会前，我国绝对贫困问题突出，贫困人口基本的吃饭、穿

① 习近平．在全国脱贫攻坚总结表彰大会上的讲话［N］．人民日报，2021－02－26（02）．

衣、住行等生存需求无法满足，这一时期贫困性质是生存贫困。生存贫困需要以国家为主导，集中力量以完全消除贫困为目标，通过一系列的扶贫政策和干预措施，改变贫困地区生产生活面貌，以保障贫困人口的基本生存权。中国共产党领导人民经过长期持续的努力，实现了贫困人口“两不愁、三保障”的脱贫目标，我们历史性地消除了绝对贫困，生存贫困得到解决。全面建成小康社会后，我国相对贫困问题突出，贫困人口虽然解决了吃、穿、住等基本生存问题，但是他们与社会一般水平相比还有相对差距，很难实现整体消除，而只能减轻和缩小。如何巩固脱贫攻坚成果，防止脱贫不稳定户、贫困边缘户返贫；如何提升脱贫人口的受教育水平和知识技能，提升他们发展的内生动力，阻断贫困的代际传递；如何提升低收入人群的收入和共享更好的公共服务，缩小贫富差距，实现共同富裕等成为中国反贫困新的任务。因此，这一时期的贫困性质是解决了生存贫困之后的发展贫困。

（三）贫困维度从一维经济转变为多维综合

全面建成小康社会前，我们对贫困的衡量更多的是从物质生活这个经济角度，衡量指标是经济收入。世界银行在 1990 年提出了“1 天 1 美元”的绝对贫困标准，2015 年按照购买力平价标准将这一标准上调为每人每天 1.9 美元。我国贫困标准 1986 年是每人 206 元/年，2001 年是每人 865 元/年；2011 年是每人 2300 元/年。全面建成小康社会后，我国的贫困形态转变为相对贫困，人们美好生活的需要日益广泛，不仅对物质生活水平提出更高要求，在教育、文化、医疗、生态、基础设施和公共服务等方面的要求也日益增长，不只追求经济收入，还追求发展与共享权利，相对贫困的衡量从一维经济收入扩展到能力、权利、发展、公共服务、生态等多维综合层面。贫困的致贫原因更加多元复杂，贫困的类型增多，由单一的经济贫困拓展为经济贫困、社会贫困、生态贫困、精神贫困、能力贫困等多种类型。除了脱贫地区和脱贫人口的多维贫困发生率提高之外，贫困边缘户和低收入人群的多维贫困发生率也相应地提高。因此，相对贫困阶段贫困的衡量标准从从前一维的经济收入标准转变为相对、动态、多维综合的衡量标准。

（四）贫困范围从农村转变为城乡并存

全面建成小康社会后，贫困的形态和性质发生了根本变化，贫困的群体、空间分布也发生了相应的变化。农村依然是贫困的主要地区，城乡二元结构使得城乡之间存在差距，农民自身受教育程度不高，所掌握的知识和技能有限，自身发展能力不足，特别是脱贫地区的人们对政策性收入的依赖比较高，脱贫的水平和稳定性不高，发展动力和劳动能力受限，在与城市的比较中处于相对落后的状态。贫困不只存在农村，随着城镇化发展和易地搬迁的实施，大量农村人口涌入城市，处于城乡夹层的农民工和城市低收入者所拥有的资源和能力有限，工资收入低，工作不稳定，再加上因为户籍限制，不能享受城市的最低生活保障，成为城市新的贫困群体被纳入城市贫困范围，贫困从农村向城市转移。随着我国经济发展进入新常态，产业结构调整促使劳动力市场和就业环境发生了深刻变革，城镇劳动力市场需求增速变缓，就业岗位对知识、技能等要求提高，加之就业方式、模式的多元化的弹性化，使城镇低端岗位劳动者就业的不稳定性增加，在相对比较中，城市的失业人口、“三无”人口等低收入人群和困难人群也将成为新的贫困群体，城市贫困问题日益显现，贫困范围从农村转变为城乡并存。

总之，2020 年全面建成小康社会后，消除绝对贫困意味着第一种贫困形态在我国的终结，贫困以相对贫困的形式呈现，标志着我国进入新的贫困阶段即相对贫困阶段。这一时期的贫困为多维动态发展相对贫困，由于相对差距的长期存在，相对贫困无法彻底消除，只能逐渐缓解。可见全面建成小康社会后，我国的贫困问题不论是在广度上还是在深度上都更为复杂。

第二节　全面建成小康社会后中国减贫面临的新任务

中国历史性地消除绝对贫困创造了人类减贫史上的奇迹，提前 10 年完成联合国提出的 2030 年消灭极端贫困减贫目标，为世界减贫事业做出了突出贡献。全面建成小康社会后，我国进入相对贫困治理新阶段，面临新的减贫形势和任务。这一时期我们既要巩固脱贫攻坚成果，防止返贫，又要缓解相对贫困，缩小贫富差距。

一、巩固脱贫攻坚成果，防止返贫

全面建成小康社会后，我们面临的第一个任务就是如何巩固脱贫攻坚成果，守住不发生规模性返贫的底线。

（一）巩固脱贫攻坚成果是消除相对贫困的必然选择

习近平总书记在全国脱贫攻坚总结表彰大会上的讲话中明确指出：“我们要

切实做好巩固拓展脱贫攻坚成果同乡村振兴有效衔接各项工作，让脱贫基础更加稳固、成效更可持续。”① 我们举全国之力取得的脱贫攻坚成果还不稳固，一些地区和群体的脱贫具有很强的政策性特点，脱贫群体的收入中政府的政策性补贴占比较大，个人自身能力不足，劳动和经营所得占比较少，一旦政策停止“输血”，返贫的风险将大大增加；部分群体虽然具备了一定的发展能力，但是抵御风险能力较弱，一旦出现疾病、失业、自然灾害等突发意外情况和重大风险，极有可能致贫和返贫；部分群体长期受安贫乐道等贫困文化的影响，担当作为意识不强，内生动力不足，返贫风险较高。可见，脱贫群体具有脆弱性和不稳定性，应对风险能力不足，返贫致贫风险较大。持续脱贫是阻止返贫的重要手段，这就要求我们继续巩固脱贫攻坚成果，持续地提供政策支持，持续地增加脱贫群体的收入，持续地激发脱贫人口的内生动力。

（二）巩固脱贫攻坚成果的主要措施

一是在过渡期内保持主要扶贫政策整体稳定性。对脱贫地区设置五年的过渡期，中央和地方保持投入力度，预算内的中央投资继续加大，以支持易地扶贫搬迁的扶持工作为重点，提升加大政策支持和资金支持的力度，在此基础上加强贫困地区公共服务等基础设施建设水平，改善贫困地区人民的生活水平。进一步发挥第一书记及驻村工作队伍的作用，在巩固脱贫攻坚战成果的基础上保持扶贫队伍的稳定，为保障扶贫力度，组织东西部扶贫协作协议和中央单位定点扶贫责任书的签订，确保脱贫责任、政策和工作的有效落实。强化各部门脱贫攻坚责任制，坚持贫困地区脱贫后不摘政策、不摘帮扶、不摘责任、不摘监管，紧紧围绕目标任务，聚焦“三保障”等关键环节，保证财政、土地、教育、科技等政策举措落到实处，防范风险、规范小额信贷的发放，加强扶贫资产的管理，落实政策措施的实施并充分发挥资产效益。

二是建立健全返贫监测预警体系，有效防止返贫。实时动态监测易返贫和易致贫人口，对新发生贫困人口及返贫人口及时帮扶。根据业务职责分类精准施策，大力开展消费扶贫，把市场需求融入扶贫产业中，把城市居民和农村贫困群众联系起来，推进贫困地区持续健康发展，政府积极鼓励引导与市场机制的有机结合，创新试点并逐步建立长效机制，把消费扶贫和东西部扶贫有效结合在一起，改善销售方式，采取线上和线下相结合的方式推动消费扶贫的创新，不断完善产品认定机制及市场的严格统计监测机制和监管机制，让更多的社会力量参与

① 习近平．在全国脱贫攻坚总结表彰大会上的讲话［N］．人民日报，2021-02-26（02）．

开发扶贫的新渠道，科学有序地推进乡村产业的发展，拓宽农民的增收方式和渠道，改善农村地区生产和生活条件，并将相关工作纳入实现乡村振兴中来。

二、缓解相对贫困，实现共同富裕

相对贫困治理是接续推进我国反贫困事业的重要保障，是全体人民实现共同富裕的重要举措，而中国共产党和全体人民不懈追求的共同富裕又为相对贫困治理指明了前进方向。因此，我们在巩固脱贫攻坚成果、防止返贫的同时，要缓解相对贫困，缩小差距，实现共同富裕，为全面建设社会主义现代化强国奠定坚实的基础。

缓解相对贫困是我们减贫战略转型的现实需要。全面建成小康社会后，绝对贫困消除，相对贫困成为我国贫困的主要表现形态，解决相对贫困成为我们减贫面临的主要任务。党的十九届四中全会指出“坚决打赢脱贫攻坚战，巩固脱贫成果，建立解决相对贫困的长效机制”①。缓解相对贫困是我们解决社会主要矛盾的客观要求，党的十九大指出了我国社会的主要矛盾已经转化为人民日益增长的美好生活需要和不平衡不充分的发展之间的矛盾，而不平衡不充分的发展导致区域、城乡、群体之间相对差距存在。自 2003 年开始，我国全国居民人均可支配收入基尼系数处在 0. 46 ~0. 49，位于国际上公认的收入差距较大的区间，这些差距的存在制约着人民群众对美好生活的需要，阻碍着共同富裕目标的实现，解决社会主要矛盾内在要求缓解相对贫困、缩小相对差距。

缓解相对贫困是实现共同富裕的必然路径。相对贫困是在与其他群体的比较中，在收入、发展、能力、机会等方面处于匮乏状态，核心是收入不平等和分配不均等。缓解相对贫困聚焦于缩小区域、城乡、群体之间的差距，目的是通过有效的制度安排打破社会壁垒，保障全体劳动人民在经济社会建设中平等发展，相对公平地共享国家经济、政治、文化、社会、生态各方面建设成果和各方面合法权益，补齐经济社会发展的短板，消除贫富差距、区域差距和城乡差距，保障脱贫人口贫困边缘户不再陷入绝对贫困，巩固拓展脱贫攻坚成果。通过提供扶贫公益性岗位、开展技能培训、送先进文化下乡、健全社会保障体系等措施治理相对贫困，帮扶低收入群体摆脱经济维度的贫穷，转“贫”为“富”跻身中等收入群体，缩小社会成员之间的贫富差距，不断满足他们在生计能力、精神素养、社会融入等方面的发展性需求，促进其全面发展，以改善社会发展不平等不均衡的

① 中共中央关于坚持和完善中国特色社会主义制度　推进国家治理体系和治理能力现代化若干重大问题的决定［N］. 人民日报，2019 -11 -06（01）.

格局，实现全体人民的共同富裕。

三、做好与乡村振兴的有效衔接

脱贫攻坚战的胜利，为我国人民创造美好生活、不断向共同富裕道路迈进打下坚实基础。与此同时，中国作为世界上最大的发展中国家、中国处于社会主义初级阶段的国情没有变。在现阶段，中国仍然面临人民日益增长的美好生活需要和不平衡不充分发展之间的矛盾。不平衡不充分矛盾问题的解决，实现人的全面发展、共同富裕，仍然有很长的路要走。脱贫攻坚战的胜利是绝对贫困问题的解决，但仍然存在相对贫困和相对落后的问题，因此扶贫工作要做好向解决相对贫困的转向。习近平同志指出“脱贫摘帽不是终点，而是新生活、新奋斗的起点”①，并在此基础上提出“要针对主要矛盾的变化，理清工作思路，推动减贫战略和工作体系平稳转型，统筹纳入乡村振兴战略，建立长短结合、标本兼治的体制机制”②，并做出一系列重要战略部署。在中国共产党的带领下，我国进一步在缩小城乡区域发展差距上接续奋斗，始终把人民放在最高位置，在实现中华民族伟大复兴的进程中更好地满足人民对美好生活的期待。

2035 年我国将基本实现社会主义现代化，2050 年我国将全面建成社会主义现代化强国，在以目标为导向的民族复兴的进程中，乡村振兴是必然的要求和结果，在此基础上，中国将继续推进脱贫攻坚战所取得的胜利成果，保护好胜利果实，并做好接下来的安排，即乡村振兴的有效实现。新的阶段，中国将立足新的发展阶段，贯彻新的发展理念，构建新的发展格局，实现“三农”工作重心的历史性转移，把解决好“三农”问题作为重心，坚持优先发展农业、农村，走出一条中国特色的社会主义乡村振兴道路，凝聚更广泛、更强大的力量全面推进乡村振兴的实现。2050 年在实现第二个百年奋斗目标的基础上，乡村实现全面振兴，主要体现在农业强、农村美、农民富，乡村经济社会得到全面进步，各项事业得到全面发展。目前，从区域发展的角度出发，我国西部地区低收入人口较多，在实现脱贫摘帽的基础上，一些地方的整体发展水平仍然相对较低，需要社会各方力量的大力帮扶和支持，在发展的过程中实现自我发展和主动发展。在新的发展阶段，仍需要推动相对贫困地区和群众稳定发展，摆脱绝对贫困只是减贫事业的一个阶段，持续稳定把推动乡村振兴继续作为党和国家的工作重点，因此，投入力度和强度不能降下来。不断激发贫困地区内生动力，不断提升已经脱贫地区但

---

① 习近平. 在全国脱贫攻坚总结表彰大会上的讲话［N］. 人民日报，2021-02-26（02）.

② 习近平. 在决战决胜脱贫攻坚座谈会上的讲话［N］. 人民日报，2020-03-07（02）.

仍然处在相对贫困中的群众自我发展的意识及发展的积极性，要进一步发挥当地产业的作用，增加经济实力和经济活力，提供更多的就业机会，并不断推进人才振兴、文化振兴和生态振兴等各方面发展，提升相对贫困地区的整体发展水平。基于此，推动相关工作的过程中，总结减贫阶段的经验并在乡村振兴中用好相关经验，深刻理解并认识下一阶段减贫工作的主要矛盾和变化，找准路径，使脱贫攻坚与乡村振兴有效衔接，建立长短结合的体制机制，做好阶段的交接和转型工作，在实现共同富裕的进程中有序推进乡村振兴事业的发展。

第三节 全面建成小康社会后解决相对贫困的长效机制

贫困治理的关键在于破解贫困内在的结构性困境，防止非贫困向相对贫困、相对贫困向绝对贫困的逆向转化。全面建成小康社会后，我国进入相对贫困治理新阶段，贫困的主要特点和减贫面临的任务发生了转变，绝对贫困时期短时间内举全国之力消除贫困的“运动式”减贫战略无法适应新阶段的需要，我们应立足于相对贫困治理新阶段，从实现共同富裕的战略高度，探索常态化制度化减贫战略，为实现全体人民共同富裕取得更为明显的实质性进展奠定坚实基础。

党的十九届四中全会提出“建立解决相对贫困的长效机制”；2020 年中央一号文件指出“扶贫工作重心转向解决相对贫困，扶贫工作方式由集中作战调整为常态推进”，把解决相对贫困问题纳入实施乡村振兴战略统筹安排；党的十九届五中全会提出“实现巩固拓展脱贫攻坚成果同乡村振兴有效衔接”，到 2035 年全体人民共同富裕取得更为明显的实质性进展；党的二十大指出“巩固拓展脱贫攻坚成果，增强脱贫地区和脱贫群众内生发展动力”，这些安排部署为全面建成小康社会后我国减贫战略的探索指明了方向。

相对贫困具有相对性、发展性、多维性和动态性等特征，这些特征决定了相对贫困治理是一个长期复杂的过程，不会一蹴而就，更不会一劳永逸，需要我们以系统观念为指引，以共同富裕为目标，探索建立解决相对贫困问题的长效机制。我们将从组织领导、识别监测、内在动力、政策保障、协同治理、统筹融合六个方面来构建解决相对贫困问题的长效机制。

一、发挥党的领导优势，建立组织领导机制

党的领导是中国特色社会主义的本质特征，也是中国特色社会主义的最大优

势。百年反贫困的实践充分证明了党的领导是我们消除绝对贫困的前提和根本保证。正是有了党的坚强领导，才能在实践中协调整合各方，汇聚成消除绝对贫困的磅礴力量。

新中国成立以来特别是改革开放以来，党带领人民持续向贫困宣战，实施大规模以政府为主导的扶贫开发行动，使贫困人口大幅减少，贫困群众生活水平显著提高，贫困地区面貌发生根本变化。党的十八大以来，以习近平同志为核心的党中央实施精准扶贫，建立五级书记抓扶贫的组织体系，如期打赢脱贫攻坚战，消除绝对贫困，取得了彪炳史册的减贫成就。全面建成小康社会后，相对贫困将长期存在，致贫的原因更为复杂多样，我们更要坚持党的全面领导，发挥党总揽全局、协调各方的作用。加强顶层设计，为全面建成小康社会后实现从绝对贫困治理向相对贫困治理的战略转型提供遵循，形成与相对贫困治理相适应的组织体系和制度体系，构建相对贫困治理的四梁八柱，把党的领导贯穿到相对贫困治理的全过程，减少碎片化治理造成的资源浪费。要发挥组织优势，借助基层党组织和党员密切联系群众的优势，确保党的各项方针政策落到实处，惠及相对贫困人口，为缓解相对贫困、实现共同富裕提供根本组织保障和支撑。

二、借鉴与实际相结合，建立识别监测机制

随着“五个一批”“六个精准”等系列扶贫政策的实施和“两不愁、三保障”问题的解决，中国已经全面建成小康社会，消除了绝对贫困，人们的基本生存需求得到满足，相对贫困成为贫困的主要表现形式，反贫困正式转入相对贫困治理阶段。如何确定贫困对象？显然我国原有的绝对贫困标准不再适合现在的贫困形式，需要制定新的贫困标准，以便识别相对贫困人口，这是进行相对贫困治理的前提。

我们确定新的贫困标准，既要借鉴国际经验，又要结合中国实际。贫困标准不能制定得过高，如果制定得过高，贫困规模大，也不利于调动贫困人口的积极性；如果制定得过低，不能如实反映贫困水平。国际上一般是以一个国家或地区的平均收入或居民收入中位数（均值）乘以一定的比例（通常在 40% ~ 60%）作为测定相对贫困的基本标准，比如世界银行将收入低于社会平均收入 1/3 的社会成员视为相对贫困人口，经济合作与发展组织（OECD）以居民收入中位数的 50% 作为相对贫困线，欧盟以中位收入的 60% 以下（大致相当于平均收入的 50%）作为相对贫困线，还有一些国家以低于平均收入 40% 作为相对贫困线。我国刚刚脱贫，脱贫对应的是国际赤贫标准，脱贫水平不高，区域、城乡、群体

之间差距较大，基尼系数较高，在确定新的贫困线时，不宜过高，全国也不宜使用同一条贫困线。根据我国的实际情况，遵循科学性、操作性、动态性和可获得性、可接受性、可比性，我们可以采用较高标准和较低标准相结合的方法确定我国的相对贫困线，不同地区可根据自身实际设定合理的相对贫困标准，可选取反映经济发展总体水平的人均 GDP、反映居民生活水平的城镇居民和农村居民可支配收入等作为指标，采用阈值法、权重法、综合法等方法进行相对贫困识别，经济发达的省份可以采用较高标准，经济欠发达省份可以采用较低标准。在以收入为识别标准的基础上综合考虑多维的贫困识别标准。

在科学设定贫困线的基础上，借助大数据和现代信息技术手段，健全相对贫困人口数据库，科学管理、有效监测相对贫困人口。建立返贫预警监测机制，进行动态监测，对于脱贫不稳定户、边缘户、低收入群等划分易返贫的等级，提前做好准备，提升帮扶效果。

三、提升内在发展动力，建立长效增收机制

消除绝对贫困的目标是全面建成小康社会，缓解相对贫困的目标是实现共同富裕，是实现更高质量的可持续减贫，这就要求我们坚持以人民为中心的思想，着重激发和提升相对贫困群体的内生动力，建立相对贫困人口的长效增收机制。

内生动力不足，是影响我国脱贫成果、造成返贫的重要原因。绝对贫困治理时期，为了确保脱贫攻坚的胜利，贫困地区和贫困群体享受到了实实在在的政策扶贫红利，精神贫困在一些地区和群体中表现明显，“等、靠、要”思想严重，不以贫为耻，反以享受低保为荣，安贫乐道，不思进取，容易致贫返贫。缓解相对贫困要实现从被动“输血”向主动“造血”的转变，强化志智双扶，增强贫困人口的主体意识，激发他们勤劳致富的积极性、主动性和创造性。建立激励机制，把物质激励与精神激励结合起来，对于通过自己劳动脱贫致富的可以通过劳动补助等方式进行物质激励，同时树立典型，宣传典型，加强引导教育，在社会范围内形成劳动光荣的浓厚氛围，激发脱贫的主动性。开展技能培训，提升脱贫的能力，建立教育扶贫的长效机制。推动学习型社会建设，把知识和技能送到脱贫群众的手中，增强他们劳动致富的可行能力。

建立相对贫困人口的长效增收机制，是解决相对贫困最关键、最根本的途径之一。要解决相对贫困群体就业机会偏少、就业技能欠缺，从事农业和非农产业经营能力低，占有收益性资产不足等问题，必须持续提升相对贫困群体的工资性收入和转移性收入，结合地区资源禀赋优势发展适宜、特色产业，延伸产业链

条，创造充足的就业岗位，在支撑区域经济发展的同时使贫困群众获得更多收益，增强贫困地区内生发展动力；必须持续提升经营性收入，以财政政策和信贷支持为关键抓手，为从事农业及非农经营的相对贫困群体提供财政补贴、税收减免等支持，减轻相对贫困群体的经营压力，提升小微经营主体抗风险能力和盈利能力，保障收入的稳定和增长；必须持续提升财产性收入规模，加快发展多层次资本市场，拓宽城镇相对贫困居民的资产性收益来源，打通资源变资产、资金变股金、农民变股东的渠道，不断发展壮大村级集体经济，深化资产收益长期减贫作用；必须建立收入分配调节机制，把相对贫困群体的财政帮扶措施制度化，完善以鼓励劳动为核心的正向激励机制，构建覆盖全民、城乡统一的社会保障制度体系和社会公众广泛参与的多元化转移支付体系，拓宽相对贫困群体转移性收入来源，持续提升相对贫困人口的收入，增强内生发展动力，实现减贫的可持续化发展。

四、构建相对贫困减贫体系，建立政策保障机制

全面建成小康社会后，我们由运动式减贫转变为常态化制度化减贫，这是一个持久战的过程，政策和制度显得尤为重要，我们应构建解决相对贫困问题的政策体系，为解决相对贫困提供政策保障。

2020 年后，我们在绝对贫困向相对贫困转变的过程中，要继续加大投入，保持脱贫地区和脱贫群体相关政策的稳定性。脱贫攻坚完成后，国家设立了 5 年过渡期，参考国务院扶贫开发领导小组《关于建立防止返贫监测和帮扶机制的指导意见》，按照人均可支配收入不低于国家扶贫标准 1.5 倍左右的家庭为重点监测和扶持对象，贯彻过渡期内严格落实摘帽不摘责任、摘帽不摘政策、摘帽不摘帮扶、摘帽不摘监管的“四个不摘”要求，保持帮扶政策总体稳定，以巩固脱贫攻坚成果，防止返贫和新的致贫的产生，缩小脱贫地区和其他地区的贫富差距。做好脱贫攻坚与乡村振兴的有效衔接，把相对贫困治理融入乡村振兴战略，增强中心城区对农村地区的辐射带动作用，打破城乡二元结构，引导人口向重点镇、县城、中心城市聚集，同时做好产业扶贫的文章，为农民持续增收奠定坚实的基础，促进相对贫困的缓解。持续加大对农村和中西部基础设施的投入，通过完善基础设施，促进生产要素向农村和中西部地区的流动，缩小城乡之间、区域之间的差距。构建以基本公共服务均等化为基础的防贫政策，加大对农村和欠发达地区的基本公共服务的投入和支持，特别是补齐教育、医疗、卫生等方面的短板，建立普惠型社会保障体系，筑牢民生保障网。健全兜底保障制度，在相对贫困地

区，对于丧失劳动能力、无生活来源、孤寡老人、孤儿等特殊困难群体进行兜底保障，发挥低保、社会保险等社会救助体系政策的作用。

五、多元主体参与减贫，建立协同治理机制

在消除绝对贫困中，以政府为主导的扶贫格局充分发挥了我国集中力量办大事的体制优势，是我们百年反贫困的一条重要经验。当前，相对贫困不但存在农村，还存在城市，范围比以前更大，面临的任务更重，这就要求我们吸纳更多的力量参与到贫困治理中，我们从以政府为主导的贫困治理转向政府、社会、市场等多元主体参与的共同治理。

多元主体之间有效配合，才能发挥多元主体的协同作用。充分发挥党在贫困治理中的全面领导作用，积极引导和鼓励企事业单位、社会组织、慈善机构等市场主体和社会力量参与到相对贫困治理中，发挥市场主体与市场联系密切，具有资源配置效率高的优势，社会力量具有机制灵活、工作方式细致、精准传递资源的优势，还可以发挥第三次分配的作用，三者各自发挥自己的优势，形成贫困治理的合力，共同推进中国贫困治理的常态化整体性发展。吸收更多的市场主体和社会力量参与贫困治理，培育和提升他们的积极性是关键，增强市场主体的社会责任意识，通过一些税收和金融等财政手段促进他们的发展，增强他们参与贫困治理的积极性。培育更多的社会组织，弘扬公益互助文化，让“人人为我、我为人人”的朴素理念在社会范围里生根发芽，为更多的力量参与到相对贫困治理中奠定良好的基础。在相对贫困治理阶段应更加注重减贫协作机制的效率和可持续性，更大地发挥市场和社会的作用，实现社会帮扶和政府帮扶的有效衔接，通过政府与社会资本合作、产业投资引导基金等方式引入社会资本，发挥财政资金四两拨千斤的作用，支持产业、基础设施、民生等领域重点项目建设，形成有为政府、有效市场和积极社会力量的良性互动，以优势互补、互利共赢为方向提升减贫帮扶的“合作”属性。

六、城乡联动发展，建立统筹融合机制

由于自然和历史的原因，我国城乡之间、区域之间存在一定差距，自实施扶贫开发工作以来，我国扶贫的主战场在农村，扶贫对象主要是农村贫困人口，城市贫困问题不在扶贫开发的范围之内。随着城镇化发展，人口流动加快，相对贫困在农村、城市、城乡之间都存在。相对贫困治理旨在缩小差距，实现共同富

裕，这就要求我们树立统筹城乡贫困治理理念，构建一体化解决城乡贫困问题的统筹融合机制，促进城乡联动发展。

推进户籍制度改革，取消城市低保制度的户籍限制，以经常居住地为标准，把流动人口纳入城市贫困治理体系，推动农村搬迁人口市民化，全方位融入城市生产生活，解决农民工反贫困治理的真空状态，确保贫困治理全覆盖，实现城市基本公共服务对常住人口的全覆盖。

立足城乡区域比较优势和现代产业分工要求做大做强中心城区，增强欠发达地区有发展条件城市的辐射带动作用，以县城为重要载体补短板强弱项，实现农村相对贫困人口就地就近城镇化，促进城乡生产要素双向流动，推动公共服务向乡村延伸，因地制宜推动特色优势产业发展壮大，增强相对贫困地区的内生动力。

聚焦衰退型城市和城市边缘群体，未雨绸缪城市新贫困。完善城乡低保制度，统筹特困人员、孤困儿童的最低生活保障，构建社会救助兜底保障网络，实现城乡困难群体救助全覆盖。鼓励企业和社会力量参与职业教育办学，加强对结构性失业群体等劳动者的教育培训，提升就业技能。

加强乡村特色和内涵建设，提升相对贫困地区优质生态产品供给能力。从宜居和优美的生态环境建设入手，实施重大生态保护和修复工程与以工代赈等减贫项目相结合，将生态公益性岗位向零就业家庭、困难家庭倾斜，吸引生产要素向农村流动，促进农村大学生和优秀的农村企业家回家建设自己的家乡，实现城市和乡村的良好互动。

坚持区域优势互补原则、合作共赢理念，继续发挥东西部扶贫协作机制作用，利用东部地区在生产要素、产业和教育、健康等公共服务领域的优势，帮扶西部低收入地区盘活土地、劳动力优势，实现低收入地区产业融合发展，提升基本公共服务供给水平，逐步缩小东西部发展差距，逐步实现共同富裕。

建立发展型的社会保障兜底体系，在精准识别相对贫困人口基础上，构建并完善以就业救助和教育救助为核心的发展型救助项目体系，将城镇相对贫困人口的发展性需求纳入救助范畴，注重提升受助人口接受教育、提高就业技能、参与社会机会，构建以能力发展为核心的兜底保障体系。

第四节　巩固脱贫攻坚成果与乡村振兴有效衔接

《中共中央　国务院关于实现巩固拓展脱贫攻坚成果同乡村振兴有效衔接的意见》中明确指出，打赢脱贫攻坚战、全面建成小康社会后，要进一步巩固拓展脱贫攻坚成果，接续推动脱贫地区发展和乡村全面振兴。这是我国“十四五”乃至更长时期极为紧迫尤为重要的任务，是立足现实、贯通历史、面向未来二者在理论逻辑、内在逻辑、实践逻辑、历史逻辑、政策逻辑等维度上的关系决定的。

一、脱贫攻坚同乡村振兴衔接的理论逻辑

贫困作为一个全球性问题，不论发展中国家还是发达国家都一直深受其扰。马克思主义者和西方学者从不同角度和不同领域就克服贫困顽疾进行了探索，为脱贫攻坚同乡村振兴衔接提供了理论逻辑基础。

（一）脱贫攻坚同乡村振兴衔接的马克思主义理论基础

马克思主义反贫困理论是无产阶级摆脱贫困的思想指南，为脱贫攻坚同乡村振兴衔接提供理论基础。

消除贫困必须推翻资本主义制度。马克思在《资本论》中认为，“农业工人的工资被压到最低限度，他总是有一只脚陷在需要救济的赤贫的泥潭里。”[①] 而工人阶级中贫苦阶层和产业后备军越大，需要救济的贫民就越多。这一资本主义积累的绝对的、一般的规律制约着同资本积累相适应的贫困积累，而贫困程度的增加使得工人阶级的反抗也在增加，摆脱贫困必须炸毁资本主义的外壳，敲响资本主义私有制的丧钟。恩格斯在《英国工人阶级状况》中也指出，“应当到资本主义制度本身中去寻找”工人阶级处境悲惨的原因。资本主义制度是无产阶级贫困的根源，因此，摆脱贫困、消除贫困的必由之路就是必须推翻资本主义制度。

无产阶级的贫困既有物质贫困也有精神贫困。马克思主义认为，无产阶级在资本主义社会剥削压榨下所产生的贫困是社会整体的贫困，不只体现在最显著的物质层面，同时还体现在精神层面所有的方面。在资本主义条件下，工人阶级创造大量的劳动财富却只能获得少量的财富，工人创造的剩余价值无偿被资本家占有，自身只能获得微薄的工资以维持生活现状，根本无法享受到优质的教育等学习权利。无产阶级的贫困在资本主义社会中除了凸显物质上的短缺、生活资源的短缺最显著的问题外，在政治和精神领域也存在着思想空洞、素质偏低等严重的贫穷状态，资本在财富积累的同时，“是贫困、劳动折磨、受奴役、无知、粗野和道德堕落的积累。”[②]

无产阶级的贫困具有绝对贫困和相对贫困两种形式。马克思、恩格斯认为，

---

① 马克思．资本论（第1卷）［M］．北京：人民出版社，2018：740.
② 马克思．资本论（第1卷）［M］．北京：人民出版社，2018：744.

底层劳动者由于自身没有生产资料，只有靠出卖劳动力维持生活的温饱和换取基本的生活资源，而一旦丧失了劳动能力也就没有了生活来源进而也就失去了生存能力，因此，工人阶级处于绝对贫困状况是不可规避、不可避免的。在资本主义制度中，随着生产力的发展和劳动生产率的提高，资本相对减少了对劳动力的需求，劳动者的相对地位进一步恶化。虽然资本家为了扩大自身的经营和收益适当提高工人的工资和福利，但这是以资本家获得更多剩余价值为前提，并且劳动生产力越高，工人为资本自行增殖而出卖自己的力气也就越无保障。因此，马克思说："不管工人的报酬高低如何，工人的状况必然随着资本的积累而恶化。"① 如果说工人阶级为资本家创造的财富令人陶醉的增长而使自身变得"不那么穷"了，但穷的极端程度没有缩小，工人阶级相对地还是像原来一样穷，甚至因为富的极端程度已经增大而使得穷的极端程度增大了，贫穷和富裕之间的对立问题也会越发明显了。

实现人的自由全面发展，才能彻底摆脱贫困。"代替那存在着阶级和阶级对立的资产阶级旧社会的，将是这样一个联合体，在那里，每个人的自由发展是一切人的自由发展的条件。"② 马克思、恩格斯反贫困的终极目标是实现每个人的自由全面发展，而实现自身自由全面发展的条件则是推翻资本主义剥削制度，建立没有剥削、没有奴役、人人平等、劳动作为人们第一需要的社会。马克思、恩格斯指出，无产阶级将"把一切生产工具集中在国家即组织成为统治阶级的无产阶级手里"③，开垦荒地和改良土壤，实行普遍劳动义务制，逐步消灭城乡对立，对所有儿童实行公共的和免费的教育，把教育同物质生产结合起来，并且尽可能快地增加生产力的总量，建立社会生产力高度发达、社会财富极大丰富的共产主义社会，人的自由而全面的发展、全体社会成员的发展才有可能。

（二）马克思主义中国化反贫困理论的必然要求

消灭剥削制度，改良群众生活。中国共产党成立后就致力于民族解放和人民幸福，把马克思反贫困理论与中国实际相结合，认识到"帝国主义、封建主义、官僚资本主义和国民党反动政府的残酷无情的压迫和剥削"④ 是造成中国严重贫困问题的原因，因此，党的"八七会议"在 1927 年确定了"推翻帝国主义及其工具军阀在中国的统治，完成民族革命，并实行土地革命，消灭豪绅阶级对农民

① 马克思．资本论（第 1 卷）［M］．北京：人民出版社，2018：743.
② 马克思，恩格斯．共产党宣言［M］．北京：人民出版社，2014：51.
③ 马克思，恩格斯．共产党宣言［M］．北京：人民出版社，2014：49.
④ 毛泽东选集（第 1 卷）［M］．北京：人民出版社，1991：28.

的封建的剥削”[①] 的土地革命和武装反抗国民党反动派的总方针；提出了“组织革命战争，改良群众生活”[②]，改造农业、手工业和资本主义工商业，消灭生产资料私有制建立公有制为主体的社会主义制度，为解决贫困问题奠定了制度基础。中国共产党把建立独立、完整的工业体系和国民经济体系这一宏伟任务纳入政府工作和国民经济长期计划，提出了建成全国的独立完整的经济体系，基本实现工业现代化、农业现代化、科学文化现代化和国防现代化的任务，已经认识到了反贫困不仅要工业现代化，还要农业、科学、国防四个现代化齐头并进共同发展。

社会主义的特点是人民共同富裕。中国共产党把社会主义的探索与实现社会脱贫紧密结合起来，逐步明确了“贫穷不是社会主义，社会主义要消灭贫穷。”[③]我们“要建设比资本主义具有优越性的社会主义，首先必须摆脱贫穷”[④]，让老百姓富起来，“但这种富是人民共同富裕”[⑤]。最终解决贫困问题，必须缩小区域间的发展差距，实现最终的共同富裕；必须大力发展生产力，不断提高人民群众的生活水平与质量，将开发式扶贫作为社会主义建设和全面建成小康社会的重要一步。国家加大投入，“实行工业反哺农业、城市支持农村”[⑥]，全社会广泛参与建设社会主义新农村，统筹兼顾城乡区域发展，缩小发展差距，巩固温饱成果提高发展能力，改善生态环境建设和谐社会。

人民对美好生活的向往就是我们的奋斗目标。党的十八大以来，消灭贫困、实现共同富裕是全国各族人民的共同愿望与美好向往，也是社会主义国家的内在要求和我们党的重要使命。聚焦“三农”难题，将扶贫、脱贫精准化，打赢了脱贫攻坚战，完成了2020年全面小康目标的实现，在中国消除了绝对贫困。如何巩固拓展脱贫攻坚成果实现全体人民共同富裕？在实现社会主义现代化国家的征程中，如何保障农业农村现代化的实现？党中央对新发展阶段优先发展农业农村、全面推进乡村振兴作出了总体部署，有利于解决人民日益增长的美好生活需要和不平衡不充分发展之间的矛盾，有利于实现全体人民共同富裕，有利于全面建设社会主义现代化强国目标。因此，必须在消除绝对贫困基础上实现其同乡村振兴的有效衔接。

---

① 毛泽东选集（第1卷）［M］. 北京：人民出版社，1991：48.
② 毛泽东选集（第1卷）［M］. 北京：人民出版社，1991：402.
③ 邓小平文选（第3卷）［M］. 北京：人民出版社，1993：116.
④ 邓小平文选（第3卷）［M］. 北京：人民出版社，1993：225.
⑤ 中共中央文献研究室．邓小平思想年谱（1975－1997）［M］. 北京：中央文献出版社，1998：403.
⑥ 胡锦涛文选（第2卷）［M］. 北京：人民出版社，2016：412.

（三）西方反贫困理论的借鉴

目前，在西方学界占据主导地位的贫困治理理论是结构性贫困理论和文化贫困理论。奥斯卡·刘易斯文化贫困理论认为，穷人因贫困在家庭结构、人际关系、价值观念、消费模式、社区观念和时间取向等方面存在较大的相似性，形成了一些独特的共同文化观念和生活方式，衍生出相对隔离、脱离社会主流文化的贫困亚文化，这种亚文化形成了难以脱离贫困的固定思维，进而影响下一代并世代相传，使得他们在遇到摆脱贫困机会时也难以抓住机遇走出贫困。哈瑞顿认为，环境决定贫困，“代际传播”特点成为文化贫困理论的核心要义，教育在贫困治理方面起着重要作用。

结构性贫困理论认为，穷人贫困的原因是他们缺乏获取经济的途径，如缺乏生存、发展所必需的资源和主客观存在的各种条件，因此，他们要改变贫困的命运就必须有足够的经济，要保障他们的权利不被侵犯和剥夺。汤森认为，贫困的相对性是绝对的，是一个动态的概念，它是随着社会规范和习惯的改变而改变的相对剥夺，是个人、家庭、社会组织获得的饮食、住房、娱乐和参与社会活动等方面的资源不足以达到按照社会习俗或所在社会鼓励提倡的平均生活水平。相对于一定社会的平均生活水平而言的贫困，明显地包含了社会价值取向，强调了社会成员之间生活水平的比较，其内涵随社会、经济、文化背景的变化而变化。

二、脱贫攻坚同乡村振兴衔接的实践逻辑

巩固拓展脱贫攻坚成果既不是简单地延续精准扶贫，也不是围绕相对贫困治理另辟门户重打鼓，而是在摆脱绝对贫困的基础上充分发挥脱贫攻坚的溢出效应巩固脱贫攻坚成果，在巩固脱贫成果的基础上实现重点领域、重点区域和治理主体的衔接，拓展相对贫困治理实现乡村振兴。

（一）突出重点领域衔接

以实事求是、循序渐进为原则，加强脱贫攻坚与乡村振兴在政策、体制机制、目标、措施等重点领域的有效衔接。

第一，坚持党建引领，党组织衔接乡村组织振兴，巩固拓展相对贫困治理的组织基础。实施乡村振兴战略，解决好农业农村农民问题是党和国家各项工作的重中之重。办好农村的事情，实现乡村振兴，关键在党。要把觉悟高、学历高、

威望高、能带头致富的人员选配到农村基层党组织领导班子，提升领导班子成员素质，充分发挥基层党组织战斗堡垒作用和党员先锋模范作用，以党建促产业发展，激发群众投身乡村振兴、增收致富的自主性，筑牢乡村振兴的根基。

第二，健全乡村治理体系，衔接乡村治理振兴，巩固拓展相对贫困的治理根基。乡村治理是乡村振兴的基础，我们"不能只盯着经济发展，还必须强化农村基层党组织建设，重视农民思想道德教育，重视法治建设，健全乡村治理体系，深化村民自治实践，有效发挥村规民约、家教家风作用，培育文明乡风、良好家风、淳朴民风"①，推进自治、法治、德治"三治融合"，完善矛盾纠纷多元化解机制，促进乡村善治，提升乡村治理能力。

第三，推进乡村持续发展，衔接乡村产业振兴，巩固拓展相对贫困治理的物质基础。通过打造品牌、合作营销、共建共管等方式，促进乡村产业融入市场体系，拓展农业多种功能发展农产品加工业、乡村休闲旅游、农村电商三大产业，挖掘乡村在食品保障、生态涵养、休闲体验、文化传承等方面的多元价值功能，发展比较优势明显、带动农业农村能力强、就业容量大的产业，促使农民就近就业、就地致富，收入稳步增长，确保乡村产业健康、高效、持续发展，夯实乡村产业振兴的基础。

第四，健全乡村人才体系，衔接乡村人才振兴，巩固相对贫困治理的可持续人才支撑。乡村振兴，关键在人。我们要"坚持把乡村人力资本开发放在首要位置，大力培养本土人才，引导城市人才下乡，推动专业人才服务乡村，吸引各类人才在乡村振兴中建功立业，健全乡村人才工作体制机制，强化人才振兴保障措施，培养造就一支懂农业、爱农村、爱农民的'三农'工作队伍，为全面推进乡村振兴、加快农业农村现代化提供有力人才支撑。"② 使各类人才进得来、留得住、发展好，从而在乡村振兴中发挥更大作用。

第五，落实绿色发展理念，衔接乡村生态振兴，巩固拓展相对贫困治理的生态脱贫。以"绿水青山就是金山银山"的生态发展理念指导乡村生态振兴，以美丽乡村建设为导向巩固退耕还林还草成果提升生态宜居水平，以产业生态化和生态产业化为重点推进农业绿色发展促进产业兴旺，以生态文化培育为基础增进乡风文明，以生态环境共建共治共享为目标推动取得治理实效，更好地满足相对贫困地区人民群众日益增长的美好生活需要。

第六，衔接乡村文化振兴，巩固拓展相对贫困治理的精神扶贫。文化振兴是

---

① 把提高农业综合生产能力放在更加突出的位置　在推动社会保障事业高质量发展上持续用力［N］. 人民日报，2022－03－07（01）.

② 加快推进乡村人才振兴［N］. 人民日报，2021－02－24（10）.

乡村全面振兴的基础工程，培好文化之根，铸就精神之魂。促进文化“输血”功能与文化“造血”功能的衔接，将健康有益的文化输送到农村，解决精神贫困和贫困代际遗传问题；促进文化“补短板”与文化“促发展”的衔接，满足老百姓基本的文化需求，构建起包括乡村文化价值体系、乡村文化公共服务体系、乡村文化市场竞争体系以及乡村文化制度保障体系在内的综合文化发展工程，推进乡村文化振兴与乡村产业振兴、乡村人才振兴融合发展。

（二）夯实重点区域衔接

巩固脱贫攻坚成果，要在农村具有充分发展意愿、经济基础较扎实、资源禀赋优厚的区域，重点探索乡村振兴的可行道路，夯实重点区域的衔接。

第一，加强数字技术基础设施建设，推动物联网、大数据、人工智能、区块链等新一代信息技术与农业生产经营深度融合，进一步补齐农村数字基础建设短板，提升乡村数字化治理效能，实现城乡基本公共服务均等化，更好地开展防止返贫致贫监测和帮扶工作，提高农村公共服务供给质量，统筹推进巩固拓展脱贫攻坚成果同数字乡村的有效衔接。

第二，加强教育扶贫，阻断贫困的代际传递。建立城乡统一、重在农村的义务教育经费保障机制，全面改善相对贫困地区学校的基本办学条件，加大相对贫困家庭子女职业教育资助力度，推进教育信息化，扩大优质教育资源覆盖面，提升相对贫困人口的就业技能，增强他们在就业市场的竞争力，推进巩固拓展脱贫攻坚成果同教育扶贫的有效衔接。

第三，加强健康扶贫，深化医药卫生体制改革，提高基本医疗及公共卫生服务水平和远程医疗水平，实现城市诊疗资源和咨询服务向农村延伸，不断健全药品供应县级医院与基层医疗卫生机构的保障机制，消除因病返贫的隐患，巩固脱贫地区同基本医疗保险、大病保险、医疗救助、疾病应急救助等制度的有效衔接。

（三）落实治理主体衔接

政策制度的执行落实不是自上而下的单向度过程，而是政府—基层—群众上下互动的双向过程，因此，巩固脱贫成果实现乡村振兴，必须实现乡村治理主体的有效衔接。

第一，实现中央与地方政府的主体衔接，健全完善“中央统筹、地方分权”的贫困治理体系。继续坚持强化领导责任，巩固党政机关定点扶贫；强化资金投入，稳定中央和地方的扶贫力度；强化部门协同，形成中央和地方纵横一体的扶贫合力；强化东西协作，促进区域间的均衡发展；强化基层活力，夯实摆脱贫困的基层能力；强化任务落实，确保制度、政策落地生根。

第二，实现政府、社会、市场、村庄与农户的主体衔接，形成开放式的贫困治理与乡村振兴主体格局。继续坚持政府在贫困治理中的主导地位，激发市场在资源配置中的活力，鼓励社会力量的志愿参与，发挥村庄基本贫困治理单位的作用，挖掘农户自主致富的潜力与动力，从而强化社会合力，调动社会各界积极参与相对贫困治理。

第八章

中国式反贫困成功经验对解决世界贫困问题的意义

中国作为一个发展中国家，在过去的几百多年国际社会的交错中，在枪炮与外来侵略者的践踏之中顽强地存活下来，并且消除了绝对贫困、实现了全面小康、正大跨步地走在实现现代化的进程中，中国的成功让国内外很多专家学者思索：中国反贫困成功的因素是什么？其他发展中国家能借鉴吗？全球的贫困能解决吗？

世界上的绝大多数国家仍以农业发展为主，但中国是冲破农业发展限制转而脱贫的发展中国家。过去几十年，中国走出了一条具有中国特色的减贫道路，创造了反贫困史上的华美篇章，为世界反贫困事业提供了可借鉴的中国经验。“中国在致力于自身消除贫困的同时，积极展开南南合作，同舟共济，攻坚克难，支持和帮助广大发展中国家特别是最不发达国家消除贫困，为各国人民带来更多福祉。”① 中国为建设一个远离贫困、共同繁荣的世界提供了全新的方案，彰显了中国负责任大国的地位和担当。

第一节　消除贫困是人类的共同使命

早在 2015 年 10 月，习近平总书记在减贫与发展高层论坛中发表演说，指出消除贫困是人类的共同使命，中国在致力于自身消除贫困的同时，始终积极开展南南合作，力所能及向其他发展中国家提供不附加任何政治条件的援助，支持和

① 中共中央党史和文献研究院．习近平扶贫论述摘编［M］. 北京：中央文献出版社，2018：152.

帮助广大发展中国家特别是最不发达国家消除贫困。[①] 2016 年 10 月由中华人民共和国国务院新闻办公室发布的《中国的减贫行动与人权进步》白皮书显示，新中国成立 60 多年来，中国共向 166 个国家和国际组织提供了近 4000 亿元人民币援助，派遣 60 多万援助人员，其中 2700 多名中国好儿女为他国发展献出了宝贵生命。中国先后 7 次宣布无条件免除重债穷国和最不发达国家对华到期政府无息贷款债务。中国积极向亚洲、非洲、拉丁美洲和加勒比地区、大洋洲的 69 个国家提供医疗援助，先后为 120 多个发展中国家落实千年发展目标提供帮助。[②] 有关“人类共同”这四个字，很多人持怀疑态度。这个世界上存在着许多不平等的现象，有人生来家境优渥，或天生丽质，同时也有人生来家境贫寒，生来具有缺陷，又或许有人能半路遇贵人从此跳出贫苦的牢笼，如果放任种种无法控制的不平等发展下去，社会的两极化会更加严重，人类最终的宿命会走向哪里？所以消除贫困绝不仅仅是穷人自己的事，而是“人类共同”的责任。

一、贫困是古老的世界性问题

贫困问题是一个历史性、世界性的难题。自古以来，无论世界文明如何发展，总会有人深陷贫困泥沼。每一个人类文明发展阶段都会将蕴藏其中的贫困问题彰显出来。减少饥饿，消除贫困，缩小贫富差距，不仅是中国政府多年来致力解决的难题，同时也是世界许多国家与地区所面临的共同难题。

史蒂芬·M. 博杜安在《世界历史上的贫困》一书中认为，大致在“1500 年左右起，贫困开始成为一个全球性的问题”[③]。全球贫困问题的根源在于人类社会发展历史上长期存在的一系列矛盾和不平衡，包括地区、种族、性别等方面的不平等现象。

马克思在考察英国棉荒历史时期的贫困状况时发现，工人阶级一直处于“极端贫困”“饥饿待毙”“工资低微”的悲惨状况。随着机器和大工业的发展，工人的绝对剩余时间不断缩小，而“工厂主在克扣工资方面的创造精神也没有丝毫减退”[④]。随着机器大工业的发展，“在机器逐渐地占据某一生产领域的地方，它给同它竞争的工人阶层造成慢性的贫困。在过渡迅速完成的地方，机器的影响则

① 习近平出席 2015 减贫与发展高层论坛并发表主旨演讲［N］. 人民日报，2015 - 10 - 17（07）.
② 中华人民共和国国务院新闻办公室．中国的减贫行动与人权进步［N］. 人民日报（海外版），2016 - 10 - 18（05）.
③ 史蒂芬·M. 博杜安．世界历史上的贫困［M］. 杜娟，译．北京：商务印书馆，2015.
④ 马克思恩格斯全集（第 23 卷）［M］. 北京：人民出版社，1972：500.

是广泛的和急性的。”① 随着资本主义社会生产力的发展，资本主义的各种“病症”如经济危机、生态危机和社会危机进一步激化了资本主义矛盾，造成人们的生存和发展困境。如殖民主义的侵略、宗教的麻痹、政治制度的倾向，资本主义和工业化、市场化与货币化的发展，绿色革命的爆发，世界市场、福利国家、慈善救济的兴起，以及自然灾害、疾病、环境恶化、水资源短缺、经济不确定性和贸易保护主义、地区冲突和战争等，这些虽是世界经济发展与社会文化之间互动产物，但也无一不是影响世界贫困发展趋势的因素，反贫困问题越来越成为世界各国的共同使命。

全球贫困人口主要分布在非洲、亚洲和拉丁美洲等地区，其中近一半的人口生活在非洲撒哈拉以南地区。同时，随着全球人口的增长和城市化进程的加速，全球贫困问题也越来越复杂和普遍。贫困是“无声的危机”，不仅因贫困儿童难以接受良好的教育而阻滞了个人发展的潜能，让其无法平等且有尊严地过上美好生活，共享社会发展成果；还因贫困居民缺乏基本医疗保健导致健康、环境等一系列问题阻碍了社会经济发展，并深受社会纠纷、社会动荡等问题困扰；甚至贫困也成为地区冲突升级、恐怖主义泛滥以及生态环境恶化等全球性问题的重要导火索。

冷战结束之后，反贫困愈发成为各个国家共同关注的问题，引起国际社会对反贫困问题的高度重视，并为消除贫困做出了一系列积极努力。

二、消除贫困日益成为国际发展的重要议题

消除贫困是人类梦寐以求的理想，是世界各国人民追求幸福生活的基本权利，也是第二次世界大战后广大发展中国家面临的重要任务和当今世界面临的最大全球性挑战。虽然每个国家的经济发展水平、政治制度、文化传统、自然环境等各不相同，时代任务、认识水平、关注焦点各有差异，但致力于摆脱贫困、实现富裕生活始终是人类都在探究的课题和追寻的答案。随着20世纪七八十年代发展中国家的现代化进程的推进，贫困与减贫日益凸显为国际发展的重要议题。

1987年10月17日，10万多人聚集在《世界人权宣言》的签署地巴黎特罗卡德罗广场，他们宣称贫困是对人权的侵犯，并承诺将携手保护贫困人群的人权，此后，每年的10月17日，人们都举行相关活动，以表达他们对贫困人群的关注和声援。1992年12月22日，为引起国际社会对贫困问题的重视，动员各国

① 马克思恩格斯全集（第23卷）［M］. 北京：人民出版社，1972：659.

采取具体扶贫行动，宣传和促进全世界的消除贫困工作，第47届联合国大会根据联合国第二委员会（经济和财政）的建议通过47/196决议，决定由1993年起，把每年10月17日定为国际消除贫困日，用以唤起世界各国对因制裁、各种歧视与财富集中化引致的全球贫富悬殊族群、国家与社会阶层的注意、检讨与援助，提高全球的消除贫困意识。

消除贫困一直也是联合国等国际组织讨论的重要议题。1990年制定的《联合国第四个十年国际发展战略》《联大第十八届特别会议宣言》和1990年在巴黎举行的第二届最不发达国家会议通过的《90年代援助最不发达国家行动纲领》等文件都把发展中国家的经济持续发展和消除贫困列为国际发展战略的首要目标和国际合作的优先领域。

1995年联合国社会发展世界首脑会议集中讨论了消除贫困、社会融洽、促进发展的问题，并通过了《宣言》和《行动纲领》，同时确定1996年为国际消除贫困年。同年12月，联合国大会又将1997年至2006年确定为第一个“国际消除贫困十年”。在《世界人权宣言》通过60周年之际，联合国在2008年国际消除贫困日的宣传活动中指出，国际社会已经意识到贫困是对人权的侵犯，推动和保护人权有助于消除贫困，并且呼吁人们尊重和保护贫困人群的人权，努力帮助他们得以摆脱。

2000年9月，在联合国千年首脑会议上通过了《千年宣言》，世界各国领导人商定了一套消除贫穷、饥饿、疾病、文盲、环境恶化和歧视妇女的有时限的目标和指标，并将此目标和指标置于全球议程的核心。千年发展目标为世人展现了从极端贫穷人口比例减半、遏止艾滋病毒/艾滋病的蔓延，到普及小学教育、促进男女平等、降低儿童死亡率等全球合作促进发展的蓝图，也标志着国际社会把反贫困作为重要的全球性问题之一。

2015年，在联合国大会第七十届会议上通过了《2030年可持续发展议程》，确立了在全世界消除一切形式的贫困；消除饥饿，实现粮食安全，改善营养状况和促进可持续农业；确保健康的生活方式，促进各年龄段人群的福祉；确保包容和公平的优质教育，让全民终身享有学习机会；实现性别平等，增强所有妇女和女童的权能；为所有人提供水和环境卫生并对其进行可持续管理；确保人人获得负担得起的、可靠和可持续的现代能源；促进持久、包容和可持续的经济增长，促进充分的生产性就业和人人获得体面工作；建造具备抵御灾害能力的基础设施，促进具有包容性的可持续工业化，推动创新；减少国家内部和国家之间的不平等；建设包容、安全、有抵御灾害能力和可持续的城市和人类住区；采用可持续的消费和生产模式；采取紧急行动应对气候变化及其影响；保护和可持续利用海洋和海洋资源以促进可持续发展；保护、恢复和促进可持续利用陆地生态系统，可持续管理森林，防治荒漠化，制止和扭转土地退化，遏制生物多样性的丧失；创建和平、包容的社会以促进可持续发展，让所有人都能诉诸司法，在各级建立有效、负责和包容的机构；加强执行手段，重振可持续发展全球伙伴关系共17个可持续发展目标，再次把消除贫困作为人类社会2030年的共同目标和使命。

三、消除世界性贫困任重道远

“由于种种原因，贫富悬殊和南北差距扩大问题依然严重存在，贫困及其衍生出来的饥饿、疾病、社会冲突等一系列难题依然困扰着许多发展中国家。”① 在人类社会发展的各个时期不仅存在贫困，而且贫困还会随着社会的转型和进步而更具有异质性，也会因人类减贫措施的多样性、精准性而更具有抵抗力。因此，在全世界消除贫困取得积极进展的同时，各国在减少贫困人口、提高卫生条件等方面仍需加大力度。反贫困始终是当今世界面临的严峻挑战之一，实现全球减贫目标依然任重道远。

全球贫困人口呈增加态势。由于受不可控要素以及不同时期所设定的贫困标准线等因素的影响，世界贫困人口在新世纪不仅没有减少，反而明显增加。据联合国发布的《2021年可持续发展目标报告》显示，“2020年全球陷入贫困的人口数量增加1.2亿左右，极端贫困率自1998年以来首次上升。”② 世界银行发布的《2021年经济包容性现状报告：规模化的潜力》指出，“新冠疫情使全世界7亿多人面临极端贫困，其人数20年来首次上升，并可能会持续下去，特别是在受到冲突、气候变化及各种冲击影响的地区。”③

消除世界贫困任重道远。随着经济全球化发展的不断推进，各种利益、矛盾互相交织在一起，因而任何一个国家和民族单凭自身资源和力量去反贫困，是难以解决世界普遍存在的贫困问题；一个贫富差距过大的国家，一个利益分化的社会，也是无法战胜贫困问题的。目前世界上许多国家还未参与到全球贫困治理中，反贫困的国际合作也仅仅局限于经济领域的某一项合作，正式的多层次沟通渠道也未建立起，携手共建一个没有贫困、共同发展的人类命运共同体仍然任重道远。因此，消除贫困，全世界各国必须要摆脱种族、地域的限制和意识形态的

① 习近平扶贫论述摘编［M］. 北京：中央文献出版社，2018：150.

② 联合国报告：2020年全球贫困人口增加约1.2亿［EB/OL］. 2021-07-07，中国新闻网，https://www.Chinanews.com/gl/2021/07-07/9514326.shtml.

③ 全球性贫困问题会因疫情进一步加重吗［EB/OL］. 2021-02-26，新华网，http://www.xinhuanet.com/globe/2021-02/26/c_139754691.htm.

束缚，凝聚共识、同舟共济，集体行动、步调一致，构建起广泛的利益共同体、命运共同体，用以人为本的理念、广阔的视角审视、全盘的思维谋划、可行的措施办法，投身和致力于破解各国的贫困问题，才能携手奔向那没有贫困的未至之境。

第二节　中国反贫困的成功对世界的启示和意义

中国是世界上最大的发展中国家，是世界减贫事业的积极倡导者和有力推动者。改革开放以来，中国人民积极探索、顽强奋斗，走出了一条中国特色减贫道路。我们坚持改革开放，保持经济快速增长；我们坚持政府主导，把扶贫开发纳入国家总体发展战略；我们坚持开发式扶贫方针，把发展作为解决贫困的根本途径；我们坚持动员全社会参与，发挥中国制度优势，构建了政府、社会、市场协同推进的大扶贫格局；我们坚持普惠政策和特惠政策相结合，做到应扶尽扶、应保尽保。经过中国政府、社会各界、贫困地区广大干部群众共同努力以及国际社会积极帮助，到2020年底，中国如期完成了新时代脱贫攻坚目标任务，现行标准下9899万农村贫困人口全部脱贫，832个贫困县全部摘帽，12.8万个贫困村全部出列，占世界人口近1/5的中国全面消除绝对贫困，提前10年实现了《联合国2030年可持续发展议程》减贫目标，为全球减贫事业发展和人类发展进步做出了重大贡献。中国反贫困的成就为世界反贫困事业树立了新典范，提供了中国方案，贡献了中国智慧。

一、在全球反贫困事业中昭示中国价值

在不同国家、不同民族的反贫困历史上，只有那些既具有独特价值内涵，同时又蕴含某种具有普遍适用性和具有可推广、可借鉴的反贫困经验，才有可能影响本国和其他反贫困国家。“作为世界上最大的发展中国家，中国实现了快速发展与大规模减贫同步、经济转型与消除绝对贫困同步，如期全面完成脱贫攻坚目标任务，大大加快了全球减贫进程，谱写了人类反贫困历史新篇章。”①

（一）人民至上的价值目标是人类反贫困的共同价值

消除贫困、满足人民对美好生活向往的需求、实现共同富裕，作为世界性难

① 中华人民共和国国务院新闻办公室．人类减贫的中国实践［M］．北京：人民出版社，2021：60.

题是世界上任何一个国家都应该正视和努力解决的，只有积极与其他国家合作，谋求共同发展，才能共同营造出人人富足安康的美好生活图景。

长期以来，西方国家和一些亚非拉国家的消除贫困实践，虽然在形式上也是力求让贫困群众摆脱贫困生活，但却因长期受到资本逻辑、政治选举和国家制度等的影响，他们以经济人理性为其减贫的行为前提，把帮扶贫困者从复杂的社会关系中割裂和孤立出来，舍掉了追求利益最大化以外的一切政治与社会关系。在此假设之下，“人与人之间的身份差异以及社会关系被完全抽象掉了，任何人都成为相似的、具有典型经济学意义的独立个体。这样，贫困发生的基本经济关系自然也被抽象掉了”①，因此，这些国家反贫困的动机就很难说是能有效跨越利益鸿沟、党派之争和阶级之别，他们采取的减贫措施也不可能纯粹是为了全体人民，纯粹是为了消除贫困，要帮助贫困者彻底摆脱贫困，必须坚持人民至上的价值导向。

（二）“以人民为中心”的价值理念贯穿于反贫困全过程

从中国共产党领导的反贫困历程可以看出，中国消除贫困始终坚守“人民至上”的根本立场，始终把“以人民为中心”的价值理念贯穿于反贫困的全过程，始终把民心当作最大的政治、把人民作为执政的最大底气，始终牢记“江山就是人民，人民就是江山”② 的道理，始终坚持倾听群众的声音、接受群众的监督，始终把贫困群众的根本利益作为减贫工作的出发点和落脚点，始终把人民拥护不拥护、赞成不赞成、高兴不高兴、答应不答应作为衡量一切工作得失的根本标准来衡量人民是否得到了实惠、人民的生活是否得到了改善、人民的权益是否得到了保障，真正做到消除贫困为了人民、依靠人民、成果由人民共享，以“不负人民”的气概和决心，创造了震惊世界的中国减贫奇迹。如果没有“人民至上”的价值导向，就不会有“小康不小康，关键看老乡，关键在贫困的老乡能不能脱贫”③ 的广泛共识，和“在扶贫的路上，不能落下一个贫困家庭，丢下一个贫困群众”④“脱贫路上一个也不能少，一个民族都不能少”⑤ 的庄严承诺。中国消除贫困的政治逻辑有别于资本主义国家，超越了私有制局限，是社会主义公有制土壤上的全民行为。

---

① 孙咏梅．马克思反贫困思想及其对中国减贫脱贫的启示［J］．马克思主义研究，2020（7）：88.

② 在党史学习教育动员大会上的讲话［N］．人民日报，2021－04－01（01）.

③ 中共中央宣传部．习近平总书记系列重要讲话读本［M］．北京：学习出版社，2014：68.

④ 习近平谈扶贫［N］．人民日报（海外版），2016－09－01.

⑤ 坚持人民至上　不断造福人民　把以人民为中心的发展思想落实到各项决策部署和实际工作之中［N］．人民日报，2020－05－23（01）.

要解决全球性贫困问题，世界各国只有聚焦实现全体人民共同富裕，举国同心、全民动手，汇聚全社会力量共同向贫困宣战，遵循维护贫困群众的利益、捍卫贫困群众的安全、尊重贫困群众的意愿、保障贫困群众的权益、实现贫困群众对平安幸福生活向往的价值目标，才有可能最终消除贫困。

二、在全球反贫困事业中提供中国方案

中国始终做全球发展的贡献者，始终坚持走共同发展的道路，始终奉行互利共赢的开放战略；中国愿意把自身发展的经验和机遇同世界各国分享，愿意让各国搭乘中国发展的顺风车一起实现共同发展。

（一）“精准式”扶贫是反贫困的基本方略

精准扶贫、精准脱贫是反贫困的基本方略，也是中国打赢脱贫攻坚战的方法论和根本遵循。习近平总书记关于扶贫开发“贵在精准，重在精准，成败之举在于精准”① 的重要论述，是中国特色扶贫开发道路探索过程中从粗放型到精准化转变的标志，也是中国反贫困的成功方案和对人类的贡献。贫困问题一直是阻碍人类社会文明发展的难题和痛点，尽管各国的贫困环境状况不同，但有针对性地解决贫困问题却是反贫困的必然选择。

改革开放以来，中国共产党领导人民致力于消除贫困、实现全面小康，依据中国社会的主要矛盾变化和贫困问题现状，提出了“精准扶贫”“精准脱贫”的扶贫脱贫方略，从整体上筹划脱贫攻坚工作，着力解决贫困人口的行路难、吃水难、用电难、上学难、就医难、通信难等问题，对症下药，采取精准滴灌、靶向治疗、因地制宜、分批分类等新形式新方法。通过“六个精准”和“五个一批”精准扶贫具体政策的实施，有效地解决了“扶持谁、谁来扶、怎么扶”等一系列具体问题；通过改善道路、通信、网络、管道、水资源等问题，深刻地改变了中国社会尤其是偏远山村与农村地区贫困人口的生活环境，极大提高了贫困群众的生活水平，稳步提升了脱贫的质量，创造了人类减贫史上的奇迹。

中国精准扶贫政策实施的主要目的是为了能够精准识别贫困人口，进而根据贫困人口的实际情况因地制宜地制定扶贫措施。“精准扶贫”“精准脱贫”方略不仅强调国家政府主体的精确识别、精准管理和精准施策，而且注重扶贫对象内在动力的激发，最大限度地减少脱贫后的返贫现象发生，这不仅提高了解决中国

---

① 习近平谈扶贫［N］. 人民日报（海外版），2016－09－01.

贫困问题的针对性和实效性，而且推动了中国减贫的进程，促进了脱贫攻坚任务的完成，减少了世界贫困人口数量；不仅推动了中国经济社会快速发展，而且为全世界的减贫事业做出了巨大贡献。

中国“精准扶贫”方略的成功实践和珍贵经验，是立足于中国的实际做出的正确抉择，同时中国与许多发展中国家在国家管理和推动社会发展中有着类似的状况和问题，因此中国有关减贫政策的制定和执行对其他发展中国家有着重要的影响，对于推动全球贫困治理具有重要的参考价值和借鉴意义。

（二）“发展式”扶贫方略

在政策推动下，用发展的办法消除贫困根源、解决贫困问题，并将经济发展成果馈赠给贫困人口，帮助贫困人口长久脱贫，最终带动贫困人口实现共同富裕。

从纳克斯的“贫困恶性循环”理论到纳尔逊“低水平均衡陷阱”理论，从赫希曼的“不平衡发展理论”到舒尔茨的人力资本理论，再到阿马蒂亚·森的赋权理论，传统的西方反贫困理论普遍认为，解决贫困问题需要提高社会经济发展水平，即使没有政府干预，仅仅依托经济高增长“利贫式”的溢出产值，就能对贫困群众形成“涓滴效应”，从而随着经济发展而使社会贫困问题自然得到解决。但我们知道，贫困问题是个系统性、差异性、区域性的涉及经济、政治、社会和文化等诸多方面的综合性问题，所以，单从经济学角度去探讨与实践显然是不够的和不足的，也不能从根本上彻底地消除贫困、遏制返贫。

中国坚持认为贫困问题归根到底是发展问题，发展是解决包括贫困问题在内的中国所有问题的关键，“大家一起发展才是发展，可持续发展才是好发展。”① 2021 年 2 月 25 日，习近平总书记在全国脱贫攻坚总结表彰大会上指出：“坚持精准扶贫方略，用发展的办法消除贫困根源。”“坚持把发展作为解决贫困的根本途径，改善发展条件，增强发展能力”②。中国始终把发展生产扶贫作为反贫困的主攻方向和稳定脱贫的根本之策，始终扭住发展这个促使贫困地区脱贫致富的第一要务，促进贫困地区发展和个体赋能；中国始终不断出台有利于贫困地区和贫困人口发展的政策，持续推动教育扶贫、健康扶贫、金融扶贫、产业扶贫等方式，集中精力搞建设、谋发展，为大规模减贫奠定了基础；中国把扶贫开发纳入国家总体发展战略，通过专项扶贫行动解决发展不平衡不充分问题，努力转变发展方式优化产业结构，大力发展特色经济，想方设法为贫困群众提供就业机会；

---

① 中共中央党史和文献研究院．习近平扶贫论述摘编［M］．北京：中央文献出版社，2018：149.

② 在全国脱贫攻坚总结表彰大会上的讲话［N］．人民日报，2021－02－26（02）.

中国努力提高贫困人口发展能力，激活贫困群体的内生动力，提升自主脱贫的“造血”功能，创造了经济快速发展奇迹和社会长期稳定奇迹，走出了一条可持续的、精准施策的、具有中国特色的开发式扶贫道路。

“中国减贫实践表明，发展是消除贫困最有效的办法、创造幸福生活最稳定的途径。唯有发展，才能为经济社会发展和民生改善提供科学路径和持久动力；唯有发展，才能更好保障人民的基本权利；唯有发展，才能不断满足人民对美好生活的热切向往。”[①]

三、在全球反贫困事业中贡献中国智慧

“中国梦既是中国人民追求幸福的梦，也同各国人民追求幸福的梦想相通。国家好、民族好，大家才会好。世界好，中国才会好。”[②] 只有各国共同发展了，世界才能更好发展。中国用发展的办法消除贫困根源、加强消除绝对贫困的组织保证、加强国际合作等，彰显出跨越时空的智慧魅力。

（一）将反贫困上升为国家意志、国家战略

资本主义国家一些反贫困战略规划和帮扶举措因政党博弈很难在议会上通过，政府的反贫困没有安定持续的工作环境，不仅不能在制度上进行系统长远的顶层设计，把反贫困上升为国家政治与民生的重大工程，而且只能将反贫困作为一个措施性政策，很难形成反贫困的价值文化和思想共识，直接影响贫困群众生活发展和脱贫进程。而“中国共产党始终把消除贫困作为定国安邦的重要任务，制定实施一个时期党的路线方针政策、提出国家中长期发展规划建议，都把减贫作为重要内容，从国家层面部署，运用国家力量推进。”[③] 统筹谋划、强力推进，中国执行脱贫攻坚一把手负责制，层层签订脱贫攻坚责任书，“强化中央统筹、省负总责、市县抓落实的工作机制，构建五级书记抓扶贫、全党动员促攻坚的局面”[④]；明确目标、上下一心，中国“建立脱贫攻坚责任体系、政策体系、组织体系、投入体系、动员体系、监督体系、考核评估体系等制度体系，为脱贫攻坚顺利推进提供了有力支撑。”[⑤] 中国集中力量办大事、各方力量齐参与，“构建政

---

① 中华人民共和国国务院新闻办公室．人类减贫的中国实践［M］．北京：人民出版社，2021：53.

② 习近平．共同的根共同的魂共同的梦　共同书写中华民族发展新篇章［N］．人民日报，2014－06－07（01）.

③ 中华人民共和国国务院新闻办公室．人类减贫的中国实践［M］．北京：人民出版社，2021：49.

④ 在全国脱贫攻坚总结表彰大会上的讲话［N］．人民日报，2021－02－26（02）.

⑤ 中华人民共和国国务院新闻办公室．人类减贫的中国实践［M］．北京：人民出版社，2021：50.

府、社会、市场协同推进，专项扶贫、行业扶贫、社会扶贫互为补充的大扶贫格局，形成跨地区、跨部门、跨单位、全社会共同参与的多元主体的社会扶贫体系”①，形成人人愿为、人人可为、人人能为的社会帮扶氛围。实践表明，民之贫富，国之责任。作为一项具有开拓性的反贫困工作是非常艰巨的，要实现减贫目标，执政党和国家的主导作用至关重要，目标一致、保持政策的连续性和稳定性至关重要，上下同心汇聚各方力量形成共同意志、共同行动至关重要。

（二）把反贫困作为实现和保障人权的基本要求

在绝对贫困状态下，人的价值被剥夺、尊严被践踏、自由被限制，甚至很难实现免于被挨饿的权利，严重妨碍人权的保障和享有。“消除贫困是人类梦寐以求的理想，是各国人民追求幸福生活的基本权利。”② 这些基本权利最先应保障的是人的生命权和生存权，做到人人有权享受为维持他本人和家属的健康和福利所需的包括食物、衣着、住房、医疗和必要的社会服务等生活水准，否则人的其他权利就无从谈起。“多年来，中国共产党和中国政府从基本国情出发，把人民的生存权、发展权放在首位，致力于减贫脱贫，努力保障和改善民生，发展各项社会事业，使发展成果更多更公平惠及全体人民，保障人民平等参与、平等发展权利。”③ 中国反贫困从保障贫困人口生存权和发展权出发，始终把消除贫困作为实现和保障人权的基本要求，始终把“人”放在中心位置，始终遵循“人民幸福生活是最大的人权”的价值理念，坚持反贫困的根本目标与人权建设的普遍性原则相结合，把脱贫攻坚纳入国家人权行动计划，建立以权利公平、机会公平、规则公平为主要内容的社会公平保障体系。以精准脱贫消除绝对贫困，保障了贫困人口生存权；以妇女、儿童、老年人、残疾人、少数民族等特定群体中的贫困人口为扶贫重点对象，保障了健康权、受教育权、政治参与权；以大投入力度建设贫困地区基础设施改善贫困地区基本生产生活条件，保障了全体人民共享改革发展成果，实现共同富裕。中国消除绝对贫困带来人权事业的跨越式发展，推动世界减贫和中国人权事业迈入全新阶段，为全球减贫和世界人权事业发展作出了“中国贡献”。

（三）将加强国际合作作为反贫困的重要途径

“我们主张，各国和各国人民应该共同享受发展成果。每个国家在谋求自身

---

① 中华人民共和国国务院新闻办公室．人类减贫的中国实践［M］．北京：人民出版社，2021：55.

②③ 中华人民共和国国务院新闻办公室．中国的减贫行动与人权进步［N］．人民日报（海外版），2016－10－18（05）.

发展的同时，要积极促进其他各国共同发展。世界长期发展不可能建立在一批国家越来越富裕而另一批国家却长期贫穷落后的基础之上。只有各国共同发展了，世界才能更好发展。"① 中国"着力加强减贫发展合作。推动建立以合作共赢为核心的新型国际减贫交流合作关系"②，积极学习国际先进减贫理念和成功经验，在借鉴时不僵化照搬，而是根据本国贫困人口规模、分布、结构等的变化，科学制定减贫标准、目标、方略。中国在致力于消除自身贫困的同时，力所能及地向其他发展中国家提供不附带任何条件的援助，通过增加对最不发达国家投资，免除无息贷款债务，在资金、项目、技术、人员等方面支持和帮助发展中国家发展经济、改善民生、消除贫困；中国始终奉行互利共赢的开放战略，谋求开放包容、兼收并蓄、互惠可持续的发展，维护开放格局、加强国际合作始终是中国反贫困的重要途径。从倡议筹建亚洲基础设施投资银行、金砖国家新开发银行，到设立丝路基金、南南合作援助基金、中国—联合国和平与发展基金、气候变化南南合作基金；从全面落实南南合作圆桌会议上宣布的 100 个减贫项目，到扎实推进《东亚减贫合作倡议》《中国与非洲联盟加强减贫合作纲要》"中非减贫惠民合作计划"框架下的合作，再到不断深化共建"一带一路"倡议和《联合国 2030 年可持续发展议程》的对接，一批批合作项目在广大发展中国家落地生根，为世界反贫困和可持续发展提供充足资源和强劲动力。中国减贫实践表明，只有维护团结开放的格局，深化国际减贫合作，才能迎来世界的共同发展，才能从根本上解决全球贫困问题；只有根据本国贫困发生演变的特点和规律，科学研判制约减贫和发展的瓶颈因素，因时因势因地制宜，才能提高贫困治理的效能，加快全球减贫进程。

四、在全球反贫困事业中共建人类命运共同体

中国脱贫攻坚使 7.4 亿多人摆脱贫困，显著减少了世界贫困人口规模，对世界减贫贡献率超过了 70% 以上，③ 加速了全球减贫的历史进程，是"国际减贫事业的倡导者、推动者和贡献者，与各国携手共建没有贫困、共同发展的人类命运共同体。"④

---

① 中共中央党史和文献研究院．习近平扶贫论述摘编［M］. 北京：中央文献出版社，2018：147.
② 中共中央党史和文献研究院．习近平扶贫论述摘编［M］. 北京：中央文献出版社，2018：154.
③ 习近平在全国脱贫攻坚总结表彰大会上的讲话［N］. 人民日报，2021－02－26（02）.
④ 中华人民共和国国务院新闻办公室．人类减贫的中国实践［M］. 北京：人民出版社，2021：59.

（一）推进全球减贫进程

中国人民从翻身解放到解决温饱、从基本小康到全面小康，中国如期打赢了脱贫攻坚战，以自己的发展为人类反贫困作出重大贡献。“按照世界银行国际贫困标准，中国减贫人口占同期全球减贫人口70%以上”，“提前10年实现了《联合国2030年可持续发展议程》减贫目标，显著缩小了世界贫困人口的版图”。“作为世界上最大的发展中国家，中国实现了快速发展与大规模减贫同步、经济转型与消除绝对贫困同步，如期全面完成脱贫攻坚目标任务，大大加快了全球减贫进程，谱写了人类反贫困历史新篇章。”① 联合国前秘书长潘基文发给“2015减贫与发展高层论坛”的致辞中肯定“千年发展目标成功地帮助全世界十亿多人摆脱极端贫困，中国在此领域取得了举世瞩目的成就，这一成就占据了全球减贫的3/4。”② 中国支持和帮助发展中国家特别是最不发达国家缓解贫困，仅“一带一路”倡议工程拉动的投资就有望让数千万人甚至数亿人脱贫。“纵览古今、环顾全球，没有哪一个国家能在这么短的时间内实现几亿人脱贫，这个成绩属于中国，也属于世界”③，中国为加速全球减贫进程，为推动构建人类命运共同体贡献了力量。

（二）提供减贫援助、支持反贫困事业

中国积极参与全球贫困治理，支持和帮助发展中国家特别是最不发达国家减贫发展。即使在新中国成立伊始、国家百废待兴、财力紧张的情况下，我们就向有关国家提供了援助和支持；改革开放后更是拓展了对外援助的内容、形式，中国与联合国发展系统和世界银行在扶贫领域开展广泛合作；进入新时代，中国推动对外援助向国际发展合作转型升级，仅2013年发起的共建“一带一路”倡议拉动的投资就有望让数千万人甚至数亿人脱贫。中国以负责任大国的担当破解全球发展难题、落实联合国2030年可持续发展议程和国际发展合作的一系列务实举措，提出了中国方案、贡献了中国智慧，为全球减贫注入了中国力量。中国推动了更大范围、更高水平、更深层次的区域经济社会发展合作，支持帮助了相关国家更好地实现减贫发展。“据世界银行研究报告，共建‘一带一路’将使相关国家760万人摆脱极端贫困、3200万人摆脱中度贫困。新中国成立70多年来，

---

① 中华人民共和国国务院新闻办公室．人类减贫的中国实践［M］．北京：人民出版社，2021：59－60.

② 从“粗放式扶贫”到“精准扶贫”打赢脱贫攻坚战［EB/OL］．2015－12－10．央广网，http：//news.cnr.cn/special/xxzs/ycjd/20151210/t20151210_520755097.shtml.

③ 在全国脱贫攻坚总结表彰大会上的讲话［N］．人民日报，2021－02－26（02）.

中国向亚洲、非洲、拉丁美洲和加勒比地区、大洋洲和欧洲等地区160多个国家和国际组织提供多种形式的援助，减免有关国家债务，为广大发展中国家落实千年发展目标提供帮助。”①

（三）构建人类命运共同体

建设什么样的世界、人类文明走向何方，攸关每个国家、每个人的前途和命运。当今世界面临的最大全球性挑战依然是消除贫困。联合国在2023年7月10日发布的报告中称，按照目前的全球发展速度，到2030年，5.75亿人仍将生活在极端贫困中，8400万儿童无法上学，实现性别平等还需要286年……②目前，世界上贫富悬殊和南北差距扩大问题依然严重存在，根源还是在于发展的不充分不平衡，“即使在世界其他地区发展都有所改善的情况下，最贫穷地区的最贫穷人民仍然发展缓慢。为改变这一现状，全世界都需要加大投入。”③ 消除贫困是让全世界各国人民共享世界经济发展成果的必然要求，也是推动经济全球化朝着更加开放、包容、普惠、平衡、共赢的方向发展的重要途径。每个人都有过上好日子的权利，每个国家都应担负起对人民的责任，积极推进减贫发展，在全球层面凝聚共识、同舟共济、开展减贫交流合作，“发达国家要加大对发展中国家的发展援助，发展中国家要增强内生发展动力”④，努力弥合南北鸿沟、缩小发展差距，帮助发展中国家人民摆脱贫困，提高收入改善生产生活条件，创造全人类共同发展的良好局面，把中国梦和发展中国家人民过上美好生活的梦想紧密联系起来，携手推进国际减贫进程，走出一条共同发展的康庄大道，为构建人类命运共同体实现全球治理目标，为构建持久和平、普遍安全、共同繁荣、开放包容、清洁美丽的世界作出贡献。

一花独放不是春，百花齐放春满园。中国始终与世界并肩，共同建设没有贫困、走向共同富裕的人类命运共同体的家园。

---

① 中华人民共和国国务院新闻办公室．人类减贫的中国实践［M］．北京：人民出版社，2021：62.

② 吴娜，童沛．多国人士探讨推动实现可持续发展目标，最重要是用好多边主义精神［N］．北京日报，2023-09-18.

③ 比尔·盖茨．中国为解决全球发展不平等带来曙光［N］．人民日报，2019-10-01（10）.

④ 习近平．携手消除贫困　促进共同发展［N］．人民日报，2015-10-17（02）.

附录一　中国有关反贫困的政策文件目录

时间	政策文件
1956 年 1 月 23 日	《1956 年到 1967 年全国农业发展纲要》
1979 年 9 月 28 日	《中共中央关于加快农业发展若干问题的决定》
1980 年 8 月 17 日	中共中央、国务院《关于进一步做好城镇劳动就业工作的意见》
1982 年 1 月 1 日	中共中央《全国农村工作会议纪要》
1982 年 12 月 10 日	《中华人民共和国国民经济和社会发展第六个五年计划（1981—1985）》
1983 年 1 月 2 日	《当前农村经济政策的若干问题》
1984 年 1 月 1 日	《关于 1984 年农村工作的通知》
1984 年 9 月 29 日	中共中央、国务院《关于帮助贫困地区尽快改变面貌的通知》
1985 年 1 月 1 日	中共中央、国务院《关于进一步活跃农村经济的十项政策》
1985 年 9 月 23 日	《中华人民共和国国民经济和社会发展第七个五年计划》
1986 年 1 月 1 日	中共中央、国务院《关于 1986 年农村工作的部署》
1986 年 5 月 16 日	《国务院办公厅关于成立国务院贫困地区经济开发领导小组的通知》
1987 年 10 月 30 日	《国务院关于加强贫困地区经济开发工作的通知》
1988 年 5 月 17 日	《国家计划委员会关于动用国家库存粮棉布以工代赈帮助贫困地区修建道路和水利工程的总结报告》
1989 年 6 月 21 日	《关于开展中低档工业品“以工代赈”帮助贫困地区修筑道路和水利工程试点工作的通知》
1990 年 4 月 10 日	《国务院关于批转国家计委一九九〇年至一九九二年用工业品以工代赈安排意见的通知》
1991 年 4 月 9 日	《国民经济和社会发展十年规划和第八个五年计划纲要》
1991 年 9 月 23 日	《关于“八五”期间用粮食和工业品以工代赈安排意见报告的通知》
1993 年 11 月 14 日	《关于建立社会主义市场经济体制的若干问题的决定》
1994 年 4 月 15 日	《国家八七扶贫攻坚计划（1994－2000）》

续表

时间	政策文件
1996 年 10 月 23 日	《关于尽快解决农村贫困人口温饱问题的决定》
1997 年 7 月 31 日	《国家扶贫资金管理办法》
1998 年 6 月 9 日	《关于切实做好国有企业下岗职工基本生活保障和再就业工作的通知》
1998 年 10 月 14 日	《中共中央关于农业和农村工作若干重大问题的决定》
1999 年 6 月 28 日	《关于进一步加强扶贫开发工作的决定》
2001 年 3 月 24 日	《关于进一步做好农村税费改革试点工作的通知》
2001 年 6 月 13 日	《中国农村扶贫开发纲要（2001－2010）》
2001 年 9 月 25 日	《关于易地扶贫搬迁试点工程的实施意见》
2002 年 1 月 31 日	《关于 2002 年减轻农民负担工作的意见》
2003 年 1 月 16 日	《关于做好农业和农村工作的意见》
2003 年 3 月 27 日	《关于全面推进农村税费改革试点工作的意见》
2003 年 12 月 31 日	《关于促进农民增加收入若干政策的意见》
2004 年 5 月 18 日	《关于建立和推行扶贫资金项目公告公示制的通知》
2004 年 3 月 22 日	《关于组织实施农村劳动力转移培训阳光工程的通知》
2004 年 5 月 18 日	《国务院扶贫开发领导小组关于建立和推行扶贫资金项目公告公示制的通知》
2004 年 10 月 13 日	《关于进一步做好扶贫资金审计、监督工作的意见》
2004 年 12 月	《关于加强贫困地区农村基层组织建设推动扶贫开发整村推进工作的意见》
2005 年 3 月 25 日	《关于大力支持国家扶贫龙头企业发展的意见》
2005 年 5 月 31 日	《关于进一步加强民族工作加快少数民族和民族地区经济社会发展的决定》
2005 年 8 月 4 日	《关于共同做好整村推进扶贫开发构建和谐文明新村工作的意见》
2005 年 12 月 1 日	《财政扶贫资金绩效考评试行办法》
2005 年 12 月	《“十一五”期间扶贫规划》
2005 年 12 月 27 日	《国家以工代赈管理办法》
2005 年 12 月 29 日	《中华人民共和国农业税条例》
2005 年 12 月 31 日	《关于推进社会主义新农村建设的若干意见》
2006 年 7 月 11 日	《关于深化扶贫贴息贷款管理体制改革的通知》
2006 年 8 月	国家发展改革委《易地扶贫搬迁“十一五”规划》
2007 年 3 月 22 日	《关于在贫困地区实施“雨露计划”的意见》

续表

时间	政策文件
2007 年 3 月 22 日	《贫困青壮年劳动力转移培训工作实施指导意见》
2007 年 7 月 11 日	《关于在全国建立农村最低生活保障制度的通知》
2008 年 4 月 23 日	《关于全面改革扶贫贴息贷款管理体制的通知》
2008 年 5 月 13 日	《关于共同促进整村推进扶贫开发工作的意见》
2008 年 10 月 9 日	《关于推进农村改革发展若干重大问题的决定》
2009 年 3 月 17 日	《关于深化医药卫生体制改革的意见》
2009 年 5 月 18 日	《关于做好农村最低生活保障制度和扶贫开发政策有效衔接试点工作的指导意见》
2009 年 9 月 1 日	《关于开展新型农村社会养老保险试点的指导意见》
2010 年 7 月 8 日	《关于进一步做好定点扶贫工作的通知》
2011 年 5 月 27 日	《中国农村扶贫开发纲要（2011 - 2020 年）》
2011 年 6 月 7 日	《关于开展城镇居民社会养老保险试点的指导意见》
2011 年 11 月 7 日	《财政专项扶贫资金管理办法》
2012 年 1 月 6 日	《扶贫开发工作考核办法（试行）》
2012 年 7 月 13 日	《集中连片特困地区交通建设扶贫规划纲要（2011—2020 年）》
2012 年 7 月 25 日	《易地扶贫搬迁“十二五”规划》
2013 年 7 月 14 日	《关于加快棚户区改造工作的意见》
2013 年 12 月 18 日	《关于创新机制扎实推进农村扶贫开发工作的意见》
2014 年 1 月 2 日	《关于全面深化农村改革加快推进农业现代化的若干意见》
2014 年 2 月 21 日	《关于建立统一的城乡居民基本养老保险制度的意见》
2014 年 3 月 6 日	《关于全面做好扶贫开发金融服务工作的指导意见》
2014 年 4 月 2 日	《国务院扶贫办关于印发〈扶贫开发建档立卡工作方案〉的通知》
2014 年 7 月 8 日	《全国扶贫开发信息化建设规划》
2014 年 7 月 24 日	《关于进一步推进户籍制度改革的意见》
2014 年 8 月 20 日	《关于改革财政专项扶贫资金管理机制的意见》
2014 年 9 月 25 日	《关于做好新时期易地扶贫搬迁工作的指导意见》
2014 年 10 月 12 日	《关于加强和改进新形势下民族工作的意见》
2014 年 11 月 6 日	《关于引导农村土地经营权有序流转发展农业适度规模经营的意见》
2014 年 12 月 4 日	《关于进一步动员社会各方面力量参与扶贫开发的意见》

续表

时间	政策文件
2014 年 12 月 15 日	《关于创新发展扶贫小额信贷的指导意见》
2014 年 12 月 31 日	《关于农村土地征收、集体经营性建设用地入市、宅基地制度改革试点工作的意见》
2015 年 11 月 25 日	《关于进一步完善城乡义务教育经费保障机制的通知》
2015 年 11 月 29 日	《关于打赢脱贫攻坚战的决定》
2016 年 1 月 3 日	《关于整合城乡居民基本医疗保险制度的意见》
2016 年 1 月 6 日	《省级党委和政府扶贫开发工作成效考核办法》
2016 年 1 月 18 日	《关于推进“万企帮万村”精准扶贫行动的实施意见》
2016 年 4 月 12 日	《关于支持贫困县开展统筹整合使用财政涉农资金试点的意见》
2016 年 4 月 28 日	《关于建立贫困退出机制的意见》
2016 年 8 月 11 日	《关于印发乡村旅游扶贫工程行动方案的通知》
2016 年 9 月 9 日	《中国证监会关于发挥资本市场作用服务国家脱贫攻坚战略的意见》
2016 年 9 月 22 日	《全国“十三五”易地扶贫搬迁规划》
2016 年 9 月 30 日	《贫困地区水电矿产资源开发资产收益扶贫改革试点方案》
2016 年 10 月 11 日	《脱贫攻坚责任制实施办法》
2016 年 11 月 4 日	《网络扶贫行动计划》
2016 年 11 月 4 日	《关于促进电商精准扶贫的指导意见》
2016 年 11 月 23 日	《“十三五”脱贫攻坚规划》
2016 年 12 月 7 日	《关于进一步加强东西部扶贫协作工作的指导意见》
2016 年 12 月 13 日	《关于切实做好就业扶贫工作的指导意见》
2016 年 12 月 26 日	《关于稳步推进农村集体产权制度改革的意见》
2017 年 6 月 23 日	《关于支持深度贫困地区脱贫攻坚的实施意见》
2017 年 8 月 28 日	《关于加强和完善建档立卡贫困户等重点对象农村危房改造若干问题的通知》
2018 年 1 月 2 日	《关于实施乡村振兴战略的意见》
2018 年 1 月 18 日	《生态扶贫工作方案》
2018 年 6 月 15 日	《关于打赢脱贫攻坚战三年行动的指导意见》
2018 年 8 月 10 日	《关于印发水利扶贫行动三年（2018—2020 年）实施方案的通知》
2018 年 10 月 1 日	《关于保持土地承包关系稳定并长久不变的意见》

续表

时间	政策文件
2018 年 12 月 7 日	《关于实施产业扶贫三年攻坚行动的意见》
2019 年 5 月 2 日	《关于新时代推进西部大开发形成新格局的指导意见》
2019 年 12 月 30 日	《保障农民工工资支付条例》
2020 年 10 月 29 日	《关于制定国民经济和社会发展第十四个五年规划和二〇三五年远景目标的建议》
2020 年 12 月 16 日	《关于实现巩固拓展脱贫攻坚成果同乡村振兴有效衔接的意见》
2021 年 1 月 4 日	《关于全面推进乡村振兴加快农业农村现代化的意见》
2021 年 4 月 29 日	《中华人民共和国乡村振兴促进法》

附录二　中国扶贫标准和农村贫困状况的变化

中国实施大规模、有计划、有组织扶贫，一直以来都是根据国民经济社会的发展水平和贫困人口基本生活需求确定扶贫标准。

一、中国扶贫标准的变化

年份	扶贫标准	对应贫困人口数量	备注
1986 年	206 元	1.25 亿人	中国第一次制定贫困标准，主要解决温饱问题
2001 年	865 元	9422.8 万人	第一个十年农村扶贫开发纲要
2011 年	2300 元	1.22 亿人	第二个十年农村扶贫开发纲要
脱贫攻坚以来	“一收入” “两不愁、三保障”	贫困人口识别和退出以户为单位	“一收入”就是该户年人均纯收入稳定超过现行国家扶贫标准；“两不愁、三保障”就是稳定实现不愁吃、不愁穿和义务教育、基本医疗、住房安全有保障

资料来源：中华人民共和国国务院新闻办公室编．人类减贫的中国实践［M］．北京：人民出版社，2021：70.

中国的贫困人口退出标准是综合性多维标准，不仅衡量收入水平，还考量贫困人口生存权发展权的实现程度，体现了中国经济社会发展实际和全面建成小康社会的基本要求。

二、农村贫困标准衡量的农村贫困状况

年份	1978 年标准		2008 年标准		2010 年标准	
	贫困发生率（%）	贫困人口（万人）	贫困发生率（%）	贫困人口（万人）	贫困发生率（%）	贫困人口（万人）
1978	30.7	25000			97.5	77039
1980	26.8	22000			96.2	76542

续表

年份	1978 年标准		2008 年标准		2010 年标准	
	贫困发生率（%）	贫困人口（万人）	贫困发生率（%）	贫困人口（万人）	贫困发生率（%）	贫困人口（万人）
1981	18.5	15200				
1982	17.5	14500				
1983	16.2	13500				
1984	15.1	12800				
1985	14.8	12500			78.3	66101
1986	15.5	13100				
1987	14.3	12200				
1988	11.1	9600				
1989	11.6	10200				
1990	9.4	8500			73.5	65849
1991	10.4	9400				
1992	8.8	8000				
1994	7.7	7000				
1995	7.1	6540			60.5	55463
1997	5.4	4962				
1998	4.6	4210				
1999	3.7	3412				
2000	3.5	3209	10.2	9422	49.8	46224
2001	3.2	2927	9.8	9029		
2002	3.0	2820	9.2	8645		
2003	3.1	2900	9.1	8517		
2004	2.8	2610	8.1	7587		
2005	2.5	2365	6.8	6432	30.2	28662
2006	2.3	2148	6.0	5698		
2007	1.6	1479	4.6	4320		
2008			4.2	4007		

续表

年份	1978 年标准		2008 年标准		2010 年标准	
	贫困发生率（%）	贫困人口（万人）	贫困发生率（%）	贫困人口（万人）	贫困发生率（%）	贫困人口（万人）
2009			3.8	3597		
2010			2.8	2688	17.2	16567
2011					12.7	12238
2012					10.2	9899
2013					8.5	8249
2014					7.2	7017
2015					5.7	5575
2016					4.5	4335
2017					3.1	3046
2018					1.7	1660
2019					0.6	551
2020					0	0

资料来源：国家统计局住户调查办公室编．中国农村贫困监测报告 2020［M］．北京：中国统计出版社，2020.

附录三　世界消除贫困日主题

2007 年世界消除贫困日主题：贫困人口是变革者（意在强调贫困人口自身在消除贫困中不可替代的作用）。

2008 年世界消除贫困日主题：贫困人群的人权和尊严。

2009 年世界消除贫困日主题：儿童及家庭抗贫呼声（投资于儿童，保障儿童的权利，这是驱除贫穷的最可靠途径之一）。

2010 年世界消除贫困日主题：缩小贫穷与体面工作之间的差距（意在呼吁各国关注就业，努力创造更多、更体面的工作岗位）。

2011 年世界消除贫困日主题：关注贫困，促进社会进步和发展。

2012 年世界消除贫困日主题：消除极端贫穷暴力：促进赋权，建设和平。

2013 年世界消除贫困日主题：从极端贫困人群中汲取经验和知识，共同建立一个没有歧视的世界。

2014 年世界消除贫困日主题：不丢下一个人：共同思考，共同决定，共同行动，对抗极端贫困。

2015 年世界消除贫困日主题：构建一个可持续发展的未来：一起消除贫穷和歧视。

2016 年世界消除贫困日主题：扶贫济困、你我同行。

2017 年世界消除贫困日主题：响应 10 月 17 日结束贫困的号召，通往和平包容的社会之路。

2018 年世界消除贫困日主题：与落在最后面的人一起，建立普遍尊重人权和尊严的包容性世界。

2019 年国际消除贫困日主题：共同行动，实现儿童家庭社区赋权，消除贫困。

2020 年国际消除贫困日主题：共同行动，为所有人实现社会和环境正义。

2021 年国际消除贫困日主题：共同前进，消除持续贫困，尊重所有人和我们的地球。

2022 年国际消除贫困日主题：人人真正享有尊严。

2023 年国家消除贫困日主题：共同构筑可持续的未来。

附录四　相关概念

“八条要求”：合理确定脱贫目标、加大投入支持力度、集中优势兵力打攻坚战、区域发展必须围绕精准扶贫发力、加大各方帮扶力度、加大内生动力培育力度、加大组织领导力度、加强检查督查。

扶贫：是保障贫困户的合法权益，取消贫困负担。旨在帮扶改善贫困户生活生存条件和扶助贫困地区发展生产，改变穷困面貌。

国际贫困线：不同国家、不同时期或一个国家的不同地区、不同城市，经济发展水平不同，贫困的标准不同，世界银行1990年提出的贫困线标准是按购买力平价计算1天1美元收入，2015年10月按照购买力平价标准上调为每人每天1.9美元。

“互助五兴”：湖南湘西州探索推行的“党建引领、互助五兴”乡村基层治理模式，即由1名党员或能人担任组长，将5户左右村民组织起来，围绕“学习互助兴思想、生产互助兴产业、乡风互助兴文明、邻里互助兴和谐、绿色互助兴家园”开展互帮互助。

绝对贫困：指个人或家庭缺乏起码的资源以维持最低的生活需求，甚至难以生存。在测量绝对贫困标准时，一般只考虑为了维持身体健康而绝对必须购买的物品，并且，所购买的物品应当是最简单、最经济的。

精准扶贫：是粗放扶贫的对称。是指针对不同贫困区域环境、不同贫困农户状况，运用科学有效程序对扶贫对象实施精确识别、精确帮扶、精确管理的治贫方式。

救济式扶贫：将扶贫资金直接发放给贫困农户，在短期缓解贫困农户的生产生活困难。

开发式扶贫：在国家必要支持下，利用贫困地区的自然资源，进行开发性生产建设，逐步形成贫困地区和贫困户的自我积累和发展能力，主要依靠自身力量解决温饱、脱贫致富。

“两不愁”：不愁吃（含安全饮水）、不愁穿。

"两山论"：2013 年 9 月，习近平主席在哈萨克斯坦纳扎尔巴耶夫大学发表演讲，在回答学生关于环境保护的问题时说：我们既要绿水青山，也要金山银山。宁要绿水青山，不要金山银山，而且绿水青山就是金山银山。我们绝不能以牺牲生态环境为代价换取经济的一时发展。

"六个精准"：扶贫对象精准、项目安排精准、资金使用精准、措施到户精准、干部选派精准、脱贫成效精准。

"七个强化"：要强化领导责任、强化资金投入、强化部门协同、强化东西协作、强化社会合力、强化基层活力、强化任务落实。

"全面改薄"：全面改善贫困地区义务教育薄弱学校基本办学条件，即义务教育全面改薄工程，简称全面改薄，是党中央、国务院聚焦贫困地区义务教育发展，保障教育公平而作出的决策。

"三保障"：义务教育、安全住房、基本医疗有保障。

"三步走"：中国经济建设的战略部署。第一步，实现国民生产总值比 1980 年翻一番，解决人民的温饱问题。第二步，到 20 世纪末，使国民生产总值再增长一倍，人民生活达到小康水平。第三步，到 21 世纪中叶，人均国民生产总值达到中等发达国家水平，人民生活比较富裕，基本实现现代化。

"三西"：指甘肃省河西地区、定西地区和宁夏回族自治区西海固地区，是改革开放初期全国集中连片最困难的地区之一。1982 年 12 月，中国启动实施"三西"农业建设，共涉及 47 个县（市、区）（1992 年扩大到 57 个）。"三西"农业建设在中国扶贫开发历程中具有开创性、先导性、示范性意义，在改革单纯救济式扶贫为开发式扶贫、集中力量实施片区开发、易地搬迁扶贫、扶贫开发与生态建设相结合等方面进行了成功探索，对于从 1986 年开始在全国范围开展大规模、有计划、有组织的扶贫开发产生了深远影响。

"四个切实"：切实落实领导责任，才能确保扶贫规划落到实处。切实做到精准扶贫，才能确保扶贫工作事半功倍。切实强化社会合力，才能确保扶贫工作整体推进。切实加强基层组织，才能使扶贫工作稳步发展。

相对贫困：指个人或家庭所拥有的资源，虽然可以满足基本的生活需要，但是不足以使其达到一个社会的平均生活水平，通常只能维持远远低于平均生活水平的状况。

"五保"制度：《1956 年到 1967 年全国农业发展纲要》明确提出，农业合作社对于社内缺乏劳动力、生活没有依靠的鳏寡孤独的社员，在生活上给予适当照顾，做到保吃、保穿、保烧（燃料）、保教（儿童和少年）、保葬，使他们的生养死葬都有指靠。

“五个一批”：发展生产脱贫一批；易地扶贫搬迁脱贫一批；生态补偿脱贫一批；发展教育脱贫一批；社会保障兜底一批。

新“三步走”发展战略：中共十五大提出：新世纪第一个10年实现国民生产总值比2000年翻一番，使人民的小康生活更加富裕，形成比较完善的社会主义市场经济体制；再经过10年的努力，到中国共产党成立100年时，使国民经济更加发展，各项制度更加完善；到下世纪中叶中华人民共和国成立100年时，基本实现现代化，建成富强民主文明的社会主义国家。

“一达标”：农民家庭年人均纯收入达到国家现行扶贫标准。

以工代赈：即“以务工代替赈济”，国家以实物折款或现金形式投入受赈济地区实施基础设施建设，让受赈济地区困难群众参加劳动并获得报酬，从而取代直接赈济的一种扶贫方式。

整村推进：以扶贫开发工作重点村为对象，以增加贫困群众收入为核心，以完善基础设施建设、发展社会公益事业、改善群众生产生活条件为重点，以促进经济社会文化全面发展为目标，整合资源、科学规划、集中投入、规范运作、分批实施、逐村验收的扶贫开发工作方式。

参考文献

[1] 把提高农业综合生产能力放在更加突出的位置　在推动社会保障事业高质量发展上持续用力 [N]. 人民日报，2022-03-07.

[2] 白永秀，任保平，何爱平，等. 中国共产党经济思想 90 年 [M]. 北京：人民出版社，2011.

[3] 比尔·盖茨. 中国为解决全球发展不平等带来曙光 [N]. 人民日报，2019-10-01.

[4] 薄一波. 若干重大决策与事件的回顾（下）[M]. 北京：中共中央党校出版社，1997.

[5] 财政科学研究所. 革命根据地的财政经济 [M]. 北京：中国财政经济出版社，1985.

[6] 蔡昉，谢伏瞻，赵学军，等. 新中国经济建设 70 年 [M]. 北京：中国社会科学出版社，2019.

[7] 曹新萍，仇发华. 全面抗战时期陕甘宁边区的反贫困实践及现实启示 [J]. 浙江理工大学学报（社会科学版），2023（1）.

[8] 常明明. 中国共产党经济思想史（第二卷 1949-1978）[M]. 北京：经济科学出版社，2021.

[9] 陈锡文，韩俊. 中国脱贫攻坚的实践与经验 [M]. 北京：人民出版社，2021：294.

[10] 陈郁. 积极行动应对人口老龄化 [N]. 经济日报，2012-10-23.

[11] 党代表风采|把“小木耳”做成乡村振兴“大产业”——记中国工程院院士、吉林农业大学教授李玉 [N]. 吉林农村报，2022-05-29.

[12] 邓拓. 纪念七一，全党学习和掌握毛泽东主义 [N]. 晋察冀日报，1942-07-01.

[13] 邓小平. 邓小平文选（第 3 卷）[M]. 北京：人民出版社，1993.

[14] 方凤玲. 新发展理念统领脱贫攻坚 [J]. 上海经济研究，2020（9）.

[15] 方凤玲. 中国共产党领导反贫困斗争的百年历程和基本经验 [J].

毛泽东研究，2021（5）.

[16] 顾海良，李楠. 中国共产党经济思想史（第二卷 1949－1978）[M]. 北京：经济科学出版社，2021.

[17] 顾海良，李楠. 中国共产党经济思想史（第三卷 1978－2012）[M]. 北京：经济科学出版社，2021.

[18] 顾仲阳，常钦. 插上网络翅膀　汇聚扶贫力量（决战决胜脱贫攻坚·大数据观察）[N]. 人民日报，2020－06－10.

[19] 国际统计局国民经济综合统计司. 新中国五十年统计资料汇编 [M]. 北京：中国统计出版社，1999.

[20] 国家发展改革委经济体制综合改革司，国家发展改革委经济体制与管理研究所编. 改革开放三十年：从历史走向未来 [M]. 北京：人民出版社，2008.

[21] 国家统计局，国家脱贫攻坚普查领导小组办公室. 国家脱贫攻坚普查公报（第二号）[N]. 人民日报，2021－02－26.

[22] 国家统计局国家脱贫攻坚普查领导小组办公室. 国家脱贫攻坚普查公报（第四号）：国家贫困县基础设施和基本公共服务情况 [J]. 中国统计，2021（2）.

[23] 国家统计局农村社会经济调查司. 中国农村贫困监测报告 2010 [M]. 北京：中国统计出版社，2011.

[24] 国家统计局农村社会经济调查总队. 中国农村乡镇统计概要 2000 [M]. 北京：中国统计出版社，2000.

[25] 国家统计局住户办. 扶贫开发持续强力推进　脱贫攻坚取得历史性重大成就——新中国成立 70 周年经济社会发展成就系列报告之十五 [N]. 中国信息报，2019－08－13.

[26] 国务院扶贫办政策法规司，国务院扶贫办全国扶贫宣传教育中心. 脱贫攻坚干部培训十讲 [M]. 北京：中国出版集团，2019.

[27] 国务院扶贫开发领导小组办公室编. 中国农村扶贫开发概要 [M]. 北京：中国财政经济出版社，2003.

[28] 国务院关于在全国建立农村最低生活保障制度的通知 [J]. 中华人民共和国国务院公报，2007（24）.

[29] 国务院新闻办公室. 中国农村扶贫开发白皮书 [N]. 人民日报，2001－10－16.

[30] 韩美群. 找准乡村文化脱贫与文化振兴的衔接点 [N]. 光明日报，

2021－06－24.

［31］河北省社会科学院历史研究所，河北省档案馆．晋察冀抗日根据地史料选编（上册）［M］．石家庄：河北人民出版社，1983.

［32］洪名勇．马克思土地产权制度理论研究——兼论中国农地产权制度改革与创新［M］．北京：人民出版社，2011.

［33］侯波．中国扶贫减贫事业70年历史回顾、基本经验和世界意义［J］．经济研究参考，2019（9）.

［34］胡长栓．中国全面脱贫的重大理论意义［J］．红旗文稿，2021（6）.

［35］胡富国．向贫困宣战［M］．北京：外文出版社，2019.

［36］胡锦涛文选（第2卷）［M］．北京：人民出版社，2016.

［37］胡锦涛在湖南考察工作时强调，加强干部作风建设推进经济社会发展［N］．人民日报，2003－10－05.

［38］胡友孟．冀中中原抗日革命根据地的合作运动（续一）［J］．商业经济研究，1988（8）.

［39］皇甫建伟，宋保明．烽火巾帼［M］．太原：山西人民出版社，2012.

［40］黄承伟．中国共产党怎样解决贫困问题［M］．南昌：江西人民出版社，2020.

［41］黄俊毅．十组数据读懂中国脱贫［N］．经济日报，2020－12－30.

［42］加快推进乡村人才振兴［N］．人民日报，2021－02－24.

［43］坚持人民至上　不断造福人民　把以人民为中心的发展思想落实到各项决策部署和实际工作之中［N］．人民日报，2020－05－23.

［44］蒋永甫．让农地流转起来——集体产权视角下的农地流转机制主体创新研究［M］．北京：人民出版社，2017.

［45］教育部课题组．深入学习习近平关于教育的重要论述［M］．北京：人民出版社，2019.

［46］解安．“七个坚持”读懂中国脱贫攻坚密码［J］．人民论坛，2021（11）.

［47］李实，沈扬扬．中国的减贫经验与展望［J］．农业经济问题，2021（5）.

［48］廖朝霞．晋察冀抗日根据地经济建设研究［D］．长沙：湖南师范大学，2018.

［49］廖军，苏志宏．善政革命：晋察冀边区政权建设研究［J］．四川大学学报（哲学社会科学版），2021（2）.

[50] 列宁全集（第23卷）[M]. 北京：人民出版社，1990.

[51] 刘璐琳. 集中连片特困地区产业扶贫问题研究 [M]. 北京：人民出版社，2016.

[52] 刘雅娟. 晋察冀抗日根据地统一累进税研究 [D]. 山西：太原理工大学，2017.

[53] 刘宇，方凤玲. 新民主主义革命时期中国共产党领导反贫困斗争的历程与经验 [J]. 大连干部学刊，2022 (3).

[54] 罗平汉，卢毅，赵鹏. 中共党史重大争议问题研究 [M]. 北京：人民出版社，2013.

[55] 骆郁廷，余杰. 全球贫困治理中国奇迹的制度密码 [J]. 当代世界与社会主义，2021 (1).

[56] 马克思，恩格斯. 共产党宣言 [M]. 北京：人民出版社，2014.

[57] 马克思恩格斯全集（第2卷）[M]. 北京：人民出版社，2005.

[58] 马克思恩格斯全集（第1卷）[M]. 北京：人民出版社，1995.

[59] 马克思恩格斯全集（23卷）[M]. 北京：人民出版社，1972.

[60] 马克思恩格斯文集（第10卷）[M]. 北京：人民出版社，2009.

[61] 马克思恩格斯文集（第5卷）[M]. 北京：人民出版社，2009.

[62] 马克思恩格斯文集（第2卷）[M]. 北京：人民出版社，2009.

[63] 马克思恩格斯文集（第4卷）[M]. 北京：人民出版社，2009.

[64] 马克思恩格斯文集（第3卷）[M]. 北京：人民出版社，2009.

[65] 马克思恩格斯文集（第1卷）[M]. 北京：人民出版社，2009.

[66] 马克思恩格斯选集（第4卷）[M]. 北京：人民出版社，1995.

[67] 马克思恩格斯选集（第1卷）[M]. 北京：人民出版社，1972.

[68] 马克思. 1844年经济学哲学手稿 [M]. 北京：人民出版社，2018.

[69] 马克思. 资本论（第1卷）[M]. 北京：人民出版社，2018.

[70] 马蕊，王阳. 领航中国·温暖的回响 | 绥德县郝家桥村——向“第三个楷模”奋力迈进 [N]. 榆林日报，2022-09-21.

[71] 马玉宏，石晶. 班彦村这七年 [N]. 经济日报，2023-08-29.

[72] 毛泽东文集（第6卷）[M]. 北京：人民出版社，1999.

[73] 毛泽东文集（第7卷）[M]. 北京：人民出版社，1999.

[74] 毛泽东选集（第2卷）[M]. 北京：人民出版社，1991.

[75] 毛泽东选集（第3卷）[M]. 北京：人民出版社，1991.

[76] 毛泽东选集（第4卷）[M]. 北京：人民出版社，1991.

［77］毛泽东选集（第1卷）［M］．北京：人民出版社，1991.
［78］毛泽东在中国共产党第七届中央委员会第二次全体会议上的报告［M］．北京：人民出版社，2004.
［79］聂荣臻．聂荣臻致回忆录［M］．北京：解放军出版社，1986.
［80］彭真传编写组．彭真年谱（一九〇二—一九四八）（第一卷）［M］．北京：中央文献出版社，2012.
［81］彭真．关于晋察冀边区党的工作和具体政策报告［M］．北京：中共中央党校出版社，1997.
［82］乔陆印，何琼峰．改革开放40年中国农村扶贫开发的实践进路与世界启示［J］．社会主义研究，2018（6）.
［83］《人间奇迹》编写组．人间奇迹——中国脱贫攻坚统计监测报告［M］．北京：中国统计出版社，2001.
［84］人民日报（海外版）．来这里打卡 跟着人民日报走进历史深处［M］．北京：人民出版社，2022.
［85］任福耀，王洪瑞．中国反贫困理论与实践［M］．北京：人民出版社，2003.
［86］沈雁昕．彭真在晋察冀边区贯彻毛泽东统一战线思想的贡献［J］．党的文献，2003（6）.
［87］史蒂芬·M. 博杜安．世界历史上的贫困［M］．杜娟，译．北京：商务印书馆，2015.
［88］史艳芳．民族地区贫困与反贫困问题研究［J］．经济研究导刊，2013（28）.
［89］宋洪远．中国农村改革三十年［M］．北京：中国农业出版社，2008.
［90］宋丽智．中国共产党经济思想史1921－2021（第1卷）［M］．北京：经济科学出版社，2021.
［91］孙犁全集（第三集）［M］．北京：人民文学出版社，2004.
［92］孙咏梅．马克思反贫困思想及其对中国减贫脱贫的启示［J］．马克思主义研究，2020（7）：88.
［93］同菏泽市及县区主要负责同志座谈时的讲话（2013年11月26日），做焦裕禄式的县委书记［M］．北京：中央文献出版社，2015.
［94］脱贫攻坚战取得全面胜利 脱贫地区农民生活持续改善——党的十八大以来经济社会发展成就系列报告之二十［N］．中国信息报，2022－10－26.
［95］汪三贵，曾小溪．从区域扶贫开发到精准扶贫——改革开放40年中国

扶贫政策的演进及脱贫攻坚的难点和对策［J］. 农业经济问题，2018（8）.

［96］王海燕. 大国脱贫之路［M］. 北京：人民出版社，2018.

［97］王曙光. 中国扶贫——制度创新与理论演变（1949－2020）［M］. 北京：商务出版社，2020.

［98］王晓光，方凤玲. 马克思主义反贫困理论中国化的新境界［J］. 西北大学学报（社会科学版），2021（5）.

［99］魏宏运. 晋察冀边区财政经济史资料选编（工商合作编）［M］. 天津：南开大学出版社，1984.

［100］魏宏运. 晋察冀边区财政经济史资料选编（农业编）［M］. 天津：南开大学出版社，1984.

［101］魏宏运. 晋察冀抗日根据地财政经济史稿［M］. 北京：档案出版社出版，1990.

［102］吴娜，童沛. 多国人士探讨推动实现可持续发展目标——最重要是用好多边主义精神［N］. 北京日报，2023－09－18.

［103］武力. 中华人民共和国经济史［M］. 北京：中国经济出版社，1999.

［104］习近平出席2015减贫与发展高层论坛并发表主旨演讲［N］. 人民日报，2015－10－17.

［105］习近平的扶贫故事［N］. 人民日报，2020－05－20.

［106］习近平. 共同的根共同的魂共同的梦　共同书写中华民族发展新篇章［N］. 人民日报，2014－06－07.

［107］习近平关于“不忘初心、牢记使命”论述摘编［M］. 北京：中央文献出版社，党建读物出版社，2019.

［108］习近平. 关于全面建成小康社会论述摘编［M］. 北京：中央文献出版社，2016.

［109］习近平关于社会主义经济建设论述摘编［M］. 北京：中央文献出版社，2017.

［110］习近平. 决胜全面建成小康社会　夺取新时代中国特色社会主义伟大胜利——在中国共产党第十九次全国代表大会上的报告［M］. 北京：人民出版社，2017.

［111］习近平. 全面贯彻落实党的教育方针　努力把我国基础教育越办越好［N］. 人民日报，2016－09－10.

［112］习近平谈扶贫［N］. 人民日报（海外版），2016－09－01.

［113］习近平谈治国理政［M］. 北京：外文出版社，2014.

[114] 习近平谈治国理政（第2卷）[M]. 北京：外文出版社，2017.

[115] 习近平. 携手消除贫困　促进共同发展 [N]. 人民日报，2015-10-17.

[116] 习近平. 携手消除贫困　促进共同发展：在2015减贫与发展高层论坛的主旨演讲 [M]. 北京：人民出版社，2015.

[117] 习近平. 携手消除贫困　促进共同发展——在2015减贫与发展高层论坛的主旨演讲 [N]. 人民日报，2015-10-17.

[118] 习近平. 在河北省阜平县考察扶贫开发工作时的讲话 [J]. 求是，2021 (4).

[119] 习近平. 在纪念马克思诞辰200周年大会上的讲话 [N]. 人民日报，2018-05-05.

[120] 习近平. 在决战决胜脱贫攻坚座谈会上的讲话 [N]. 人民日报，2020-03-07.

[121] 习近平. 在庆祝中国共产党成立100周年大会上的讲话 [N]. 人民日报，2021-07-16.

[122] 习近平在全国抗击新冠肺炎疫情表彰大会上的讲话 [N]. 人民日报，2020-09-08.

[123] 习近平. 在全国脱贫攻坚总结表彰大会上的讲话 [N]. 人民日报，2021-02-26.

[124] 习近平. 增强推进党的政治建设的自觉性和坚定性 [J]. 共产党员，2019 (8).

[125] 夏成，滕飞，等. 建立解决相对贫困的长效机制研究 [M]. 北京：经济科学出版社，2022.

[126] 谢忠厚，肖银成. 晋察冀抗日根据地史 [M]. 北京：改革出版社，1992.

[127] 新华月报社. 中华人民共和国大事记1949-2004下 [M]. 北京：人民出版社，2004.

[128] 杨敏，王向辉. "她碗里的黄豆乒乓落"——记晋察冀边区选举第一任女县长 [J]. 共产党员（河北），2020 (15).

[129] 杨玉玲，刘志兵. 百年剪影　党史中的一百个重要抉择 [M]. 北京：人民出版社，2021.

[130] 岳奎. 新时代中国共产党人初心使命的重要体现——以精准脱贫为分析视角 [J]. 马克思主义研究，2020 (12).

[131] 在党史学习教育动员大会上的讲话 [N]. 人民日报, 2021-04-01.

[132] 张磊. 中国扶贫开发政策演变(1949-2005年) [M]. 北京: 中国财政经济出版社, 2007.

[133] 张丽群, 吴本健, 等. 中国共产党消除民族地区贫困百年奋战 [M]. 北京: 经济科学出版社, 2021.

[134] 张瑞敏. 中国共产党反贫困实践研究 [M]. 北京: 人民出版社, 2019.

[135] 张占斌. 中国特色脱贫攻坚制度体系: 历史逻辑、实践特征和贡献影响 [J]. 理论视野, 2021 (7).

[136] 赵德馨. 中华人民共和国经济史(1967-1984) [M]. 郑州: 河南人民出版社, 1989.

[137] 赵凌云. 中国共产党经济工作史 [M]. 北京: 中国财政经济出版社, 2011.

[138] 郑有贵. 中华人民共和国经济史 [M]. 北京: 当代中国出版社, 2017.

[139] 中共中央党史和文献研究院. 十八大以来重要文献选编(下) [M]. 北京: 中央文献出版社, 2018.

[140] 中共中央党史和文献研究院. 十九大以来重要文献选编(上) [M]. 北京: 中央文献出版社, 2019.

[141] 中共中央党史和文献研究院. 习近平扶贫论述摘编 [M]. 北京: 中央文献出版社, 2018.

[142] 中共中央党史和文献研究院. 中华人民共和国大事记: 1949年10月—2019年9月 [M]. 北京: 人民出版社, 2019.

[143] 中共中央关于坚持和完善中国特色社会主义制度 推进国家治理体系和治理能力现代化若干重大问题的决定 [N]. 人民日报, 2019-11-06.

[144] 中共中央 国务院关于"三农"工作的一号文件汇编(1982-2014) [M]. 北京: 人民出版社, 2014.

[145] 中共中央马克思恩格斯列宁斯大林著作编译局译. 马克思恩格斯全集(第6卷) [M]. 北京: 人民出版社, 1961.

[146] 中共中央文献研究室. 建国以来重要文献选编(第二册) [M]. 北京: 中央文献出版社, 1992.

[147] 中共中央文献研究室. 毛泽东思想年编: 1921~1975 [M]. 北京: 中央文献出版社, 2011.

［148］中共中央文献研究室．十八大以来重要文献选编（上）［M］．北京：中央文献出版社，2014.

［149］中共中央文献研究室．十八大以来重要文献选编（中）［M］．北京：中央文献出版社，2016.

［150］中共中央文献研究室．十六大以来重要文献选编（中）［M］．北京：人民出版社，2006.

［151］中共中央文献研究室．十五大以来重要文献选编（中）［M］．北京：人民出版社，2001.

［152］中共中央文献研究室．陈云文集（第1卷）［M］．北京：中央文献出版社，2005：375.

［153］中共中央文献研究室．邓小平思想年编：1975－1997［M］．北京：中央文献出版社，2011.

［154］中共中央文献研究室．建党以来重要文献选编（1921－1949）（第一册）［M］．北京：人民出版社，2011.

［155］中共中央文献研究室．毛泽东传（三）［M］．北京：人民出版社，2011.

［156］中共中央文献研究室．三中全会以来重要文献选编（上）［M］．北京：中央文献出版社，2011.

［157］中共中央文献研究室．十二大以来重要文献选编（上）［M］．北京：人民出版社，1986.

［158］中共中央文献研究室，中央档案馆．建党以来重要文献选编（一九二一——一九四九）第十五册［M］．北京：中央文献出版社，2011.

［159］中共中央宣传部．习近平总书记系列重要讲话读本［M］．北京：学习出版社，人民出版社，2016.

［160］《中国共产党100年奋斗历程》编写组．中国共产党100年奋斗历程［M］．拉萨：西藏人民出版社，2021.

［161］中华人民共和国国务院新闻办公室．全面建成小康社会：中国人权事业发展的光辉篇章［N］．人民日报，2021－08－13.

［162］中华人民共和国国务院新闻办公室．《人类减贫的中国实践》白皮书［M］．北京：人民出版社，2021.

［163］中华人民共和国国务院新闻办公室．为人民谋幸福：新中国人权事业发展70年［N］．人民日报，2019－09－23.

［164］中华人民共和国国务院新闻办公室．中国的减贫行动与人权进步

[N]. 人民日报（海外版），2016-10-18.

[165] 中华人民共和国国务院新闻办公室. 中国共产党尊重和保障人权的伟大实践 [M]. 北京：人民出版社，2021.

[166] 中央档案馆. 中共中央文件选集（第11册）[M]. 北京：中共中央党校出版社，1991.

[167] 中央档案馆，中共中央文献研究室. 中共中央文件选集（一九四九年十月～一九六六年五月）（第35册）[M]. 北京：人民出版社，2013.

[168] 钟文. 开国总理 [M]. 北京：人民出版社，2009.

[169] 朱德. 朱德军事文选 [M]. 北京：解放军出版社，1997.

[170] 庄严的承诺　历史的跨越（砥砺奋进的五年）——党的十八大以来以习近平同志为核心的党中央引领脱贫攻坚纪实 [N]. 人民日报，2017-05-22.

[171] Oscar Lewis. Five Families: Mexican Case Studies in the Culture of Poverty [M]. Basic Books, 1975.

[172] Peter Townsend. Poverty in the United kingdom [M]. Penguin Books, 1979.